中世における制度と知

中世における制度と知

上智大学中世思想研究所編

知泉書館

序　文

本書『中世における制度と知』の主題は、中世から近世初期における「知」の変容を「制度」との関わりのもとで探ることにある。ここで「制度」として意識せざるを得ないのは、ラテン中世に成立した「大学」（universitas）である。しかしラテン中世においてさえ、大学設立に向かう奔流の外にも思想形成の場があり、またその設立以降、著名な思想家の活躍の場が大学の外であったことに鑑みて、本書では「知の制度」を「学校制度」から教授・教育の体制へと拡大して捉えると同時に、「知」に関しては論理的思考を軸とする「学知」（scientia; epistēmē）のみならず、神秘思想で主題化される「叡智」（sapientia; sophia）をも視野に入れた。この視野の拡張は、人間に本来的に備わる「真理の愛求」、つまりは知性の真理への動態——愛知《フィロソフィア》——のもとで、「制度」と「知」の影響関係を捉え直すことが可能である、という予見に基づいたものでもあった。なお地理的・文化的範囲としては、本書はラテン中世とともにビザンティン、イスラーム文化圏の知的状況も扱っている。

第一章「伝統と改良の狭間で——アヴィセンナ以後のギリシャの学問教授の展開」（三村太郎）は、ガザーリー（al-Ghazālī 一〇五八頃—一一一一年）以降のイスラーム文化圏における学問教授の状況と、古代ギリシアを起源とする諸学問の発展を詳述する。ガザーリーによる徹底的な哲学批判は、知性の真理への憧憬自体を学の主題とすることは阻んだが、しかし他の諸学問の展開を損ねたわけではなかった。とりわけ同地での数学・幾何学・天文学の発展は著しい。その牽引者たちはイスラーム法学者でもあり、教授法は法学の場合と同じく「免許発行」を目指す形で制度化され、また法学と同様に権威ある書物の「読誦」が学問伝授の基本であった。しかし、諸学問の発展のもとには論理整合性の飽くなき追求があり、その精査の目は権威ある書物、さらには師の著作にすら向けられる。「読誦」による伝統の正確な継承と、論理整合性の精緻化によるテキスト改訂の積み重ねが、プトレマイオス的体系の改正に至るイスラーム科学の展開を支えるものであった。

第二章「ビザンツにおける哲学と制度――ミハイル・プセロスへの塞がれた流れ」（橋川裕之）は、ユスティニアヌス帝（Justinianus I 在位五二七―五六五年）による「アカデメイア閉鎖」（五二九年）以降、ビザンツの哲学教育史上もっとも重要な人物であるミハイル・プセロス（Michael Psellos 一〇一八―七八年）の栄光と挫折を彼の手による『年代記』（Chronographia）から再構成しつつ、東ローマ帝国における哲学教育の実情に迫る。「キリスト教徒のローマ帝国」という自己理解に支えられた同地にあって、「哲学」は古典古代の遺産にすぎず、為政者がこれを必要とする際には哲学教育の場は公的な教育機関の様相を呈するが、まさにその刹那に「異教的」という烙印を押され、消失していく。大学設立に向けて胎動するラテン中世とは対照的な、ビザンツのこの状況が出来する要因を、執筆者は、同地における古典古代の原典へのアクセスの容易さの内に見る。為政者にとって、プラトン（Platon 前四二七―三四七年）、アリストテレス（Aristoteles 前三八四―三二二年）、プロティノス（Plotinos 二〇五―二七〇年）などが展開した「哲学」は、帝国の政治的・宗教的・文化的風土を脅かす、異教の「他者」であり続けた。

第三章「十一世紀の修道制と知――カンタベリーのアンセルムス」（矢内義顕）は、スコラ学と修道院神学双方の基盤を築いたアンセルムス（Anselmus 一〇三三／三四―一一〇九年）の活動を中心に、ヌルシアのベネディクトゥス（Benedictus 四八〇頃―五四七／五六〇年頃）の『戒律』（Regula）に依拠してなされる修道院の知的活動を詳らかにする。読書時間は聖務日課と労働時間の合間に限られ、読書の目的も修道生活の完成・人格の陶冶にあった。こうした時間的制約と目的の限定から、アンセルムスは瞑想と論理的思索とが絶妙に統合された著述を世に出していく。修道院は院外学校も運営するが、院内・院外いずれにあっても、聖書と教父の著作はもとより、古典古代の文献が積極的に学ばれていた。またアンセルムスはイングランドの女子修道院の指導も熱心に行い、聖務日課を充実させるべく、修道女たちのラテン語習得と教養の涵養に努めていた。その風景と実りは、彼が修道女たちと交わした書簡から垣間見られる。

とはいえ基本的には、女性は知の制度の埒外にいる。当時の知の制度の参与者は聖職者または修道士だが、女性はそのいずれにもなりえないからである。第四章「中世ドイツの女性による神秘主義――ビンゲンのヒルデガルトとマグデブルクのメヒティルト」（エリザベート・ゴスマン）は、女性のこの立場から十二世紀の女性神秘家の活動を読み解いていく。彼女たちは文字通りの「無学」ではない。だが制度の外の存在者であったことから、彼女たちが幻視体験から発する現状批判と刷新のメッセージは、聖書解釈の伝統に沿うにもかかわらず、習得された知を土台としない「啓示」として発信されていく。しかし他方で彼女たちは、制度の内にいた男性を助力者として得ていた。制度と完全に切り離された場にあっては、知的営為は容易く異端視され、悲劇的結末が用意されている。こうした制度との微妙な関わりのなかで、彼女たちの著作は、自らと同じく知の制度の外の人間を読者層として巻き込みながら、新たな文化・知的土壌を形成していくこととなる。

一方、同時代のフランスでは都市とモビリティーの発展のもと、司教座聖堂付属学校が影響力を増していく。とりわけパリには、私塾、またサン゠ヴィクトル修道院を初めとする都市部近郊の修道院学校など、多様な学びの場が成立する。パリ大学設立へと向かうこの世紀の知的状況を体現する人物としては、容易にペトルス・アベラルドゥス（Petrus Abaelardus 一〇七九—一一四二年）の名前が浮かぶであろう。第五章「ペトルス・アベラルドゥスにおける制度と学知」（永嶋哲也）は、アベラルドゥスの知的遍歴を辿りながら、彼がカロリング・ルネサンス期に整えられた古代の知的遺産である自由学芸のうち、言語に関わる三学——論理学・文法学・修辞学——を学知の基礎として受容しつつ、三学そして「神学」（theologia）を発展させていく経緯を追う。そこから見えてくるものは、卓越した論理学者であり「討論」で名を馳せた彼が、かつての論敵からも、運命の女性であったヘロイサ（Heloysa: エロイーズ〔Héloïse〕一一〇〇頃—六四年）からも、終生、教えを請うて学び続ける愛知者であった、という事実である。アベラルドゥスは後の「大学」に教授内容と形態とを供与していくこととなるが、真理への憧憬こそが、彼を突き動かしていたのであった。

都市における知的活動は、都市での説教活動を使命とする新たな修道会——ドミニコ会とフランシスコ会——の発足と、イスラーム文化圏経由でのアリストテレス哲学の流入によりさらに促進される。新たな知の担い手の供給源を得ながら、アリストテレスの思想を発展的に受容するという課題にラテン中世が呻吟しつつ向き合うなかで、十三世紀、組合《ギルド》としての大学が成立し、「盛期スコラ学」が開花する。第六章「トマス・アクィナス『対異教徒大全』の意図と構図」（山本芳久）は、同書の執筆意図を解明しつつ、トマス（Thomas Aquinas 一二二四／二五—七四年）の知的態度を論ずる。『対異教徒大全』（Summa Contra Gentiles）はそのタイトルから伝統的に、宣教目的の著作であると捉えられがちであった。しかしその実、同書の構図そのものからは、キリスト教思想を哲学的に展開しようとするトマスの意図が見て取れる。その思索基盤には、アリストテレスとの対峙を通してトマスが獲得した確固たる理性観——神秘の次元へと開かれたものとしての自然理性——があった。この根本的意図と理性観から、トマスは神秘に「ふさわしさ」の論理で肉薄し、神秘の次元の関わりなしにはありえない「至福」また「究極目的」を、アリストテレス倫理学の根本的諸命題の成立根拠として「措定」していく。「大学の世紀」と称されるこの時代にあっては、人間の理性の構造自体を問い、「至福」という人間の究極的関心事をも射程に入れながら神秘の理解可能性を論証していくことが、制度の内で可能であった。

しかし大学を中心とする「知の制度」は、この新たな知的態度を発展させることはできなかった。パリ司教でありパリ大学総長であったエティエンヌ・タンピエ（Étienne Tempier 一二七九年没）による二度にわたる急進的アリストテレス主義の断罪は「哲学」と「神学」の乖離の道行きを決定づける。ここから大学の知的営為は方法論に基づく専門分化・厳密化を加速させ、真理の愛求という知性の動態自体への関心はそこから失われていく。十六―十七世紀の名だたる知識人が在野で活動した理由の一端はここにあろう。第七章「中世末期、脱大学の知識人――ニコラウス・クザーヌスを中心にして」（八巻和彦）は、こうした知識人の先駆けとなったクザーヌス（Nicolaus Cusanus 一四〇一―六四年）の思索の原点を明らかにする。論理学の延長線上に哲学・神学を展開することを拒否した彼は、矛盾律を超克した神認識の構造概念――「反対対立の合致」――を掲げるが、それは当然に、大学における学問展開と真正面から衝突する。神学部教授からの批判とそれへのクザーヌスの応酬からは、批判者の意図が真理探求にではなく自らが属する制度擁護にあること、対するクザーヌスが知に携わる者の理想像としてソクラテス（Sokrates 前四六九―三九九年）を意識していたことが明瞭に見えてくる。イタリアのパドヴァ大学で教会法を修めた彼は、ルネサンスの時代精神のもと、古典古代またキリスト教思想の原典に存分に触れながら同時代の大学人が忘却していた愛知《フィロソフィア》へと立ち戻り、教会政治家としてのキャリアを積みつつ、素人《アマチュア》として独創的な思想を展開していくのである。

真理の愛求は、それが「神との一致への希求」として意識されれば、神秘思想として具体化する。第八章「神のことがらが〈わかる〉――十字架のヨハネの「受動知性」論」（鶴岡賀雄）は、神秘思想が大学の中からは出来していないことに着目し、十六世紀スペインの神秘家である十字架のヨハネ（Juan de la Cruz 一五四二―九一年）に焦点を当てながら、大学で展開される学知と神秘思想との関わりを問う。ヨハネは一年足らずではあるが第二スコラの牙城であるサマランカ大学神学部に在籍し、そこで得た哲学・神学の知識は彼の思想の基盤形成に寄与した。彼の著作の鍵語となる「受動知性」もそこで得られた用語である。だが、アリストテレス受容以来、学知としての神学・哲学の中で知性論の根本概念であったこの用語は、神秘思想の文脈のなかで、哲学史的脈絡から、さらには意味内容の普遍性を前提とする学知の言語系から奪い取られ、観想的生を送る魂が自らの神体験を語るための私秘的言語へと変容する。こうした言語系で語られる知、あるいは異他的な知に対して、学知、また大学という制度の取るべき態度を執筆者は指し示す。

人間の知性が自らの把握したものを突破しつつ真理を愛求し続けるものであり、知性が触れた内容の具現化の一つの形式――しかし、最も共有性の高い形式――が学知であるなら、学知にもまた自己超克的な力が備わっているであろう。さらに、顕在化した営為の保全のために制度が形成されるのであれば、学知と制度との関係は時に緊張を孕むものともなろう。しかし、人間の知的営為は途絶えることはなかった。その大きな要因は、すべての所載論文から観取されるように、イスラーム、ビザンティン、ラテン中世のいずれにあっても、古典古代の、また各々の文化圏の基礎文献が営々と継承され続けたことにある。「古典との対話」から「刷新《イノベーション》」はもたらされる。

本書は、中世哲学会二〇〇八年度大会における特別報告およびシンポジウムのテーマ「中世における制度と学知」の企画に深く関わられた矢内義顕先生、鶴岡賀雄先生との協議のもとで、同大会での意見交換より見えてきた新たな問題意識を踏まえて、当研究所の論文集の一冊として刊行された。(1) 両先生には本書の企画・編集に際し、多々ご教示をいただいた。刊行に当たり、執筆者各位に改めて謝意を表する。諸般ご協力下さった上智大学研究機構特別研究員・梅田孝太氏ならびに当研究所臨時職員諸氏、また常ならぬご高配を賜った知泉書館社長・小山光夫氏に、心より御礼を申し上げる。

二〇一五年一〇月

上智大学中世思想研究所所長
佐　藤　直　子

註

(1)　二〇〇八年度中世哲学会大会における特別報告およびシンポジウムに関しては、鶴岡賀雄「特別報告およびシンポジウム」、中世哲学会編『中世思想研究』第五一号、二〇〇九年、一〇四―一〇七頁を参照されたい。

目　次

序　文 …… 佐藤　直子 v

一　伝統と改良の狭間で――アヴィセンナ以後のギリシャの学問教授の展開 …… 三村　太郎 三

はじめに …… 三

一　トゥースィーの教育環境 …… 七

二　カマール・ディーンとギリシャの学問 …… 一〇

三　数学諸学の師トゥースィー …… 二一

おわりに …… 三三

二　ビザンツにおける哲学と制度――ミハイル・プセロスへの塞がれた流れ …… 橋川　裕之 三五

一　哲学のための制度 …… 三五

二　プセロス以前――コンスタンティヌス一世からコンスタンティノス七世まで …… 四一

三　プセロスの登場とその教育 …… 五五

三　十一世紀の修道制と知――カンタベリーのアンセルムス……矢内　義顕　七三
はじめに……七三
一　ベック修道院の創立とその修道院学校……七四
二　アンセルムスとベックの修道院学校……七六
三　Filiae Dulcissimae――アンセルムスと修道女たち……八五
結　語……九三

四　中世ドイツの女性による神秘主義
――ビンゲンのヒルデガルトとマグデブルクのメヒティルト……エリザベート・ゴスマン　一〇一
編集者序……佐藤　直子　一〇一
序……一〇二
一　女性による神秘主義の歴史的位置づけ……一〇三
二　ヒルデガルトの幻視……一〇八
三　メヒティルトの神秘主義……一一四
結　び……一一九

五　ペトルス・アベラルドゥスにおける制度と学知……永嶋　哲也　一二九
はじめに……一二九

一　大学成立以前の学問的営み――アベラルドゥスの教育活動……一三〇
二　方向付けられた自由学芸――カロリング期の学問論……一三三
三　理念的にうけとられた自由学芸――アベラルドゥスの受け止め方……一三五
四　結語に代えて……一四四
六　トマス・アクィナス『対異教徒大全』の意図と構造……山本　芳久　一五一
序　問題意識……一五一
一　宣教目的説の批判……一五二
二　「至福（beatitudo）」についての論考の構造……一五七
三　グレコ・アラブ的な知の伝統の批判的摂取……一六六
結　論……一七六
七　中世末期、脱大学の知識人――ニコラウス・クザーヌスを中心にして……八巻　和彦　一九一
一　同時代におけるクザーヌスについての評価……一九一
二　クザーヌスの大学への関わり……一九三
三　クザーヌスとヴェンクの応酬……一九五
四　ヴェンクによる講壇からのクザーヌス批判とクザーヌスによる真理探求の制度化批判……二〇二
五　Imitatio Socratis（ソクラテスに倣いて）……二〇六

六　クザーヌスにおけるソクラテス的理想像としてのイディオータ……二三一
七　クザーヌスの大学批判が語りかけるもの……二三五

八　神のことがらが〈わかる〉——十字架のヨハネの「受動知性」論……鶴岡　賀雄　二三三
一　大学と神秘主義……二三三
二　近世スペインの状況と大学……二三四
三　十字架のヨハネの大学生活……二三五
四　「可能知性」の変転……二三三
五　結　論……二四三

執筆者紹介……二四九
索　引……1～25

中世における制度と知

一　伝統と改良の狭間で

――アヴィセンナ以後のギリシャの学問教授の展開――

三村太郎

はじめに

イスラーム国家の基礎をつくったアッバース朝（七五〇―一二五八年）では、その初期から、ギリシャの学問が大々的に受容された。具体的には、その宮廷に参与していた学者たちが、数学や天文学、医学、哲学に関するギリシャ語著作をアラビア語に翻訳する一方で、その内容に基づいて独自の研究を残した(1)。その受容と研究が宮廷という国家の中枢を舞台に展開されたことから明らかなとおり、アッバース朝の国家運営でギリシャの学問が必要となっていた。なぜアッバース朝は外来の学問であるギリシャの学問を求めたのだろうか。その理由のひとつとして、アッバース朝がイスラームの布教とともにその拡大を目指したことが挙げられる。

アッバース朝は布教をすすめるために、他の一神教のキリスト教やユダヤ教はもとより、光と闇を原初世界の構成要素と考える二元論という全く異なる世界観に基づくゾロアスター教やマニ教などの異教と対抗しなければならなかった。そのため、二元論者に代表される、一神教とは世界観のレベルから異なる人々も説得できる、イスラームの正当性を強力に根拠付ける議論をアッバース朝は求めた結果、ギリシャの学問の持っていた論証という厳密な議論形式に注目が集まり、アッバース朝宮廷で、論証を基礎に組み立てられた数学や天文学、哲学といったギリシャの論証科学の受容と研究が促進されたと考えられる。それゆえ、その宮廷には、ギリシャの学問の担い手たちがカリフなどの政治高官たちの助言者として参与することになった。

一方、アッバース朝が弱体化し、アッバース朝をモデルとした地方国家が次々と樹立する中、その各地の宮廷には引き続きギリシャの学問の担い手たちが参与していた。例えば、ギリシャ医学や哲学を体系化したアヴィセンナ（Avicenna; イブン・スィーナー〔Ibn Sīnā〕九八〇—一〇三七年）は、サーマーン朝（八一九—一〇〇五年）を皮切りに、ブワイフ朝（九三四—一〇六二年）など、各地の宮廷を渡り歩いた。このように、アッバース朝のみならず、それ以後の各地の宮廷もギリシャの学問の担い手を必要としていた。

とはいえ、ギリシャの学問に対して、イスラームの根本を支える『クルアーン』（al-Qur'ān）や『ハディース』（Ḥadīth〔預言者ムハンマド（Muḥammad 五七〇頃—六三二年）の言行録〕）に関する学問の担い手たちや、それを基礎としたイスラーム法学を司る法学者たちなど、いわゆる「伝統的な学問」の担い手たちから、ギリシャの学問に含まれるイスラームの教説と矛盾する内容（霊魂の不滅性など）に対して批判が表明された。とりわけ、その批判を体系的に行ったのが、アヴィセンナの死後すぐに登場したガザーリー（al-Ghazālī 一〇五八頃—一一一一年）で、ギリシャ哲学の担い手たちの用いる諸概念における矛盾を指摘した彼の『哲学者の矛盾』（Tahāfut al-Falāsifa）は、その批判活動を代表する著作として知られる(2)。

従来、アッバース朝以降のイスラーム地域でのギリシャの学問の研究史を記述する際、このガザーリーの登場を重視し、ガザーリーあるいはアヴィセンナ以後、ギリシャの学問を研究する流れが衰退したという見方が主流を占めてきた[3]。しかし、実際には、それ以後も、ギリシャの学問はイスラーム諸国家の中心から排除されたわけでは決してなかった。そのことは、ナスィール・ディーン・トゥースィー（Naṣīr al-Dīn al-Ṭūsī 一二〇一―七四年）の登場を見るだけでも明らかである[4]。

トゥースィーは、イスラーム諸国家を掌握したイル・ハン朝（一二五六―一三三五年）下で宰相として活躍する一方、マラーガに建設された天文台の所長を務めた[5]。そのマラーガ天文台には、トゥースィー以外にも、ムアイヤド・ディーン・ウルディー（Mu'ayyad al-Dīn al-'Urdī 一二〇〇頃―六六年頃）[6]やムフイー・ディーン・マグリビー（Muḥyī al-Dīn Maghribī 一二八三年没）[7]、クトゥブ・ディーン・シーラーズィー（Quṭb al-Dīn Shīrāzī 一二三六―一三一一年）[8]など、当時の名だたる学者たちが集った。さらに特記すべきは、彼らはそれぞれギリシャ天文学の集大成であるプトレマイオス天文学の改良をめざした。

プトレマイオス（Ptolemaios 一〇〇年頃生）は『アルマゲスト』（Mathēmatikē Syntaxis; Almagestum）において、中心を同じくする天球の組み合わせで世界は出来ているとみなす同心天球モデルを導入し、天球の一平面上の円に注目して、円を組み合わせて天文現象を再現することで天文学を幾何学化し、その幾何学モデルを幾何学的論証で証明した[9]。その際、大円の上を運行する小円上を惑星が運行すると考えるモデル（周転円モデル）や、宇宙の中心（地球）ではない点を中心とする円（離心円モデル）の導入など、様々な工夫を取り入れることで、プトレマイオスは不規則な惑星運動さえも幾何学モデルで再現することに成功した。

しかし、プトレマイオスの工夫は長期的な惑星運動の再現を可能にした一方で、そのモデルには地球とは異なる点を中心にした運動も含まれるようになった。そのため、われわれが日常目にする、太陽や星座などが東から昇って西に沈む日周運動（地球を中心とした天球の回転）と、惑星の不規則な運動を再現する離心運動とを、ひとつの同心天球モデルにどう統合するのかが、アッバース朝以後のイスラーム世界で問題となり、彼らはプトレマイオス天文学の改良に挑むようになった[10]。

このようなプトレマイオス天文学の改良を大々的に進めたのがマラーガ天文台に集った学者たちだった。例えば、マグリビーは精密な観測結果を用いて、より正確な天文定数を決定しようと努力し[11]、ウルディーやトゥースィーなどは幾何学モデルに新たな工夫を加えて、同心天球モデルのみで全ての惑星現象を再現しようとした[12]。その代表的な工夫のひとつが「トゥースィー・カップル」である[13]。トゥースィーは二つの球の運動の組み合わせ（トゥースィー・カップル）を導入することで、複数の球の回転のみで離心運動も再現可能にした。

また、トゥースィーやクトゥブ・ディーン・シーラーズィーは、天文学に限らず、アヴィセンナの哲学著作への注釈など、ギリシャ哲学に関しても数多くの著作を残した。トゥースィーたちの活動を見るだけでも、イスラーム地域でギリシャの学問の研究はアヴィセンナ以後断絶するどころか、新たな興隆を見せていたことが分かる。さらに、プトレマイオス天文学の改良という、ギリシャの学問の詳細な理解を前提とする課題に挑む学者たちをイスラーム地域が輩出したことを考え合わせるならば、アヴィセンナ以後もイスラーム地域でギリシャの学問を学ぶ環境が存続していたと考えられる。

では、アヴィセンナ以降、いかなる形でギリシャの学問は教授されていたのだろうか。本稿では、どのような環境下でトゥースィーとその同時代のギリシャの学問の担い手たちが、プトレマイオス天文学を中心とした数学諸学を身につけたのかを明らかにすることで、アヴィセンナ以降、ギリシャの学問がいかなる展開を迎えたのかを描きたい。

一　トゥースィーの教育環境

では、トゥースィーはいかにしてギリシャの学問を身につけたのだろうか。その過程を知るには、トゥースィーの受けた教育歴を振り返る必要がある(14)。

当時、多くの学生が良い教師を求めて遍歴していたように(15)、トゥースィーも様々な教師のもとを訪れていた。トゥースィーの訪れた師たちの名前の一部は、サファディー（Ṣalāḥ al-Dīn Khalīl b. Aybak al-Ṣafadī 一二九七―一三六三年）による伝記集のトゥースィーの項で引用されている以下のシャムス・ディーン・ウルディー（Shams al-Dīn al-ʻUrdī 生没年不詳）の証言から知ることができる(16)。

> ナスィール〔・ディーン・トゥースィー〕は、師カマール・ディーン・イブン・ユーヌスやムイーン・ディーン・サーリムなどから学問を授かった。

シャムス・ディーン・ウルディーは、先に言及したマラーガ天文台のメンバーのひとりのムアイヤド・ディーン・ウルディーの息子なので、この記述は信頼できると考えられる。

ここでトゥースィーの師として言及されているムイーン・ディーン（Muʻīn al-Dīn Sālim b. Badrān al-Miṣrī 生没年不詳）は、シーア派の法学者として知られており(17)、シーア派の家系にあったトゥースィーは、彼から法学を学んだ。ムイーン・ディーンのもとでトゥースィーが学んだ内容は、残されたイジャーザから知ることができる。

アラビア語「イジャーザ」は「免許」を意味する[18]。具体的には、法学教授の場面での免許を指し、免許には「生徒Aが法学のテキストBを師Cの前で読み上げた（qaraʾa）」と記されるのが一般的で、この免許を持った者（A）は、免許に明記されたテキスト（B）を他の者に伝えることが許可されたことになる。そのため、法学テキストの写本の末尾に、その作品の伝承を許可したイジャーザが添付される場合もあった。さらに、個別のテキストに対する伝承許可に加えて、イジャーザを受け取る学者の学習暦がイジャーザで述べられることもあった。

そこで、トゥースィーのイジャーザを見てみると、それは次のように始まる[19]。

私〔ムイーン・ディーン〕の前で、ナスィール・ディーン・トゥースィーは、イブン・ズフラの『〔法学の〕基礎と諸分野に不可欠な努力』第三巻全体を、その最初から最後まで読み上げた（qaraʾa）。

以上のイジャーザの記述から、トゥースィーはムイーン・ディーンのもとでイブン・ズフラ（ʻIzz al-Dīn Ḥamza b. Zuhra 一一八九年没）の法学書の一部の読誦を完了し、その継承を許可されたことが分かる。

ここで注意すべきは、トゥースィーの読んだ作品の著者イブン・ズフラが、ムイーン・ディーンの師の一人だったことである[20]。このイジャーザは、著者イブン・ズフラからはじまる彼の作品の正統な読み方を、弟子のムイーン・ディーンを通じてトゥースィーが身に着けたことを証明する。

では、なぜイジャーザ発行という形態で正しいテキストの読み方が保護されるほど、イスラーム法学ではテキスト読解の正統性が重要視されたのだろうか。その理由を明らかにするには、イスラーム法の仕組みを知る必要がある。

イスラーム法は、『クルアーン』と『ハディース』に記録されたアッラーやムハンマドの諸言行を主な法源とし、法学者は法源を参照し、それに解釈を加えて、生じた問題を解決する。それゆえ、諸言行の正統性を確かめることが法学の大きな課題だった。[21] 実際、『ハディース』では、各言行の冒頭に、その言行がいかなる伝承者を経て伝えられたのか明記してあり、ある言行を法的な判断に用いる際、その伝承系統の質から、その言行の確からしさの程度を判断する。また、『ハディース』の諸言行などの法源自身の確からしさのみならず、各派ごとの過去の偉大な学者たちが法源に基づいていかなる判断を下してきたのかも、判断を決定する際の重要な論拠となった。

このように、イスラーム法学は、『クルアーン』と『ハディース』を源として、それを取り巻く権威者たちの作り上げてきた伝統の正統な継承で育まれたため、権威あるテキストの正統な読誦の伝承がイスラーム法学教授の主眼となり、イジャーザが編みだされた。そのイジャーザの一つをトゥースィーは受け取りそれによって彼がシーア派の正統な法学を身に着けたと公的に証明されたのだった。

一方、シャムス・ディーン・ウルディーは、トゥースィーの師として、ムイーン・ディーン以外に、シャーフィイー派法学者カマール・ディーン・ユーヌス（Kamāl al-Dīn Yūnus 一一五六—一二四二年）にも言及していた。ただし、すでに述べたとおり、イスラーム法学では、いかなる学派の伝統を継承するのかが重要視されていたため、トゥースィーがカマール・ディーンから別の学派の法学を学ぼうとしたとは考えられない。では、彼から何を学んだのかというと、ギリシャ哲学や数学諸学を学んだと考えられる。

二　カマール・ディーンとギリシャの学問

カマール・ディーンの生涯は、イブン・ハッリカーン（Ibn Khallikān 一二一一―八二年）の伝記集に詳しく紹介されている。イブン・ハッリカーンの父とカマール・ディーンには親交があり、イブン・ハッリカーン自身も短期間ながらカマール・ディーンのもとで学んだことが知られているため[22]、彼の伝記記述はカマール・ディーンに関する貴重な証言として、それ以降の伝記記述でもしばしば引用された。

そのイブン・ハッリカーンによる伝記に「彼〔カマール・ディーン〕の〔法学における〕卓越性が知れ渡ると、彼のもとに法学の徒たちが集った[23]」とあるように、当時、カマール・ディーンは著名な法学教師だった。法学におけるカマール・ディーンの卓越性の具体的な内容は、イブン・ハッリカーンの次の記述が伝えてくれる。

> 数多くのハナフィー派の人々が彼〔カマール・ディーン〕のもとで彼ら〔自身〕の法学説を学ぶ一方で、彼は〔シャイバーニーの〕『〔法学〕大集成』の諸問題を彼らのために解いた（halla）[24]。

カマール・ディーンは法学の問題を解く（アラビア語で halla）ことに長けていたため、多くの生徒を抱えるようになったのだった。

ここで「法学の問題を解く」とは、各派の名高い学者たちの様々な見解をまとめ、各自の伝統に照らし合わせて妥当な解釈を選択することを指す。カマール・ディーンは、重要な著作の正統な読誦を正確に把握し、適切な判例を即座に提示して問題を解決する能力に秀でていたため、法学教師として名高かったと考えられる。その一方で、イブン・ハッリカーンによると、カマール・ディーンは、法学のみならず「数学で卓越しており」、以下の諸分野に通じていたという[25]。

彼〔カマール・ディーン〕は、論理学や自然学、神学〔形而上学〕の諸学を理解していた。同様に、医学〔も理解しており〕、さらに、エウクレイデス〔『原論』(Stoicheia; Elementa)〕やハイア(世界の構造)の学、〔アポロニオス〕『円錐曲線論』(Conica)、〔数学諸学の〕「中間の書[26]」、『アルマゲスト』にも精通していた。……(中略)……また、〔彼は〕様々な種類の計算術、すなわち基本演算や代数、数論、挟みうち法(近似解の決定)、さらには音楽や測量術〔にも精通していた〕。

ここで列挙された内容は、ギリシャの学問のうち、アッバース朝以降にイスラーム地域で受容された諸分野のおおよそ全般に相当する。カマール・ディーンはイスラーム地域で盛んに研究されてきたギリシャの学問の諸分野全体を一人で体得していたため、彼のギリシャの学問の担い手としての名声は比類なきものになったといえる。幅広いギリシャの学問の学識を備えたカマール・ディーンの登場は、初期アッバース朝から始まったギリシャの学問の研究伝統の全体が、アヴィセンナ以降も途切れず継続していたことを示唆する。では、カマール・ディーンはいかにしてギリシャの学問を身に着けたのだろうか。そのことについて、タージ・ディーン・スブキー(Tāj al-Dīn al-Subkī 一三六八年頃没)の伝記集に重要な証言が見られる。

スブキーは、カマール・ディーンの項目で、イブン・ハッリカーンの記述を多く引用しつつ、最後に、以下の独自の証言を残している。[27]

私〔スブキー〕は、エウクレイデス〔『原論』アラビア語訳〕のサービト・イブン・クッラ[28]による修正版の第一部（巻）に、師カマール・ディーンの手による〔以下の〕本文を見た。「私〔カマール・ディーン〕は、師シャラフ・ディーン・トゥースィーの前で、この部分〔第一巻〕を読み上げた（qaraʾa）。さらに、彼〔シャラフ・ディーン〕の前で、それ〔『原論』第一巻〕を、『アルマゲスト』や、〔アポロニオスの〕『円錐曲線論』の一部とともに、自分自身で解いた（ḥalla）。また、彼が私に〔入手を〕約束した『疑問（shukūk）の書』（Kitāb al-shukūk）のことを私が彼に尋ねると、彼はその〔本〕を持ってきてくれたので、私はそれを書き写した」。

ここでカマール・ディーンの師として言及されているシャラフ・ディーン・トゥースィー（Sharaf al-Dīn al-Ṭūsī 一一三五頃―一二一三年）は、カマール・ディーンと同様、数学に精通していることで名高く[29]、とりわけ改良アストロラーブのひとつである線形アストロラーブの考案者として知られている。[30] アストロラーブとは、円盤の組み合わせによって天球の動きを再現する天文器具で、イスラーム地域において、時刻決定やホロスコープ作成の場面で大いに用いられ研究された。[31] シャラフ・ディーンは、天球の平面への投射の仕方を工夫することで、棒（線形アストロラーブ）上の目盛りで天の動きを測定できるようにした。

スブキーの証言から、カマール・ディーンがいかなる教授法でギリシャの学問を学んだのかの一端を詳細に知ることができる。ギリシャの学問の受容自体は初期アッバース朝で始まったが、アッバース朝以降のイスラーム地域で、いかなる師弟関係や教育を経てギリシャの学問の担い手たちがギリシャの学問を身につけたのかを具体的に伝える資料は乏しく、その実態は未だ解明されていないため、スブキーの証言は貴重である。

カマール・ディーンの学習法を見ると、彼は論証科学の基礎であるエウクレイデス『原論』の第一巻を師の前で「読み上げた（qaraʾa）」と記されているように、ここで述べられている『原論』教授の形態が、先に紹介した法学のイジャーザの発行現場と同様であるのは見逃せない。また、このカマール・ディーンの手によるテキストが、そのテキスト内で読んだと宣言されている『原論』第一巻の写本に添付されていたのも、法学のイジャーザと類似している。シャラフ・ディーンが法学を担っていたのかどうかは、彼に関する伝記記述が少ないため知ることはできないが、イジャーザの発行という学問教授の形態が法学の継承過程で育まれてきたことを考え合わせるならば、このカマール・ディーンの文書は、ギリシャの学問の教授も法学の教授形式に倣って行われるようになったことを示唆する。

この例は、ガザーリーの登場がギリシャの学問の受容に決定的な打撃を与えたわけではなく、むしろカマール・ディーンの頃には、ギリシャの学問も次第にイスラームの伝統的な学問の枠組みに入りつつあったことを印象付ける(32)。加えて、カマール・ディーン自身がそうであったように、法学者の中にはギリシャの学問を身に着け、さらにはその教授を担う者も出てきたのだった。

実際、カマール・ディーンのもとには、法学者が、法学ではなくギリシャの学問を学ぼうと訪れていた。イブン・ハッリカーンは、法学者タキー・ディーン・イブン・サラーフ（Taqī al-Dīn ibn al-Ṣalāḥ 一二四五年没）の以下のエピソードを記録している(33)。

著名なイブン・サラーフは、彼〔カマール・ディーン〕の前で論理学の一部を個人的に読み上げる（qaraʾa）ことを求めたところ、彼はそれに応じた。彼〔イブン・サラーフ〕はしばらくそのもとに通っていたが、何も身に付かなかった。

その結果、カマール・ディーンはイブン・サラーフに論理学の学習をやめるよう忠告し、イブン・サラーフはその忠告に従ったのだった。

イブン・サラーフの例は、法学者の間でのギリシャの学問への関心の高まりを示す一方、ギリシャの学問の教授でも、法学と同様の「師の前で読み上げる」形態が取られていたことを示す。さらに、ギリシャの学問教授は法学と同じ教授形態を取っていたにもかかわらず、法学では高い名声を誇るイブン・サラーフのような学者がギリシャの学問の習得に適応できない場合があったことから、法学の習得とギリシャの学問の習得に大きな違いが存在したと考えられる。

そこでスブキーの記述を振り返ると、ギリシャの学問教授には、法学教授には見られない要素が加わっていることに気づく。それは、師の前で『原論』の第一巻を読み上げた後、生徒であるカマール・ディーンが師の前で、『原論』などを「自分自身で解いた（ḥalla）」と述べている点である。

たしかに、前に紹介したように、カマール・ディーンは法学の問題を解くこと（ḥalla）に長けていた。しかし、解答能力の高さは法学教師としての名声の源であって、学生が解答を求められているわけではなかった。実際、イブン・ハッリカーンは、カマール・ディーンがいかにして法学を学んだのかに言及した際、カマール・ディーンは「〔法学の見解の〕違いと基礎を〔師の前で〕読み上げた（qaraʾa）[34]」と紹介するのみで、カマール・ディーン自身が師の前で問題を解いたかどうかに触れることはなかった。その一方で、カマール・ディーンは法学教師としてアーミディー（Rukn al-Dīn Abū Ḥāmid Muḥammad b. Muḥammad al-Samarqandī al-Āmidī 一二一八年没）による法学書『指針』（Irshād）を一晩で解き（ḥalla）、その解答を生徒たちに「読み上げさせた（aqraʾa）」とイブン・ハッリカーンは伝えている(35)。

このように、法学教授の際、生徒は自身の解答を提示することなく、正統な解釈を読み上げ、それを身に着けて受け継ぐことが求められた。やはり、法学では『クルアーン』と『ハディース』の正統な読み方の継承が第一に考えられていたといえる。

だが、ギリシャの学問の継承においては、法学継承の場面では見られなかった学生自身の解答（ḥalla）が行われたのは興味深い。その際、『原論』や『円錐曲線論』といった幾何学の作品以外に、天文学書『アルマゲスト』が解かれたのも注目に値する。

すでに触れたように、『アルマゲスト』の内容は、天文現象の説明とその現象を再現する幾何学モデルの提示、モデルの論理整合性を裏付ける幾何学的命題と論証の提示で構成されている。それゆえ、生徒のカマール・ディーンは、幾何学的命題と論証を解いたことになる。

しかし、これらの書物では命題と論証を積み上げることで解くべき問題はすでに解かれているため、生徒がこれらの書物で提示された問題を新たに別の仕方で解いたとは考えられない。では、生徒は、命題と論証をどのように「解いた」のだろうか。この「解く（ḥalla）」の意味を探る際、カマール・ディーンが師シャラフ・ディーンに『疑問（shukūk）の書』（Kitāb al-shukūk）の入手を要望したことが手掛かりとなる。

前述のとおり、アッバース朝の初期から厳密な議論に関心が高まったため、ギリシャの学問の中でも、とりわけ論証科学が注目され研究された。その結果、論証科学に関する権威あるギリシャ語の著作の内容も、論理整合性の側面から再検討されるようになった。

その再検討の成果の一つが、ギリシャ語文献の論理不整合な箇所を列挙した「疑問の書」文献である。すでにアッバース朝の初期には、ギリシャ医学の担い手ラーズィー（Abū Zakariyya al-Rāzī 八五四頃―九二五／九三五年）の『ガレノスへの疑問』（Al-Shukūk ʿalā Jālīnūs）[36]や、ギリシャ語文献の翻訳で活躍したクスター・イブン・ルーカー（Qusṭā ibn Lūqā 八二〇頃―九一二／九一三年頃）の『エウクレイデスの書への疑問』（Kitāb shukūk kitāb Uqlīdis）[37]が登場しており、当時からギリシャの学問の担い手たちの間で、議論の論理整合性への関心が高かったことが分かる。

この「疑問の書」文献を集大成させたひとりが、天文学と光学で大きな業績を上げたイブン・ハイサム（Ibn al-Haytham 九六五―一〇四〇年頃）である。[38]彼は『プトレマイオスへの疑問』（al-Shukūk ʿalā Baṭlamyūs）で、『アルマゲスト』をはじめとするプトレマイオスの諸著作の論理不整合な箇所を数多く指摘した。[39]さらに、彼は、『エウクレイデス『原論』への疑問の解答（ḥall）とその諸概念の解説』（Kitāb fī ḥall shukūk kitāb Uqlīdis fī al-uṣūl wa-sharḥ maʿānīhi）[40]や『幾人かの知識ある人々が提示した『アルマゲスト』への疑問への解答（ḥall）』（Ḥall shukūk fī kitāb al-majisṭī yashukku fīhā baʿḍ ahl al-ʿilm）[41]などの、いわゆる「疑問への解答（ḥall）の書」群も残しており、これらの作品で、彼は、『アルマゲスト』と『原論』において理解困難な概念や論理の流れが複雑な箇所、すなわち「疑問」に解説を加え、その疑問を解いて（ḥalla）いる。

一方、カマール・ディーンの言及する『疑問の書』が具体的にどの作品だったのかを特定することはできない。しかし、少なくとも数学諸学の学習との関連で言及されているため、イブン・ハイサム『プトレマイオスへの疑問』に代表される、数学諸学に対する「疑問の書」文献のひとつを彼が求めたことは疑い得ない。イブン・ハイサムの諸作品の内容を踏まえるならば、カマール・ディーンは、師の前で、『アルマゲスト』などに含まれる、論理の流れをたどることが困難な箇所や論理不整合な箇所という「疑問」を解こうとしたと考えられる。だからこそ、彼は、これらのギリシャの数学諸学の書に含まれる論理不整合性という疑問を認識するようになり、「疑問の書」に興味を持ったといえる。

さらに、伝統の継承を目指す法学教授では見られなかった、「疑問への解答」を生徒に求めるこの教授形式は、シャラフ・ディーンのみで終わることなく、カマール・ディーンも採用するところだった。例えば、神聖ローマ皇帝フリードリッヒ二世（Friedrich II 在位一二一二─五〇年）の助言者として活躍したアンティオキアのテオドロス（Theodoros 一一九五頃─一二五〇年）[42]について、シリア正教会の聖職者で様々な分野でシリア語の著作を残したバルヘブラエウス（Barhebraeus 一二二五／二六─八六年）[43]はアラビア語年代記『諸王朝略史』（Mukhtaṣar taʾrīkh al-duwal）で以下のように報告している[44]。

彼〔アンティオキアのテオドロス〕はモースルに赴き、カマール・ディーン・イブン・ユーヌスの前で、ファーラービーやイブン・スィーナーの諸著作を読み上げ（qaraʾa）、エウクレイデス〔『原論』〕と『アルマゲスト』を解いた（ḥalla）。

このように、カマール・ディーンの生徒も、師の前で疑問を解いていた。すでに述べたとおり、アッバース朝以降、ギリシャの学問の担い手たちは議論の論理整合性に高い関心を持つようになった。そのため、ギリシャの学問教授の根幹に、議論の論理整合性の点検を据える必要が生じ、師の前で疑問を解くという教授スタイルが編み出され、シャラフ・ディーンやカマール・ディーンもこの教授スタイルを採用したと考えられる。

この教授スタイルを反映するように、カマール・ディーンの生徒たちも、数学諸学を学ぶ際に、その論理整合性に意識的になり、生徒の中には、数学諸学を学ぶ過程で生じた論理整合性に関する疑問を師カマール・ディーンにたずねる者も存在した。実際、生徒へのカマール・ディーンの解答のひとつが、『アルキメデスがその著書『円の七等分とその仕方』で省略した補助定理を補うことの証明に関するモースルのカマール・ディーン・イブン・ユーヌスによるその弟子ムハンマド・イブン・フサインへの書簡』（Risālat al-mawlā Kamāl al-Dīn ibn Yūnus ilā khādimihi Muḥammad ibn al-Ḥusayn fī al-burhān ʿalā ījād al-muqaddama allatī ahmalahā Arshmīdis fī kitābihi fī tasbīʿ al-dāʾira wa-kayfīyat dhālika）[45]として現存している。

正七角形の作図法とそれを可能にする円の七等分の作図法は、イスラーム世界で盛んに研究された[46]。その際、ギリシャ数学の立役者の一人アルキメデス（Archimedes 前二八七頃—二一二年頃）に帰せられたアラビア語でしか現存していない『円の七等分の仕方について』（Kitāb ʿamal al-dāʾirat al-maqsūma bi-sabʿat aqsām mutasāwiya）という作品での円の七等分法が、二つの定規をずらしながら試行錯誤して作図するという機械学的な作図法を用いたものだったことから、この作図法をいかにして正規の作図法（定規とコンパス）に帰着させるのかが議論の焦点となった。例えば、サーガーニー（Ṣāghānī 九〇〇年没）[47]は、補助定理を導入して、アルキメデスの作図法を円錐曲線による作図に変換することで疑問を解決しようとした[48]。イスラーム世界では「完全コンパス」という円錐曲線を描くことのできるコンパスが考案されていたので、円錐曲線の使用は許容されていた[49]。

カマール・ディーンの書簡は、その冒頭に記されているように、アルキメデスが無視し、サーガーニーなどが付け足した補助定理に関して、弟子のムハンマド・イブン・フサイン（Muḥammad ibn Ḥusayn 生没年不詳）[50]が彼に助言を求めたため編まれた[51]。その際、イブン・フサインは、以下のように述べたという[52]。

ムハンマド・イブン・アブドル・ジャリール・シジュズィー[53]は、この補助定理のことを大げさに考えて、その著書『円の七等分について』の冒頭で、「これ〔補助定理〕は、彼〔アルキメデス〕がそれ〔補助定理〕の前においたもの〔すなわち円の七等分問題〕よりも、作図がより困難で、証明からより遠いものだろう。おそらくこれ〔作図〕は不可能だろう」と述べる者がいたと報告している。〔もしもこの報告が正しいのならば〕それ〔補助定理〕は、この探求をアルキメデスが説明する際、彼〔アルキメデス〕の探求を進めるには、さらに説明の求められるものを必要としたことを強調してしまう。

このように、イブン・フサインは、この補助定理の論理整合性が疑問視されていた状況を知り、本当にアルキメデスが間違っていたのかどうかを確認するため、この補助定理の再検討をカマール・ディーンに求めたのだった。それに対して、カマール・ディーンは「アルキメデスの説明が循環論法にならないような仕方で、その〔補助定理の〕証明を示そう[54]」と宣言し、補助定理に対して証明を与えることで、アルキメデスの作図法は円錐曲線で作図可能な方法だと論証した。

一方、弟子のイブン・フサインはアイユーブ朝の創始者サラディン（Saladin 一一三八頃―九三年）に宛てた『完全コンパスとそれによる作図の仕方について』（Risālat al-birkār al-tāmm wa-kayfīyat al-takhṭīṭ bihi）という書簡を残している[55]。この書簡は、完全コンパスの仕組みとそれによる円錐曲線の作図法、その作図法の正しさの証明で構成されている。

書簡の冒頭で、イブン・フサインは、なぜ完全コンパスの研究を始めたのかに言及している。それによると、完全コンパスに関する入手できなかったクーヒー（al-Kūhī 十世紀中葉頃活躍）[56]の論考の内容を再現するため、彼は研究を始めたという。その過程で、師カマール・ディーンに対して、この研究について示唆を与えてくれるように依頼すると、カマール・ディーンは、法学教授などで忙しい中、快諾してくれたという。[57]それゆえ、イブン・フサインは、「私が今披露するものは、彼〔カマール・ディーン〕の弟子の頃に私が読み上げ、彼とともに、その基礎と諸分野を探求し、その分析と総合を行った中で、あいまいな点を発見することに対する彼〔カマール・ディーン〕の支援の賜物である[58]」とさえ断言し、師カマール・ディーンへの感謝の念を表明するのだった。

両者のやり取りが示すように、ギリシャの学問教授では、師と生徒が議論の論理整合性に意識的だった。前述したアッバース朝以降のギリシャの学問の受容の経緯から、ギリシャの学問の担い手たちは議論の論理整合性を第一に求めたため、その教授現場では議論の論理整合性の点検が重要な位置を占めるようになった。生徒は論理整合性の高い議論を組み立てようとする一方、自力で解決困難な箇所に関しては師の助言を求めた。その過程で、師が自身の助言の成果を論考として残す場合もあれば、師の助言を踏まえて、生徒が自らの論考として発表する場合もあった。

正統な読誦の伝授を目指した法学では権威あるテキストの正確な継承が重視されたのに対して、ギリシャの学問教授では、以上の流れを受けて、『アルマゲスト』などのテキストさえも論理整合性の点検対象となり、さらには師の論考さえも点検対象となった。例えば、シャラフ・ディーンの線形アストロラーブについての論考には生徒のカマール・ディーンによる訂正が加えられたバージョンも存在し、このカマール・ディーン版は、その冒頭に明記されているように、元のシャラフ・ディーン版よりも理解しやすいものとして認識されていた。[59]

この基礎文献の読誦と疑問への解答というカマール・ディーンの教授スタイルは、その弟子の一人トゥースィーにも影響を与えていた。次に、教師としてのトゥースィーの活動を見てみよう。

三　数学諸学の師トゥースィー

まず、トゥースィーは、『原論』や『アルマゲスト』、『円錐曲線論』、「中間の書」群といった数学諸学に関する代表的なギリシャ語文献のアラビア語訳を収集し、それぞれに対して、用語が統一され、議論の流れが整理された改訂版（Taḥrīr）を編んだ。[60] この改訂作業がテキストを学ぶ者を念頭に置いたものであることは明白で、例えば『改訂版アルマゲスト』の序文において、図に色をつけて学習者の便宜を図ったとトゥースィー自身が記している。[61] 師の前での代表的なテキストの読誦というカマール・ディーンの教授スタイルを受けて、トゥースィーは、生徒の読誦しやすい、「疑問」の少ないテキストの整備を、この改訂作業で目指したといえる。また、トゥースィーの改訂したテキストの範囲が、イブン・ハッリカーンの報告で列挙されていたカマール・ディーンの精通していたテキスト群とおおよそ一致するのも、カマール・ディーンの影響を示唆する。

これらの作品に加えて、学習者を意識してトゥースィーによって編まれたのが『ハイア（世界の構造）の学覚書』（al-Tadhkira fī al-ʻilm al-hayʼa）[62] である。ハイアの学も、イブン・ハッリカーンの挙げるカマール・ディーンの精通していた分野のひとつで、具体的には、『アルマゲスト』の惑星運動モデルを基礎として、より体系的で立体的な天球モデルの構築と、それに基づく惑星運動の記述を目指す学問である。[63] そのため、プトレマイオスの惑星運動モデルが基本的に円の組み合わせで出来ていたのに対して、ハイアの学では、球の組み合わせで天体モデルが組み立てられた。このハイアの学をまとめたのがトゥースィー『ハイアの学覚書』である。この書はハイアの学の総論、あるいは要約であると、その序論などで強調されているので[64]、彼は、その読者としてハイアの学の入門者を想定していたと考えられる。

また、興味深いことに、『ハイアの学覚書』では、提示したモデルの幾何学的論証は省略されており、論証自体は『アルマゲスト』を参照するようにトゥースィーは注意を促した[65]。この注意書きから、『ハイアの学覚書』は『アルマゲスト』の内容を前提知識としていたことが分かる。実際、トゥースィーは「それ〔『ハイアの学覚書』〕は、かのもの〔『アルマゲスト』〕で確立されたことを叙述するものなので、もしも、それ〔『ハイアの学覚書』〕が『アルマゲスト』から離されるならば、それ〔『ハイアの学覚書』〕は完全な学問でなくなってしまう[66]」と述べるほどだった。

一方で、『アルマゲスト』の理解を必要不可欠とする作品をトゥースィーが編めたのは、当時、数学諸学を学ぼうとしていた生徒たちが、『アルマゲスト』をはじめとする代表的な数学諸学のテキストの読誦を、トゥースィーの改訂版などを通じて完遂していたからだと考えられる。『ハイアの学覚書』の登場は、師の前での基本テキストの読誦という教授形態の定着なしには不可能だったともいえる。

さらに、『ハイアの学覚書』では、「疑問への解答」が行われた。すでに述べたとおり、日周運動と惑星の不規則な運動を包括する体系的で立体的な同心天球モデルを組み立てようとすると、プトレマイオスの惑星モデルの抱える中心の異なる運動をいかにして解消するのかが問題となっていた。トゥースィーは、同心天球モデルと矛盾するこれらの運動を「困難（ishkālāt）」として指摘しつつ、第二巻第一一章で「困難への解答」すなわちトゥースィー・カップルの導入を提案する。[67]

以上の考察から、トゥースィーによる改訂版の編纂と『ハイアの学覚書』編纂は、師の前でのテキストの読誦と疑問への解答というギリシャの学問教授スタイルを大いに反映させたものだったことが分かる。カマール・ディーンの教授スタイルは、確実にトゥースィーに受け継がれていたのだった。

加えて、『ハイアの学覚書』のいくつかの写本が示すとおり、トゥースィーは、生徒との『ハイアの学覚書』の読み合わせを通じてテキストの改訂をほどこしていた。[68] これらの改訂は、『ハイアの学覚書』すなわち師のテキストさえも論理整合性の点検対象だったことを示唆する。やはり師と生徒の間で、議論の論理整合性への関心は保たれていた。

トゥースィーの改訂版テキストは数多くの写本を生み、[69]『ハイアの学覚書』も数多くの写本と注釈をもたらした。[70] この事実は、トゥースィーのこれらのテキストが数学諸学の教授にはなくてはならないものになり、トゥースィーの学習プログラムがイスラーム世界で成功を収めたことを印象付ける。

おわりに

以上、カマール・ディーンとトゥースィーによるギリシャの数学諸学の教授スタイルを分析することで、アヴィセンナ以後の数学諸学の教授の展開を跡付けた。その教授では、法学教授に倣って基本文献の読誦を取り入れる一方で、議論の論理整合性を保つため、疑問を解く作業が組み入れられた。その結果、ギリシャの学問の担い手たちの間で、法学教授で行われていた権威あるテキストの正確な読誦を模範とした、『アルマゲスト』などの代表的な作品の体系的で綿密な学習が共有されたのに加えて、論理整合性の観点から、それらのテキストに対する疑問を網羅的に数え上げ、解決しようという気運も共有された。

アヴィセンナ以降、ギリシャの学問教授は、法学者などの批判で途絶えることはなく、むしろ法学の教授スタイルを取り入れてイスラーム地域に固有の学問教授スタイルに近づきながら、体系化し固定化した。この体系化した教授プログラムを背景に、多くのギリシャの学問の担い手たちが、ギリシャの数学諸学に関する詳細な前提知識と、論理整合性への高い関心を持っていたからこそ、トゥースィーは、プトレマイオス体系の改良策として画期的だったトゥースィー・カップルを、『ハイアの学覚書』という入門書で披露することが出来たともいえる。

イスラームという土壌で培われた法学教授でのテキストの綿密な読誦という学習方式は、権威ある法学テキストの保護をすすめた。その一方で、ギリシャの学問教授の現場では、この学習方式は『アルマゲスト』などの基本テキストの正確な読解をすすめ、ギリシャの学問の担い手たちの高い論理整合性への関心から、法学テキストとは逆に、それらのテキストの改訂を促し、イスラーム世界での天文学研究の大きな成果の一つのトゥースィー・カップルの登場の一端を支えたのは興味深い。アヴィセンナ以後のギリシャの学問教授は、伝統と改良の間で独自の展開を見せ、イスラーム世界での体系的で綿密な『アルマゲスト』の読解と改訂への足場を準備したことは疑い得ない。

註

（1）アッバース朝とギリシャの学問との関係は、三村 [2010] で概略した。アッバース朝におけるギリシャ哲学の存在意義については、三村 [2009] を参照。より詳細には、三村 [2008] を参照。

（2）『哲学者の矛盾』は、Marmura [1997] が英訳とともにアラビア語テキストを公刊している。ガザーリーとギリシャ哲学の関係については、Griffel [2009] がひとつの視座を与えてくれる。

（3）この従来の歴史観に対して、例えば Joose and Pormann [2010] 2-3 は異議を表明している。

（4）トゥースィーの生涯と業績については、Ragep [1993] 1: 3-23 を参照。

（5）マラーガ天文台については、Sayılı [1960] 189-223 を参照。

（6）ウルディーの生涯と業績については、Saliba [1990] 27-30 を参照。

（7）マグリビーの生涯と業績については、Comes [2007] を参照。

（8）クトゥブ・ディーン・シーラーズィーの生涯については、Pourjavady and Schmidtke [2009] を参照。彼の業績については、Walbridge [1992] を参照。

（9）プトレマイオス天文学については、近年 Alexander Jones による改訂版が公刊された Pedersen [2011] を参照。

（10）その概略は、Sabra [1998a]、三村 [2010] 101-112 を参照。

（11）その詳細は、Saliba [1983] を参照。

（12）その概略は、Saliba [1996] を参照。

（13）トゥースィー・カップルの内容と展開については、Ragep [2000] を参照。

（14）トゥースィーの教育経歴については、Ragep [1993] 1: 4-9 を参照。

（15）遍歴学生については、Toorawa [2004] を参照。

（16）Ṣafadī [2000] 1: 149. この一節については、Ragep [1993] 1: 7, fn. 23 も参照。

（17）ムイーン・ディーンについては、Ragep [1993] 1: 6-7 を参照。

（18）イジャーザについては、Leder [2002] および Schmidtke [2006] を 参照。

（19）このイジャーザの翻刻は、Riḍawī [1976] 165-166 を参照。

（20）この師弟関係については、Ragep [1993] 1: 6, fn. 17 を参照。

（21）イスラーム法の正統化については、Hallaq [2001] を参照。

（22）カマール・ディーンとイブン・ハッリカーンの関係については、Marlow [2010] 284-285 を参照。

（23）Ibn Khallikān [1977] 5: 311; 英訳 De Slane [1842] 3: 467. この一節については、Endress [2006] 393-394 も参照。

（24）Ibn Khallikān [1977] 5: 312; 英訳 De Slane [1842] 3: 467.

（25）Ibn Khallikān [1977] 5: 312; 英訳 De Slane [1842] 3: 467. この一節についてはEndress [2006] 394-395 も参照。

（26）「中間の書」とは、エウクレイデス（Eukleides 前三〇〇年頃活躍）の『ファイノメナ（天文現象論）』（*Phaenomena*）やアウトリュコス（Autolycos 前三六〇頃―二九〇年頃）の『動天球論』（*De sphaera quae movetur*）など、『原論』（*Stoicheia; Elementa*）と『アルマゲスト』以外の数学諸学に関するギリシャ語テキスト群の総称である。その概要は、Evans [1998] 89-91 を参照。さらに、イスラーム世界では独自に基本書が数作品加えられた。そのイスラーム世界での展開は、Steinschneider [1865] を参照。

（27）Subkī [1964] 8: 386. なお、この一節については、Rashed [1986] 1: XXXIV-XXX; Endress [2006] 395 も参照。

（28）サービト・イブン・クッラ（Thābit ibn Qurra 八三〇頃―九〇一年）は、ギリシャ語文献のアラビア語翻訳で活躍し、自身も数学諸学や哲学の分野で多くの作品を残した。その天文学上の業績についてはMorelon [1994] を参照。主要な天文学著作はMorelon [1987] に収録されている。彼に関する近年の研究成果としては、Lorch [2001] や Rashed [2009] がある。

（29）シャラフ・ディーンの生涯については、Anbouba [1972] を参照。

（30）シャラフ・ディーンの線形アストロラーブに関する諸作品は、Nikfahm [2009] がその校訂版とペルシャ語訳を詳細な注釈とともに公刊している。またシャラフ・ディーンの数学書『方程式について』は、Rashed [1986] が校訂版とフランス語訳を公刊している。

（31）アストロラーブについては、Borelli [2008] を参照。

（32）ギリシャ科学がイスラームへ土着化した過程は、すでにSabra [1996] が指摘している。

（33）Ibn Khallikān [1977] 5: 314; 英訳 De Slane [1842] 3: 470. この一節については、Endress [2006] 396 も参照。

（34）Ibn Khallikān [1977] 5: 312; 英訳 De Slane [1842] 3: 467.

（35）Ibn Khallikān [1977] 5: 312; 英訳 De Slane [1842] 3: 468.

（36）ラーズィーの経歴について、ギリシャ医学の担い手の側面については、Iskandar [1975] を参照。一方、ギリシャ哲学の担い手としての側面については、Stroumsa [1999] 87-120 を参照。『ガレノスへの疑問』の校訂版としては、Mohaghegh [1993] がある。

(37) クスター・イブン・ルーカーの業績については、Gabrieli [1912-1913] を参照。ここで触れた『エウクレイデスの書への疑問』は、イブン・ナディーム（Ibn al-Nadīm 九九五年没）の『目録』（*Fihrist*）に書名が記録されているのみで、現存しているかどうかは確認されていない。その詳細は、Sezgin [1974] 286 を参照。

(38) イブン・ハイサムの生涯については、Sabra [1972]; Sabra [1998b]; Sabra [2002-2003]; Sabra [2008] を参照。なお、近年 Roshdi Rashed が二人のイブン・ハイサムの存在を提唱している（例えば Rashed [2007] など）。しかし、Sabra が綿密に検証したとおり、根拠に乏しい説であることを付け加えておく。

(39) 『プトレマイオスへの疑問』は校訂版として Sabra and Shehaby [1971] がある。また Voss [1985] による英訳と注釈も公刊されている。

(40) いくつかの写本で現存しているが未校訂である。現存する写本については、Sezgin [1974] 370, no. 27; Rosenfeld and Ihsanoğlu [2003] 132, M1 を参照。それらの写本のうち、イスタンブル大学図書館写本（八〇〇番）とライデン大学図書館写本（Or. 516）は、Sezgin [1985] によってファクシミリ版が公刊されている。

(41) いくつかの写本で現存しているが未校訂である。現存する写本については、Sezgin [1978] 258, no. 13; Rosenfeld and Ihsanoğlu [2003] 136, A14 を参照。

(42) アンティオキアのテオドロスの生涯については、Burnett [1995]; Kedar and Kohlberg [1995] を参照。

(43) バルヘブラエウスの生涯と著作については、Takahashi [2005] を参照。

(44) Ṣalḥānī [1992] 273. この一節については、Burnett [1995] 228-229; Kedar and Kohlberg [1995] 175; Takahashi [2005] 84, fn. 316 を参照。

(45) Rashed [2000] 884-897 が二つのバージョンのテキストを仏訳とともに公刊している。Rashed はこの書簡を円に内接する七角形の作図に関するものだとしているが、より正確には、Hogendijk [1984] 280 がすでに指摘しているように、円の七等分に関する書簡である。

(46) イスラーム世界における七角形の作図問題の歴史は、Hogendijk [1984] を参照。

(47) サーガーニーは、ブワイフ朝の宰相シャラフ・ダウラ（Sharaf al-Dawla 九六一―九八八／九八九年）の天文台に参与し、アストロラーブの製作などで作品を残している。その生涯については、Puig [2007] を参照。

(48) 具体的な内容は、Hogendijk [1984] 221-226 を参照。

(49) 完全コンパスについては、Rashed [2005] 629-848 を参照。

(50) ただし、Rashed [2000] 885 の八―九行目に対する脚注に記されているように、宛先のムハンマド・イブン・フサインの名を明記しているのはひとつの写本（クウェイト写本）のみで、残りの写本は無記名である。とはいえ、この写本は、カマール・ディーンの同時代の学者アブド・アズィーズ・ヒラーティー（ʻAbd al-ʻAzīz al-Khilāṭī 生没年不詳）の手による最古の写本（一二三三年筆写）なので、宛先自身は信頼に足ると考える。写本の詳細は、Rashed [2000] 658-659 を参照。

(51) Rashed [2000] 885.

(52) Rashed [2000] 885-887.

(53) シジュズィー（Abū Saʿīd Aḥmad ibn Muḥammad ibnʻAbd al-Jalīl al-Sijzī 九四五頃―一〇二〇年頃）は、数学や天文学、占星術の分野で数多くの作品を残した。その生涯については、Van Brummelen [2007] を参照。

(54) Rashed [2000] 887.

(55) Woepcke [1874] が MS Paris BN arabe 2468 に基づいて、そのテキストと仏訳、注釈を公刊している。Rosenfeld and Ihsanoğlu [2003] no. 572, M1 によると、アルジェリアとライデンにも写本が存在するという。

(56) クーヒーは、サーガーニーと同様、ブワイフ朝に参与し、天文学や数学の分野で数多くの作品を残したことで知られている。その生涯は、Berggren [2007] を参照。

(57) Woepcke [1874] 118-120; 仏訳 Woepcke [1874] 18-20.

(58) Woepcke [1874] 120; 仏訳 Woepcke [1874] 20.

(59) その詳細は Nikfahm [2009] 80-90 を参照。

(60) トゥースィーの業績における改訂作業の位置づけについて、Ragep [1993] 1: 20-23 を参照。

(61) その概要は、Saliba [1987] を参照。また、『改訂版原論』において教育的配慮から行われた改訂作業の実際については、De Young [2008-9] を参照。

(62) Ragep [1993] が、同書の校訂版を英訳と注釈とともに公刊している。

(63) ハイアの学の成立については、三村 [2010] 101-112 で展望を与えた。

（64）入門者向けの書としての『ハイアの学覚書』の側面については、Ragep [1993] 1: 37-38 を参照。
（65）『ハイアの学覚書』と論証の関係については、Ragep [1993] 1: 36-37 を参照。
（66）Ragep [1993] 1: 92.
（67）『ハイアの学覚書』における「困難」とトゥースィー・カップルについては、Ragep [1993] 1: 46-53 を参照。
（68）『ハイアの学覚書』の改訂作業の詳細は、Ragep [1993] 1: 71-75 を参照。
（69）トゥースィーによる改訂版の写本については、Rosenfeld and Ihsanoğlu [2003] no. 606, M1-11, および A1-7 を参照。
（70）『ハイアの学覚書』の写本と注釈書の詳細は、Ragep [1993] 1: 58-64; 76-81 を参照。

参照文献

Anbouba, A. [1972] "Al-Ṭūsī, Sharaf Al-dīn Al-muẓaffar Ibn Muḥammad Ibn Al-Muẓaffar", in Gillispie [1972] 13: 514-517.

Berggren, J. L. [2007] "Kūhī: Abū Sahl Wījan ibn Rustam [Wustam] al-Kūhī", in Hockey [2007] 659.

Borelli, Arianna [2008] *Aspects of the Astrolabe: 'Architectonica Ratio' in Tenth- and Eleventh-Century Europe,* Stuttgart: Franz Steiner.

Burnett, Charles [1995] "Master Theodore, Frederick II's Philosopher", in Centro italiano di studi sul basso Medioevo ed., *Federico II e le nuove culture,* Atti del XXXI Convegno storico internazionale, Todi, 9-12 ottobre 1994, Spoleto, 225-285.

Comes, Mercè [2007] "Ibn Abī al-Shukr", in Hockey [2007] 548-549.

De Slane, MacGuckin (tr.) [1842] *Ibn Khallikan's Biographical Dictionary*, 4 vols., Paris: Printed for the Oriental Translation Fund of Great Britain and Ireland.

De Young, Gregg [2008/9] "The Tahrîr Kitâb Usûl Uqlîdis of Nasîr al-Dîn al-Tûsî: Its Sources", *Zeitschrift für Geschichte der Arabisch-Islamischen Wissenschaften* 18, 1-71.

Endress, Gerhard [2006] "Reading Avicenna in the *Madrasa* : Intellectual Genealogies and Chains of Transmission of Philosophy and the Sciences in the Islamic East", in James E. Montgomery ed., *Arabic theology, Arabic philosophy, from the Many to the One: Essays in Celebration of Richard M. Frank,* Leuven: Peeters, 371-422.

Evans, James [1998] *The History and Practice of Ancient Astronomy,* New York: Oxford University Press.

Gabrieli, G. [1912-1913] "Nota biobibliografica su Qusta ibn Luqa", *Rendiconti della Reale Accademia dei Lincei,* Serie 5. 21, 341-382.

Gillispie, Charles Coulston (ed.) [1972] *Dictionary of Scientific Biography,* 16 vols., New York: Scribner.

Griffel, Frank [2009] *Al-Ghazālī's Philosophical Theology,* Oxford, New York: Oxford University Press.

Hallaq, Wael B. [2001] *Authority, Continuity, and Change in Islamic law,* Cambridge, U. K.; New York: Cambridge University Press.

Hockey, Thomas (ed.) [2007] *The Biographical Encyclopedia of Astronomers,* New York: Springer.

Hogendijk, Jan [1984] "Greek and Arabic Constructions of the Regular Heptagon", *Archive for History of Exact Sciences* 30, 197-330.

Ibn Khallikān [1977] *Wafayāt al-a'yān wa-anbā' abnā' al-zamān,* 8 vols., Bayrūt: Dār Sādir.

Iskandar, A. Z. [1975] "The Medical Bibliography of Al-Rāzī", in G. F. Hourani ed., *Essays on Islamic Philosophy and Science,* Albany: State University of New York Press, 41-46.

Joose, N. Peter and Pormann, Peter E. [2010] "Decline and Decadence in Iraq and Syria after the Age of Avicenna?: 'Abd al-Laṭīf al-Baghdādī (1162-1231) between Myth and History", *Bulletin of the History of Medicine* 84(1), 1-29.

Kedar, Benjamin Zeev and Kohlberg, Etan [1995] "The Intercultural Career of Theodore of Antioch", *Mediterranean Historical Review* 10, 164-176.

Leder, Stefan [2002] *Spoken Word and Written Text: Meaning and Social Significance of the Institution of Riwāya,* Tokyo: Islamic Area Studies, Working Paper Series 31.

Lorch, Richard (ed. and tr.) [2001] *Thabit ibn Qurra: On the Sector-Figure and Related Texts*, Frankfurt am Main: Institute for the History of Arabic-Islamic Science at the Johann Wolfgang Goethe University.

Marlow, Louise [2010] "A Thirteenth-Century Scholar in the Eastern Mediterranean: Sirāj al-Dīn Urmavī, Jurist, Logician, Diplomat", *Al-Masaq* 22 (3), 279-313.

Marmura, Michael (ed. and tr.) [1997] *The Incoherence of the Philosophers,* Provo, Utah: Brigham Young University Press.

Mohaghegh, M. (ed.) [1993] *Kitāb shukūk 'alā Jālīnūs,* Tehran: International Institute of Islamic Thought and Civilization.

Morelon, Régis (ed. and tr.) [1987] *Thābit Ibn Qurra, Œuvres d'Astronomie,* Paris: Les Belles Lettres.

Morelon, Régis [1994] "Thābit b. Qurra and Arab Astronomy in the 9th Century", *Arabic Sciences and Philosophy* 4, 111-139.

Nikfahm, Sajjad (ed. and tr.) [2009] "Linear Astrolabe: Description, Structure and Usage", M. A. thesis submitted to the Institute for the History of Science, the University of Tehran.

Pedersen, Olaf [2011] *A Survey of the Almagest* (with annotation and new commentary by Alexander Jones), New York: Springer.

Pourjavady, Reza and Schmidtke, Sabine [2009] "Quṭb al-Dīn al-Shīrāzī (d.710/1311) as a Teacher: An Analysis of his *Ijāzāt* (Studies on Quṭb al-Dīn al-Shīrāzī III)", *Journal Asiatique* 297, 15-55.

Puig, Roser [2007] "Ṣāghānī: Abū Ḥāmid Aḥmad ibn Muḥammad al-Ṣāghānī al-Asṭurlābī", in Hockey [2007] 1004.

Ragep, F. Jamil (ed. and tr.) [1993] *Naṣīr al-Dīn al-Ṭūsī's Memoir on Astronomy*, 2 vols., New York: Springer.

Ragep, F. Jamil [2000] "The Persian Context of the Ṭūsī Couple", in N. Pourjavady and Ž. Vesel eds., *Naṣīr al-Dīn al-Ṭūsī: Philosophe et savant du XIIIe siècle,* Tehran: Institut français de recherche en Iran/Presses universitaires d'Iran, 113-130.

Rashed, Roshdi (ed. and tr.) [1986] *Œuvres mathématiques: algèbre et géométrie au XIIe siècle,* 2 vols., Paris : Les Belles Lettres.

Rashed, Roshdi [2000] *Les Mathématiques infinitésimales du IXe au XIe siècle,* vol. III: *Ibn al-Haytham. Théorie des coniques, constructions géométriques et géométrie pratique,* London: al-Furqān.

Rashed, Roshdi [2005] *Geometry and Dioptrics in Classical Islam,* London: al-Furqān.

Rashed, Roshdi [2007] "The Configuration of the Universe: A Book by al-Hasan ibn al-Haytham?", *Revue d'Histoire des Sciences* 60 (1), 47-63.

Rashed, Roshdi (ed.) [2009] *Thābit ibn Qurra: Science and Philosophy in Ninth-Century Baghdad,* New York; Berlin: W. de Gruyter.

Riḍawī, M. M. [1976] *Aḥwāl wa-āthār Naṣīr al-Dīn,* Tehran: Farhang Iran.

Rosenfeld, Boria A. and Ihsanoğlu, Ekmeleddin [2003] *Mathematicians, Astronomers and Other Scholars of Islamic Civilisation and Their Works,* Istanbul: Research Centre for Islamic History, Art, and Culture.

Sabra, A. I. [1972] "Ibn al-Haytham", in Gillispie [1972] 6: 189-210.

Sabra, A. I. [1996] "Situating Arabic Science: Locality *versus* Essence", *Isis* 87, 654-670.

Sabra, A. I. [1998a] "Configuring the Universe: Aporetic, Problem Solving, and Kinematic Modeling as Themes of Arabic Astronomy", *Perspectives on Science* 6, 288-330.

Sabra, A. I. [1998b] "One Ibn al-Haytham or Two? An Exercise in Reading the Bio-bibliographical Sources", *Zeitschrift für Geschichte der Arabisch-Islamischen Wissenschaften* 12, 1-50.

Sabra, A. I. [2002-2003] "Conclusion", *Zeitschrift für Geschichte der Arabisch-Islamischen Wissenschaften* 15, 95-108.

Sabra, A. I. [2008] "Ibn Al-Haytham, Abu 'Ali Alhasan Ibn Al-Hasan", In *Complete Dictionary of Scientific Biography,* Detroit: Charles Scribner's Sons, 22: 1-4.

Sabra, A. I. and Shehaby, N. (eds.) [1971] *Ibn al-Haytham, al-Shukūk 'alā Batlamyus,* Cairo: The National Library Press.

Ṣafadī, Khalīl ibn Aybak [2000] *Kitāb al-Wāfī bi-l-wafayāt,* Bayrūt, 29 vols., Lubnān : Dār Iḥyā' al-Turāth al-'Arabī.

Saliba, George [1983] "An Observational Notebook of a Thirteenth-Century Astronomer", *Isis* 74, 388-401.

Saliba, George [1987] "The Role of the *Almagest* Commentaries in Medieval Arabic Astronomy: A Preliminary Survey of Ṭūsī's Redaction of Ptolemy's *Almagest*", *Archives internationales d'histoire des sciences* 37, 3-20.

Saliba, George (ed.) [1990] *The Astronomical Work of Mu'ayyad al-Dīn al-'Urḍī (Kitāb al-Haya): A Thirteenth Century Reform of Ptolemaic Astronomy,* Bayrūt: Markaz dirāsat al-wahda al-'arabiyya.

Saliba, George [1996] "Arabic Planetary Theories after the Eleventh Century AD", in Roshdi Rashed (ed.) *Encyclopedia of the History of Arabic,* 3 vols., London: Routledge, 1: 58-127.

Ṣālḥānī, Anṭūn [1992] *Ta'rīkh mukhtaṣar al-duwal li-l-'allāma Ghrīghūriyūs al-malaṭī al-ma'rūf bi-Ibn al-'Ibrī,* 3rd ed., Beirut: Dār al-Mashriq.

Sayılı, Aydın [1960] *The Observatory in Islam,* Ankara: Türk Tarih Kurumu Basımevi.

Schmidtke, Sabine [2006] "Forms and Functions of 'Licences To Transmit' (*Ijāza*s) in 18th-Century-Iran: 'Abd Allāh al-Mūsawī al-Jazā'irī al-Tustarī's (1112-73/1701-59) *Ijāza kabīra*", in Gudrun Krämer and Sabine Schmidtke eds., *Speaking for Islam: Religious Authorities in Muslim Society,* Leiden; Boston: Brill, 95-127.

Sezgin, Fuat [1974] *Geschichte des arabischen Schrifttums,* vol. 5, Leiden: Brill.

Sezgin, Fuat [1978] *Geschichte des arabischen Schrifttums,* vol. 6, Leiden: Brill.

Sezgin, Fuat [1985] *Kitāb fī ḥal! shukūk kitāb Uqilīdis fī al-uṣūl wa-sharḥ ma'ānīhi,* Frankfurt am Main: Institut für Geschichte der

Arabisch-Islamischen Wissenschaften.

Stroumsa, S. [1999] *Freethinkers of Medieval Islam: Ibn al-Rāwandī, Abū Bacr al-Rāzī, and their Impact on Islamic Thought,* Leiden: Brill.

Subkī, Tāj al-Dīn ʻAbd al-Wahhāb ibn ʻAlī [1964] *Ṭabaqāt al-Shāfiīyah al-kubrā*, Criro: ʻĪsā al-Bābī al-Ḥalabī.

Toorawa, Shawkat M. [2004] "Travel in the Medieval Islamic World: The Importance of Patronage as Illustrated by ʻAbd al-Latif al-Baghdadi (and other littérateurs)", in Rosamund Allen ed., *Eastward Bound: Travel and Travellers, 1050-1550,* Manchester: Manchester University Press, 57-70.

Walbridge, John [1992] *The Science of Mystic Lights: Quṭb al-Dīn Shīrāzī and the lluminationist Tradition in Islamic Philosophy,* Cambridge, Mass.: Harvard University Press.

Woepcke, F. [1874] "Trois traités arabes sur le compas parfait",*Notices et Extraits des Manuscrits de la Bibliothèque Impériale et Autres Bibliothèques* 22, 1-175.

Van Brummelen, Glen [2007] "Sijzī: Abū Saīd Aḥmad ibn Muḥammad ibn ʻAbd al-Jalīl al-Sijzī", in Hockey [2007] 1059.

Voss, Don [1985] "Ibn al-Haytham's Doubts Concerning Ptolemy: A Translation and Commentary", A Dissertation submitted to the University of Chicago.

三村太郎、「アッバース朝におけるギリシャの学問の存在意義とは何か――論証科学の展開を中心として」東京大学総合文化研究科学位請求論文、二〇〇八年。

三村太郎、「中世イスラーム世界における『ギリシャ哲学者』の存在意義とは」『理想』六八三号、一四六―一六三頁、二〇〇九年。

三村太郎、『天文学の誕生』岩波科学ライブラリー、二〇一〇年。

二　ビザンツにおける哲学と制度

――ミハイル・プセロスへの塞がれた流れ――

橋川裕之

一　哲学のための制度

今日、日本であろうと他の国であろうと、我々の社会において哲学はどのように学ばれうるか。我々はどのようにして哲学者になりうるか、あるいは、哲学者として呼ばれうるか。ソクラテス（Sōkratēs 前四七〇／四六九―三九九年）が生きた紀元前五世紀のアテナイ社会に立ち返るならば、人は何の特別な資格も職業もなく、またいわゆる学問的諸制度による認可もなく、哲学者になって、他の人々を哲学へと導くことができた。なぜなら、ソクラテス時代のアテナイにおいて、哲学（φιλοσοφία）とは字義どおり、知（σοφία）を愛する（φιλεῖν）という生き方ないし態度のことであって、何らかの学問的領野ないしディシプリンではなかったからである。

かりにプラトン（Platōn 前四二七―三四七年）の対話篇に現れる哲学および哲学者の意味を原義とすれば、今日においても、我々がそうした原義による用例に触れる機会は必ずしも少ないわけではない。けれども多くの場合、我々がそれらの語で想起するのは、現代の高等教育機関、とりわけ大学において研究・教授されている学問的ディシプリンとしての哲学であり、それと何らかのかかわりを有する職業的教師・学者たちである。とくに中世以来のアカデミックな制度である大学は、哲学の研究と教育に従事する多数の専門家のみならず、哲学の名称を冠する学部や学科を擁し、幾世紀にもわたって哲学的伝統の持続および発展に寄与してきたという点で、哲学の牙城とすら言えるかもしれない。二〇世紀を見ても、世界の名だたる哲学者たちのほとんどは由緒ある大学かそれに準じる教育機関に籍を置き、様々な特権に与っている。おそらく高名な哲学者の存在は、彼らが所属する大学にとっては、彼らに支払われる給料や実際の待遇を補って余りある、有形無形のメリットがあるものと思われる。このような哲学と大学のほとんど不可分とも言うべき密な関係は、ソクラテスが貧しい身なりで市中を往来し、誰からも授業料を受けず、学校的組織も作らなかったことを考慮に入れると、哲学の原風景からの驚くべき変化である。

しかし哲学の制度化と言うべき現象は、ソクラテスの時代からすでに始まっていた。「私はいまだかつて誰の教師になったこともない」、「金銭を受け取って対話することもないし、もらわなければしないということもない」というのは『弁明』(Ἀπολογία〔Apologia〕)におけるソクラテスの弁である。(1) たしかにソクラテスはソフィストや自然学者のようには教えなかったかもしれないが、彼の周辺には彼を慕う友人や若者たちがつねに集まっており、アテナイの一般の人々から見れば、ソクラテスのサークルは一種の学校であり、ソクラテス自身も一人の教師であった。(2) ソクラテスに学んだプラトンは彼の死後、アテナイの近郊に哲学のための学園アカデメイアを創始した。ブラックが「世界最初の大学」と呼ぶプラトンのアカデメイアは、東ローマ皇帝ユスティニアヌス一世(Justinianus I 在位五二七―六五年)がその閉鎖を命じる五二九年まで、約九世紀にわたって存続した。(3) アカデメイアでなされた教育プログラムの詳細も教師と学生の構成等の情報もほとんど伝わっていないが、政治体制が移り変わる中でのその制度的持続力は注目に値する。学園閉鎖の実態は不明ながら、ユスティニアヌスの決定は、ローマ帝国における多神教的異教からキリスト教への移行と、哲学者がそれまで享受してきた自由な真理探究に対する国家的統制の増大を示す、象徴的な事件であった。その後、アカデメイアと同程度の持続力を有する高等教育機関は、少なくとも史料から確認されうる限り、東ローマ・ビザンツ帝国領内では成立しなかった。そこではギリシャ語が話され続け、古代に由来するギリシャ語の多くの書物が伝わっていたにもかかわらず、なぜ、アカデメイアに匹敵する制度が登場しなかったのか。この問いは、なぜ、ビザンツでは大学（universitas）が成立しなかったのか、という問いに置き換えることができる。

周知のとおり、大学は十二世紀後半のイタリア、フランス、そしてイングランドにおいて、教師と学生の同業者組合的組織、ウニヴェルシタスから成立した。パリ大学を中世ヨーロッパにおける最初の大学とみなすフェルオロは、ラシュドールの大著『中世におけるヨーロッパの諸大学』(4)を参照しつつ、中世大学の三つの特徴を挙げている。一つは、持続的かつ自律的な団体であること、もう一つは、知識の共有と伝達に力点が置かれていること、最後は、規約においても目的においても狭い領域に特化しないこと、である(5)。十二世紀後半以降、中世ヨーロッパの諸都市に次々と誕生した大学は、その草創の段階ではギルド的な性格を強く保っていた。大学が取り扱うのは、商品ではなく、知識そのものであり、ヨーロッパの各地から集った多様な構成員は多様な科目の研究に従事し、教師は学生に教え、学生は教師から習った。大学に関連する知的活動の中ではとくに教育が重視され、初期の大学の規約の大半は教育内容と教師と学生の関係にかかわるものであった。また大学の教育を特徴づけたのは総合性であり、学生は自由学芸、神学、法学、医学などの専門知識を、都市から都市へと移動することなく、同じ場で学ぶことができた。フェルオロは、多様な出自と関心を有する教師と学生とが単一の組合を組織し、

「自らを共通の努力、すなわち知識と真理の追究にかかわるとみなした」[6]点で、パリ大学をヨーロッパにおける最初の大学と位置づける。パリにおいて大学を創設した教師と学生たちが、フランス国王からもローマ教皇からもその存立の認可を受け、比較的自由な環境下で知識と真理を追究しえたという点で、パリ大学はプラトンのアカデメイアと部分的に共通する性質を持っていたと言える。

中世の大学とプラトンのアカデメイアの決定的な相違はおそらく、ギルド的な性格の有無にある。中世の大学では学生たちが、授業料や生活環境だけでなく、教師の質や教育の内容にまで細かな注文をつけていたことが知られている。学生は組合としての大学に属しつつ、授業料に見合う教育を受ける権利を主張する組合であり、他方で、教師も同様に大学に属しつつ、ふさわしい学生に免状を付与しその人的構成を統制する組合であった。ギルドにおける、技術を教え資格を審査する親方と、技術を習得し親方資格を得ようとする徒弟の関係は、そのまま中世大学における教師と学生の関係にも適用されたのである。これに対してアカデメイアでは、教師あるいは哲学者としてのプラトンのカリスマ的資質がその制度的持続の原動力となっていたはずであり、そこで学ぶ学生たちがプラトンやその他の教師陣に対して、団体として権利主張をしたということは考えにくい。学生にとっては創始者プラトンのカリスマを受け入れるか否かが問題であり、そこでの実際の教育に満足できないのなら、アカデメイアを去って他の都市や他の学校へ移ればよいだけの話であった[7]。

つまり、ギルド的性格という点を除けば、ヨーロッパの大学に似た理念と実態を有する高等教育機関は古代地中海世界においてすでに存在したということになるが、古代のギリシャ文化とローマ的諸制度の継承者であるビザンツではどうであったのか。すでに述べたとおりアカデメイアはユスティニアヌスによって閉鎖され、アレクサンドリアのムセイオンはそれ以前に役割を終えていたとされる。ムスリム勢力が台頭した七世紀には、かつて多くの学者たちが研究にいそしんだ土地、エジプトとシリアが帝国から失われた。一方、ローマ市民の間に急速に広まったキリスト教が古代から続く異教とその慣習を抑圧し、他方では、ムスリムやゴート人のような新興勢力の侵入が帝国社会にドラスティックな変化をもたらす中、哲学そのもの、そして哲学のための制度はどのような状況に置かれ、どのような道を歩んだのか。ビザンツにおける哲学の道は、なぜ、教師と学生の組合としての大学に通じなかったのだろうか。

このようなビザンツにおける哲学と制度の関係だけでなく、ラテン的西方とギリシャ的東方との根本的相違にもかかわりうる問題を考えるに際して、我々がキーパーソンとして注目しなければならないのは、十一世紀のプラトン主義哲学者、ミハイル・プセロス（Michaēl Psellos　一〇一八―七八年頃）である。コンスタンティノープルの中流家庭の出身者でありながら、圧倒的な知識と弁論の巧さによって名声を博し、皇帝から「哲学者頭領」の称号を授与され、自ら運営する学校で精力的に学生に教え、法廷弁論から詩、歴史書にいたるまで、多分野にわたる膨大な量のテクストを書き、何人もの皇帝の助言者の役割を務めた彼は、実際になしたことと、なす可能性があったことの両面で、ビザンツの哲学教育の歴史全体の中でもっとも重要な位置を占めると言っても過言ではない。彼が記した史書『年代記』（Χρονογραφία〔Chronographia〕）には、彼の哲学者としての強烈な自意識を伝える有名な文言がある。

今日この話を読むあなた方は私とともに確証するであろう。すなわち、その〔哲学の〕従事者についてみれば、息を引き取った知恵を私自身が把捉し、独力でそれを復活させたということを、すべてを調べた私が価値ある教師らにめぐり会えず、ヘラス〔ギリシャ〕であれ蛮族の地であれ知恵の種すら見出していないとい

うことを。(8)

プセロスによれば、彼が知恵を求め始める前に、知恵そのものは死んでいた。死んでいたからこそ、彼は知恵を授けてくれる真の教師にはめぐり会えず、知恵の種のようなものすらなかった。したがって、彼は誰の手助けも借りず、独力で知恵を取り戻し、復活させたというのである。知恵をひたすら追い求め、それに再度火をともすことに成功したという点で、プセロスは哲学不毛の時代と社会における、唯一真正の哲学者ということになろう。しかし今日の読み手である我々は、プセロスのこの言明を額面どおりに受け取ることはできない。知識人や学識者と一般に称される、自らの博識と業績を誇る人々は好んで自伝的テクストを著し、ときに仰々しくときに感傷的な言葉で自己顕彰をするものだからである。(9) たとえば、彼が「すべてを調べた」というのは明らかに誇張表現であり、彼が生地であるコンスタンティノープルから、国外を含む遠方に旅行した形跡は、三〇歳代半ばの数年間の小アジアでの隠退生活を別として、何も見当たらない。一方、「我々は神の力、神の知恵であるキリストを宣べ伝えている」(一コリ一・二四)、「キリストは我々にとって神からの知恵となった」(同一・三〇)というパウロの言葉を念頭においてプセロスの言葉を読むと、キリスト教社会におけるその不穏当さが浮かび上がる。「神の知恵」あるいは「神からの知恵」とパウロが呼ぶイエス・キリストは十字架につけられ息を引き取ったが、その三日後に神によって復活させられ、パウロ自身を含む多くの人の前に現れた。「神の知恵」たるキリストはパウロたちが宣べ伝えたが、プセロスの言う「知恵」は誰も教える者がいなかった。したがって、プセロスは死んだ「知恵」を独力で復活させ、求める人々に対して、独自にそれを教え始めた。プセロスは知恵の死と復活という表現で、何を意味しているのか。彼が知恵の死と言うとき、彼は教会の権威を否定していることにならないのか。実際、彼はこの史書を書く前、一〇五四年頃に「信仰告白書」を記すとともに修道士となり、ビティニア地方の修道院に退いていた(10)。

同時代の西ヨーロッパと同程度に厳格であったビザンツのキリスト教社会において、真の哲学者であることを自負したプセロスは、ビザンツの哲学教育に具体的にどのような変革をもたらしたのか。本論ではプセロスの登場以前と彼が活躍した時代とを区分し、それぞれの時代における哲学教育の実態および哲学と制度の関係を解説する。プセロス個人をとっても巨大な研究テーマであり、本論の試みは必然的に粗雑なスケッチのようなものにとどまらざるを得ず、加えて、ここまでに提起された数々の問いに包括的な答えを与えることは到底不可能であるが、東西のキリスト教世界における教育の比較研究がいまだ十分に進展していない現状にあって、両世界間の相違と類似への理解を多少なりとも深化させる情報と視点が供されることになろう(11)。

二　プセロス以前――コンスタンティヌス一世からコンスタンティノス七世まで

けれども私はヘラスにおける哲学について、あたかも石碑や国境であるかのような単純な表現と意見によって偉大な結果を耳にし、それを理解していた。私はそれらを粗末に扱う人々を軽蔑し、より多くを見出すことを欲した。その学問を教授してくれる人々に出会い、私は彼らからその認識の道を教わった。ある人は別の人へ、より劣った人はより優れた人へと私を送った。その人はさらに別の人へ、そしてこの人はアリストテレスおよびプラトンへと。たしかに彼ら〔アリストテレスとプラトン〕より前の教師たちは、彼らのすぐ後の地位を得ることで満足していた(12)。

これは「ヘラスであれ蛮族の地であれ知恵の種すら見出していない」というプセロスの語りに続く言葉である。これは「価値ある教師らにめぐり会えなかった」というプセロスの言葉の意味をより明確にする。プセロスによれば、「学問」（ἐπιστήμη）としての哲学を追求した彼の周辺にはその教育にたずさわる教師たちが存在しており、プセロス自身も彼らから哲学の手ほどきを受けたが、彼らは一人の例外もなく、アリストテレス（Aristotelēs 前三八四—三二二年）とプラトンに次ぐ位置に満足していたというのである。つまり、プセロスの目から見て、彼の時代には、アリストテレスとプラトンに業績において匹敵する哲学者も、彼らに肩を並べようとする野心的な哲学者も、彼自身のほかには存在しなかったのである。プセロスの言葉を文字どおり読めば、こうした二流の哲学教師たちは哲学の初歩をプセロスに教えた後、アリストテレスとプラトンの原典に直接当たって学ぶよう彼に指示したことになる。その後、彼は、プロティノス（Plōtinos 二〇四／二〇五—二七〇年）、ポルフュリオス（Porphyrios 二三四頃—三〇四年頃）、ヤンブリコス（Iamblichos 二五〇頃—三三〇年頃）、「もっとも驚嘆すべき」（θαυμασιώτατον）プロクロス（Proklos 四一〇頃—四八五年）を学び、次いでより高次の学問としての形而上学を追求し、数学、算術、幾何学、音楽、天文学を個別に学んだ。そして彼はプラトンの著作（偽作）『エピノミス』（Ἐπινομίς〔Epinomis〕）で記述されているような、多種多様な学問が単一かつ至高の境地に達することを信じ、彼自身のうちで学習した学問全体の総合を図り、さらなる探究への土台にしたという[13]。

プセロスのこの説明は、彼自身の哲学史の見方のみならずその哲学的立場を示すものとして興味深い。古代の二人の大哲学者に匹敵する存在として提示されているのは、プロティノス、ポルフュリオス、ヤンブリコス、そしてプロクロスと今日、新プラトン主義者として一括される哲学者たちであり、この四人の名の列挙は、プセロスがアリストテレスよりもむしろプラトンの哲学を愛好し、そこから独自の解釈や思想を編み出そうとするプラトン主義者であったことを明示する。アリストテレスとプラトンの二人については言うまでもなく、彼がその後に言及する四人の哲学者もすべて、ギリシャ語で著述を行った異教徒、すなわちビザンツのキリスト教徒が彼らの自称である「ローマ人」（Ῥωμαῖοι）との区別で、「ヘレネス」（Ἕλληνες）と呼んだ人々であった。つまり、プセロスは、キリスト教を国教として奉じ、ギリシャおよびローマの古典文化を継承した東方のローマ国家において、古代以来のギリシャ語の継続的使用にもかかわらず、アリストテレスとプラトンやそれ以降の著名な新プラトン主義者に匹敵する、キリスト教徒の哲学者は一人たりとも存在しなかった、プラトンに発する哲学の水脈は、異教的プラトン主義者の消滅とともに、尽きてしまったと述べているのである。

　プセロスの哲学史観は、古代末期の地中海世界東方で長期にわたって生じた、根本的な文化変容と密接に関係している。最近、カルデリスが詳細に跡づけたように、ギリシャ語の使用される地域がペロポネソス半島と小アジア西部を越えて広がり、地中海全域をローマ人が支配する政治体制が確立し、ユダヤ教から分岐したキリスト教がローマ人の帝国全域に普及するのにともない、ギリシャ語を使用する人々の「ヘレネス」としてのアイデンティティは事実上、消滅した。かつては「蛮族」（βάρβαροι）との対比で、民族的アイデンティティを表現していたこの語は、ギリシャ人の民族的結束を緩める方向に作用した諸変化を受け、その実効性を失った。ローマ人の帝国に暮らし、ギリシャ語をおもに用いた人々は「ヘレネス」の代わりに、「ローマ人」あるいは「キリスト教徒」（Χριστιανοί）と自らを呼ぶようになった。カルデリスいわく、「ビザンツのローマ的アイデンティティは…（中略）…全員が、法律、制度、宗教、言語、慣習によって規定される単一の歴史的政治共同体に所属するという、社会的コンセンサスであった[14]」。そこに居住する人々をローマ人として維持し、統合するシステムは、かつてのヘレネスにとってのバルバロイであるような他者、異民族を必要とし、そうした他者類型の一つに、とりわけ宗教の面で社会的規範ないしコンセンサスから逸脱する、異教的ギリシャ人、「ヘレネス」が位置づけられたのである。ギリシャ的アイデンティティの「ヘレネス」から「ローマ人」および「キリスト教徒」への移行と無縁でなかったのは、ヘレネスの地で始まった哲学である。「キリスト教徒」からすれば、哲学はもともと、オリュンポスの神々を信仰する異教徒によって開始された、異教徒のための営みないし学問であり、その宗教的外観は、厳格な一神教から派生したキリスト教のそれとはおよそ相容れるものではなかった。実際、ビザンツにおいては、ヘレネスが追求した哲学は古典期のその他の学問とともに、「外的な教養」(ἔξωθεν παιδεία) として定義され、一部のキリスト教徒はそれを排斥しようと努めた。ビザンツのキリスト教徒は自らと「ヘレネス」の間に線を引くことで、ギリシャ的アイデンティティの伝統における「我々」と「彼ら」を区別したように、キリスト教的教養と異教的教養の間にも線を引き、「我々」と「彼ら」の区別を適用したのである[15]。

ビザンツの皇帝と教会の両権威は、民族としての「我々」とその信仰の純粋性を守るために、たとえ同じ国家に暮らし同じ言語を話す相手であっても、彼らの存在と、その異教と密接に結びついた教養をときに積極的に排除する必要を感じていた。その典型的な事例は、すでに言及された、ユスティニアヌス帝によるアテナイのアカデメイア廃止の決定である。何らかの事情で活動が一定期間途絶していた可能性も否定できないが、アカデメイアはプラトンの時代から五二九年の閉鎖まで、古代世界においてもっとも有名で権威のある、哲学教育センターであったことは疑いない。創始者であるプラトンと最後の学頭であるシリア人のダマスキオス (Damaskios 四八〇頃―五五〇年) を含め、今日、約三〇人の学頭の名が知られ、プセロスが「もっとも驚嘆すべき」と表したプロクロスは五世紀後半の学頭であった。プロクロスは『世界の永遠性について』(Περὶ ἀϊδιότητος κόσμου 〔De aeternitate mundi〕) と題する反キリスト教的な論文を書いたことでも知られ、アカデメイアにおける哲学教育と異教との結びつきは伝統的に強固なものであったと推測されるが、キリスト教徒の学生にも等しく門戸が開かれていた可能性もある。というのも、四世紀にアテナイに滞在し、教育を受けていたことが知られている人物の中に、「背教者」ユリアヌス（Julianus 在位三六一―三六三年）やアンティオキアの教師リバニオス（Libanios 三一四―三九三年）といった異教徒のほか、ギリシャ教父として知られるカイサレイアのバシレイオス（Basileios 三三〇頃―三七九年）とナジアンゾスのグレゴリオス（Grēgorios 三二五／三三〇―三九〇年頃）も含まれているからである。この二人のキリスト教徒がアカデメイアとどのようなかかわりを持っていたかは不明であるが、少なくとも当時のアテナイは、異教徒とキリスト教徒の区別なく各地から多くの教師と学生を引き寄せる、学問そのものの世界的中心地であったろう(16)。

その学問の都としてのアテナイにおける知的活動および教育機関を対象として、五二九年九月、ユスティニアヌスは勅令を発した。ヨアンニス・マララス（Iōannēs Malalas 四九一頃―五七八年頃）の『年代記』にはこうある。「同じデキウスの執政官任期に、同じ皇帝は勅令を発してアテナイへ送り、いかなる者も哲学を教えたり慣習を解釈したりしてはならず、また、いかなる町においても賭博が行われてはならないと命じた(17)」。アテナイにおける哲学教育と慣習（天文学とする説もある）解釈を禁じる勅令のテクストは伝わっていないが、マララスの少し後に歴史書を書いたアガティアス（Agathias 五三六頃―五八二年以前）は、シリア人のダマスキオスとキリキア人のシンプリキオス（Simplikios 五世紀後半―六世紀前半活動）を含む七人の哲学者が五三二年から翌年にかけて、ペルシャの国王ホスロー一世（Khusraw I 在位五三一―五七九年）の宮廷を訪れたことを伝えている(18)。七人のうち、アガティアスが最初に言及するダマスキオスはアカデメイアの最後の学頭であり、それに続くシンプリキオスはダマスキオスの弟子であることから、ダマスキオスらの一行は、アテナイにおける哲学教育の禁止もしくはアカデメイアの閉鎖を受けて、東ローマ領内から当時のササン朝の宮廷が置かれていたクテシフォンへ向かったものと考えられる。マララスの記述が当時の事実を正確に反映していれば、ユスティニアヌスの命令は、異教徒とキリスト教徒の別なく、アテナイでのあらゆる形態の哲学教育を、アカデメイアのような由緒ある教育機関におけるそれも、独立の教師による個人授業のようなそれも含め、全面的に禁止することを意図したものであり、かの地で哲学に従事していた教師も学生も、もはや同地にとどまる理由を見出せなくなったのであろう。

当時の帝国領内にはアテナイのほかに、アレクサンドリアのような多数の哲学者が活動する都市があったにもかかわらず、なぜ、彼らは帝国そのものから離れて、ペルシャ人の宮廷へと向かったのか。一つの要因は、正統なキリスト教信仰の守護者を自任したユスティニアヌスの苛烈な異教迫害政策である。ユスティニアヌスの『勅令集』（Codex Justiniamus）には、「いかなる学科も、聖ならざる異教徒（ヘレネス）の狂気の病に罹る者どもにより教授されることを禁ず。それゆえ、この者どもは、真実には教えを受ける者たちの魂を腐敗させるのに、哀れにも己らのもとに通い来る人びとに自ら教育を授けるがごときまねをしてはならない」という、発行年代不詳の法文が含まれている。この法文との関連性が強いのは、「かかる病に罹る者は軍務に服することもいかなる地位を享受することもえず。……（中略）……ただかの者、正統派の信仰をもつ人たちのみが教授しうるのであり、公的援助に与りうる」という別の法文である。[19] ユスティニアヌスの帝国において、異教徒はいかなる公的職務にもついてはならず、とくに彼らは正統派キリスト教徒の魂を重大な危険にさらす、影響力の強い存在であるがゆえに、決して教育にたずさわってはならなかった。「ヘレネスの狂気に罹る者ども」という不穏な表現は、異教的ギリシャ人の教養および教育に対して、ユスティニアヌスが感じた脅威ないし懸念を反映するものであろう。彼にとって、彼らの教養や教育は、帝国に暮らす健全なキリスト教徒に悪影響を及ぼし、堕落させる、疫病のようなものであり、それへの予防として有効な方途は彼らによる教育の全面禁止であった。とくにアテナイは彼の目には疫病の発生源であるかのごとく映じたはずであり、同地での哲学教育の禁止はいわば不可避の政策であった。

もう一つの要因は、西方に伝わったペルシャの評判であった。アガティアスいわく、「彼らはローマ人の間でおおいに勢力をふるっているかの信仰〔キリスト教〕に満足できなかったので、まもなくしてペルシャの国がもっと優れていると考えるにいたった。というのも、彼らは大勢の人々が繰り返し語っていた話にすっかり惹きつけられてしまったからである。その話というのは、その支配は彼らのもとでもっとも正しく、哲学と王権とが合一するというプラトンの言葉の意図するところに近い、というものであった[20]」。これは、七人の哲学者が政治理念の面でもプラトン主義者であったことを伝えるエピソードである。周知のとおり、プラトンの構想した理想の国家は、一切の私欲を放棄した哲学者が王として統治するか、現に王として統治する人が真の哲学者になるかして、「政治権力と哲学とが一体化する」(τοῦτο εἰς ταὐτὸν ξυμπέσῃ, δύναμίς τε πολιτικὴ καὶ φιλοσοφία[21])ようなそれであった。アガティアスの「哲学と王権とが合一する」(φιλοσοφίας τε καὶ βασιλείας ἐς ταὐτὸ ξυνελθούσης)という表現は明らかに、『国家』(Πολιτεία〔Res publica〕)第五巻にあるソクラテスの有名な発言のパラフレーズである。アガティアスの記述が彼らの出国の動機をある程度正確にとらえたものだとすると、彼らはユスティニアヌスを哲学者的王からかけ離れた、抑制を知らない暴君とみなし、その国家において政治権力と哲学とが一体化する可能性をあきらめ、理想国家の実現をより高く見込めるペルシャへと旅立ったということになる。アガティアスによれば、彼らはすぐにペルシャが彼らの哲学にふさわしい国ではないと判断し、ホスローの許可を得て帰国の途についたという[22]。彼らはアテナイに戻ったと一般に推測されているが、ダマスキオス以後のアカデメイア学頭の存在は知られておらず、アテナイでの哲学教育に関する言及も格段に乏しくなることから、異教徒による教育活動を危険視し、アテナイにおける哲学教育の廃止を図ったユスティニアヌスはおおむね狙いどおりの成果を挙げたと判断できる。彼の時代以降、帝国における哲学教育はその規模や性質にかかわりなく、キリスト教徒の教師のみが従事することを許可され、異教徒はごく私的な、限られた範囲内でしか哲学とのかかわりを持てなくなった。ユスティニアヌスの決定は、国家の側から哲学者の哲学する自由を制御する試み、「政治権力」による「哲学」への規制を体制化する試みであり、古代以来の哲学教育の伝統に加えられた抜本的な制度変更であった。

異教徒による教育、とくに哲学教育に対するユスティニアヌスの敵意は、彼の敬虔な正統派キリスト教徒としての自覚だけでなく、おそらく、すでに触れたような異教哲学者の独特の政治理念にも根差していた。彼らの理念に合致するのは、ユスティニアヌスでも新たなローマの創建者であるコンスタンティヌス一世（Constantinus I 在位三〇六―三三七年）でもなく、むしろ異教哲学者であることを自任したユリアヌスであった。皇帝になる前にアテナイに学んだ彼は、彼が「ガリラヤ人」（Γαλιλαῖοι）と呼ぶキリスト教徒に対して論戦を挑むなど、伝統的なギリシャ的教養を代表する立場に立った。三六一年、父帝コンスタンティウス二世（Constantius II 在位三三七―三六一年）を継いで帝位についた彼が、翌年六月に公布した法律は帝国におけるギリシャ的教養を再強化する働きかけとして理解されている。ユリアヌスがこの法で表明したのは、公的教師の候補者を皇帝もしくは行政関係者が確認し、妥当と判断した場合は同意を与えるというものであり、明らかにこれは、公的教師への就任者を異教徒に限定しようとする彼の意図にもとづいていた。彼の考えでは、キリスト教徒は彼らの教会の中だけで自由に教育を行えばよいのであり、ローマ人の国家ないし生活と公的なつながりを有する教師には、古代ギリシャ人と同様の伝統的教育を受け、信仰においても彼らと同様であろうとする人々のほうがはるかに好ましかった。[23] ユリアヌスは彼の目には不合理と映るキリスト教の流行に強い危機感を抱き、過去の皇帝とは異なり、迫害的手法に訴えることなくその食い止めを図ろうとしていたが、在位わずか二年で死に、以降、異教徒を自任する皇帝が現れなかったために、その法は彼の意図とは逆方向に、つまり、キリスト教徒を優先的に公的教師に任命する方向に作用したと考えられる。

住民の多くがキリスト教を受け入れてゆく社会において、キリスト教徒はギリシャの伝統的な教養、とりわけ哲学にどのように向き合うべきか。かつてアテナイに学んだ大バシレイオスとナジアンゾスのグレゴリオスは、ギリシャ的教養を、彼らの絶対的に望ましいキリスト教の教養に対して、「外的な」ものと定義したが、ギリシャ的哲学に対して明確な位置づけを与えることはしなかった。だが、プラトンやアリストテレスやその後の新プラトン主義者たちは、キリスト教徒の積極的な教育および学習の対象となりうるか。ユリアヌスの支配の経験者でもある彼らの、この問いへの答えは否であったろう。彼らが伝統的な哲学に対して抱いたであろう不信ないし警戒は、少し後にコンスタンティノープルの公的教育を再編した皇帝にもおそらく共有されていた。四二五年、皇帝テオドシウス二世（Theodosius II 在位四〇八―四五〇年）は、コンスタンティノープルにおいて公的給付を受けて教育に従事する教師の人数とその分野を定めたが、哲学については、計三一のポストのうち一つしか与えなかった。哲学を除く三〇の内訳を見ると、ラテン語の文法と弁論術がそれぞれ一〇と五、ギリシャ語の文法と弁論術がそれぞれ一〇と三、そして法学が二であった。ユリアヌスの勅令がこの時点においても有効であったとすれば、これらのポストのすべてないし大半はキリスト教徒の教師が占めたであろう。法的に規定された唯一の公的哲学教師が、どのような学生を対象に、どのような教育を行ったかは知られていないが、おそらくその質は、同時期のアテナイやアレクサンドリアで提供される哲学教育のそれを上回るものではなかった。[24]

テオドシウスの設置したコンスタンティノープルの公的学校がその後どのような道をたどったのかは、そこでの哲学教育の実態と同様、知られていない。文法や弁論術、法学等の教育はその後も国家から奨励され、多くの教師と学生がそれにかかわったと思われるが、哲学教育がビザンツにおいて公的支援を受けて奨励された証拠は九世紀半ばまで現れない。この記録の乏しさは、ユスティニアヌスの治世以降の帝国の長期にわたる動乱の影響とも、国家と教会の両権威のギリシャ的哲学への警戒と統制が広く行き渡った証拠ともみなせる。その間、ペルシャ人、スラヴ人、アヴァール人、ムスリムといった数々の外敵との戦争が、帝国の諸制度に根本的な変更を強いたことは疑いない。結果的に、帝国は近東と北アフリカの領土をほとんど喪失し、バルカンの領土についてはは海沿いの地域をかろうじて維持する程度であり、かつて帝国各地に建設されて栄えた都市の一部は完全に放棄され、残ったものは等しく、防衛に重点を置く軍事的性格の強いものへと姿を変え、大規模な劇場や浴場が新たに建設されることはなかった(25)。八世紀にはムスリムとの戦闘が継続される一方、イコン崇敬の是非をめぐる、いわゆるイコノクラスム論争が生じ、最終的にイコン支持派の勝利に終わる八四三年まで、イコノクラストの皇帝による支持派への迫害が断続的に行われた。とくにムスリムとの戦闘が本格化した七世紀半ば以降の約二世紀は、前後の時代に比べて現存する記述資料が格段に乏しく、これは帝国の知的活動そのものが停滞していたことを示唆する(26)。

しかしこの間、公的な哲学教育は途絶していたかもしれないが、個人が独自に哲学に接近することは可能であった。イコノクラストの総主教ヨアンニス七世グラマティコス（Iōannēs VII Grammatikos 在位八三七―八四三年）を叔父に持ち、後に「哲学者」、「数学者」、「ヘレン」（ヘレネスの単数形）などと呼ばれたレオン（Leōn 七九〇頃―八六九年）という名の若者は、文法と詩をコンスタンティノープルで学んだ後、弁論術、哲学、数学を学ぶために、エーゲ海に浮かぶアンドロス島へ向かった。しかし彼はその島の教師の教育内容に満足できず、書物を求めて帝国各地の修道院を訪れ、独自に学習を続けた。やがてコンスタンティノープルに戻り、独立の教師としての生活を始めた。彼はミハイル三世（Michaēl III 在位八四二―八六七年）の治下、摂政の役割を果たしていた有力貴族バルダス（Bardas 八六六年没）の目に留まり、彼から公的な哲学教師に任じられた[27]。

ケサル〔カエサルの称号〕のバルダスは、むしろその誇示のほうに関心があったわけであるが、知恵を大いに尊んでいた。彼はマグナウラ〔宮殿〕に、哲学者や幾何学者、さらに天文学者や文法学者といった賢者たちを集め、訪れる人々に無償で教えるよう命じた。彼はこれらの事柄に多大な関心を払い、偉大な哲学者レオンには哲学を、その学生であるテオドロスには幾何学を、テオディギオスには天文学を、コミタスには文法を教えるよう指示し、彼らは帝国のふさわしい報酬を受けた。彼は彼らの授業に熱心に出席し、学生個々の能力を考察したが、これらは彼に最高の希望を与えた。報酬は教師たちが学生を世話する大きな要因となり、彼が植えたロゴスの種は今日の我々にとっての懸賞となり、彼の記憶を不死なるものとした[28]。

若きレオンの独学とその後の首都での教育は、バルダスによるマグナウラ宮殿の学校の創設へとつながった。レオンが生まれたのは七九〇年頃とされ、彼がより高次の教育を求めた九世紀初頭には、コンスタンティノープルには文法や詩を扱う教師はいても、弁論術、哲学、数学の教師はいなかったということになる。当時の彼が師事すべき教師として見出したのは、キクラデス諸島の一つ、アンドロス島に暮らす人であったが、レオンにとってはその人さえも彼の期待するレベルの教師ではなかった。その後、彼がマグナウラで哲学の教師に任じられたことを考慮に入れると、レオンが諸学の中でもっとも熱心に学習し、余人の追随を許さない成果を挙げたのは哲学であったと思われる。しかしバルダスの改革以前のビザンツには、哲学教育のための公的プログラムのようなものも、テオドシウス帝が勅令で定めた公的哲学教師も存在しなかった。おそらくテオドシウスの制度ははるか以前に廃れ、哲学は帝国の片隅で、書物や独立の教師を通じてごく私的に学ぶべき学問となっていた。レオンに対する「ヘレン」のあだ名は、ギリシャ的哲学への人々の警戒がいまだ根強かったことを示す。

コンスタンティノープルでの公的学校を再開させたバルダスの意図は、純粋な文化政策というよりはむしろ、ビザンツの周辺諸国に対する政治的および宗教的威信を強化する政策との関連で理解されるべきであろう。モラヴィアのスラヴ人に対する歴史的伝道で名高いコンスタンティノス（Kōnstantinos〔聖キリロス（Kyrillos）〕八二七頃―八六九年）は、スラヴ語で記された伝記において、レオンの学生として言及されている。それによれば、コンスタンティノスは生地であるテサロニキからコンスタンティノープルに移動し、かの地でレオンとフォティオス（Phōtios 八一〇頃―八九三年以降〔後のコンスタンティノープル総主教 在位八五八―八六七年、八七七―八八六年〕）に師事して「弁論術と哲学のあらゆる部門」を学び、その後、周囲の人々からの強い薦めを容れて哲学教師に就任した。(29) 伝記の記述が歴史的に正確であるとすれば、彼は首都において、独立の教師とマグナウラの教師のいずれかであったレオンについて学び、レオンを継いでマグナウラの哲学教師になったか、それに関連する職務についたということになる。いずれにしても、哲学者と称された彼が、コンスタンティノープルにおいて哲学を集中的に学び、当代屈指の哲学者の一人とみなされるにいたったことは確実である。コンスタンティノスはその後、アッバース朝の首都バグダッドとモラヴィアに外交使節として赴き、実兄メトディオス（Methodios 八一五頃―八八四年）とともに行動した後の旅では、新来のスラヴ人をキリスト教に改宗させることに成功した。(30) こうしたコンスタンティノスの活動が示すのは、バルダスが政治的に哲学者を必要とし、帝国の利益のためにその活用を図った、ということである。しかし必要とされたのは、異教徒の哲学者ではなく、あくまで、正統なキリスト教の守護者たりうる哲学者、純粋なキリスト教徒の哲学者であった。

バルダスは八六六年、遠征中にアルメニア系の軍人バシリオス〔皇帝バシリオス一世〔Basileios I 在位八六七―八八六年〕〕によって殺害され、八六七年には彼を摂政として重用した皇帝ミハイル三世も同じバシリオスによって殺害された。連続的なクーデターにより即位したバシリオスのもとで、マグナウラの学校がどのように維持されたかは、記録が残っておらず不明である。我々がただ知りうるのは、約一世紀後の皇帝コンスタンティノス七世ポルフィロゲンニトス〔Kōnstantinos VII Porphyrogēnnetos 在位九四五―九五九年〕の治世までに、それが機能不全もしくは再開を要する状態に陥っていたことである。コンスタンティノス七世が編纂を命じた歴史書、いわゆる『続テオファニス年代記』〔Οἱ μετὰ Θεοφάνην〔Theophanes Continuatus〕〕にはこうある。

我々の国の多くの美しく称賛に値する事柄の認識、言論に関する技術と知識、これらがいかにして無視され廃れてしまったのか、私は知らない。もっとも知を愛する彼〔コンスタンティノス七世〕は心に何を想ったか。実際、彼は実践と理論が我々を神へと近づけること、そして実践が政治的な問題に、理論が言論的な問題によりふさわしいことを知っていたため、一方を他方により支えた。すなわち、実践的なものを弁論術により、理論的なものを哲学および存在者の自然的分析〔自然学、数学の意?〕により。そして彼は最良の教師を選抜した。当時はミスティコス〔秘書〕であったプロトスパタリオスのコンスタンティノスには哲学者の教育職〔παιδοτριβεῖον〕を、ニケア府主教アレクサンドロスには弁論家の、知事テオフィロス・エロティコスの義理の息子、パトリキオスのニキフォロスには幾何学の、アセクリティス〔主任秘書〕のグリゴリオスには天文学のそれを与えた。皇帝は学生たちの世話を手厚く、真摯にこなした。彼は毎日彼らと同じ時を過ごし同じ食卓につき、金銭を振舞い、彼らと穏やかな会話を行った。遠からず、皇帝の支援と賢慮によって、偉大なる学問と技芸が回復された。彼は彼らの中から選考して裁判官、役人、そして府主教を任命した。こうして彼は、知恵によってローマ人の国家を飾り豪華にしたのである。(31)

『続テオファニス年代記』の作者が誰であるのかは知られていないが、皇帝コンスタンティノス七世の命を受けた何者かが編纂にたずさわったのは確実である。したがって、この引用文は、コンスタンティノスが実際に行った教育政策とその意図の双方をある程度正確に記述したものと考えることができる。ビザンツの長い歴史の中で、なぜ、一部の皇帝たちは、コンスタンティノープルにおける高等教育の運営に強い関心を寄せたのか。この年代記の説明は、皇帝自身の哲学への深い関心と理解のみならず、その改革に際しての実用主義的かつ能力主義的な動機をも明らかにする、きわめて貴重な証言である。コンスタンティノスは、帝国の首都で高等教育を受けたエリートが国家と教会の要職を担うべきであり、エリート的資質のある若者たちに教育面での手厚い支援を行うことが帝国のいっそうの幸福の実現に寄与しうると考えていた。一世紀前のバルダスと同様、皇帝は哲学者ないし教養人の存在を帝国そのものにとって有用とみなし、皇帝権威の主導によって彼らの育成を図ったのである。これに関連して年代記の作者は、有志の皇帝が改革に乗り出さざるを得なかった事情をも明らかにする。すなわち、それは、教養あるエリートを育成する公的制度は、アカデメイアや中世ヨーロッパの大学のようには持続しなかったということである。バルダスの時代以前に、テオドシウス二世の開始した制度は廃れ、コンスタンティノス七世の治世以前に、バルダスの制度は廃れていた。おそらくビザンツにおける公的な高等教育制度の持続は、皇帝個人の意向に強く左右されるものであり、新たな皇帝がそれへの関心を持たなければ、過去の皇帝の始めた制度は容易に消滅したのである。実際、コンスタンティノスの学校が彼の治世を越えて存在したかどうかは不明である。ミハイル・プセロスがコンスタンティノープルに生を受けたのはコンスタンティノスの治世から六〇―七〇年後に過ぎないが、彼やその同世代の教師たちが首都の公的学校で学んだとする証拠はない。ビザンツの高等教育は、皇帝の直接的かつ積極的な支援を失うと、速やかにもとの私的領分へと回帰したのであろう。

三　プセロスの登場とその教育

『年代記』（*Χρονογραφία*）の名で知られる歴史書をプセロスが記したのは、一〇六〇年代前半以降と考えられている。プセロスは、約半世紀の長きにわたったバシリオス二世（Basileios II 在位九七六―一〇二五年）の治世初年から筆を起こし、一〇七八年のミハイル七世（Michaēl VII 在位一〇七一―七八年）の退位まで、約一世紀の間に現れた一一人の皇帝と三人の女帝について、随所に自伝的エピソードを折り挟みながら記述している。イサキオス一世コムニノス（Isaakios I Komnēnos 在位一〇五七―五九年）の治世の途中までがプセロスの当初の記述の範囲であり、それ以降は彼が後に書き足したものと一般に推測されている[32]。この作品に結論的な記述はなく、彼は意図的に未完の状態にとどめたか、ミハイル七世の退位からほどなく亡くなったのであろう。プセロスが自身の知的遍歴とその評価についてのまとまった記述を置いているのは、コンスタンティノス九世モノマホス（Kōnstantinos IX Monomachos 在位一〇四二―五五年）の治世を扱った第六巻である。『年代記』の中でこの皇帝の治世に関する記述がもっとも長く、これは、ある時点で歴史書を書く決意をしたプセロスが彼についてもっとも多くを語る必要を感じたこと示す[33]。

コンスタンティノスの即位時点でプセロスは二五歳であり、弁論術と哲学の双方の学習に熱心に取り組んでいた。プセロスにとって、弁論術は哲学を学ぶ前に習熟すべき学問であり、美しい言葉と構成によって議論を展開する能力のない哲学者は真の哲学者ではありえなかった。優雅な言葉を用いて話を組み立てる反面、哲学を軽視する弁論家も、卓越した思考力によって論証を行う反面、言葉に流麗さを欠く哲学者も、彼の目指すところではなかった。弁論術と哲学の相互補完的関係を自らのうちに実現しようと努め、それを立派に果たしたと言う彼は、特別に価値あるものとみなしていたであろう知的功績への自負を再度表明する。

私が知恵の一部を集めたとすれば、それは流れ出す泉によるものではなかった。塞がれていることに気づき、私はそれをこじ開けて清めた。どこかの深みにあった流れを、気力をふるって引き上げた。というのも今、アテナイも、ニコメディアも、エジプトのアレクサンドリアも、フェニキアも、どちらのローマも、すなわち先のより弱小なほう〔ローマ〕もその後のより強力なほう〔新ローマとしてのコンスタンティノープル〕も、他のいかなる国も、言論に関することではもう荘厳ではないのだから。黄金の鉱脈もそれに次ぐ銀の鉱脈も、それらよりも価値の乏しい素材のいかなる鉱脈も、すべて塞がれ、万人から傍観されている。そのため、生きる流れそのものに達することができなかった私は、それらの影像に頼らざるを得なかった。私は幻のような副次的なものを私の魂の中へ引き込んで理解し、まさに多大な労苦を払って得たものを何人にも惜しまなかった。私はすべての人にそれらを分配し、言論への対価は求めなかった。むしろ金を欲しがる人がいれば与えてやった。だがこれらは後のこと。[34]

プセロスの見方では、かつて泉から滾々と湧き出るかのようであった知恵は、地上への湧出を完全に終えていた。しかし、地上では息絶えた状態にあった知恵は、地下において水脈ないし鉱脈のようなものとして存在していた。プセロスはその地下に眠るかのごとき知恵への接近を果たしたというのである。彼の表現は意味深長である。彼は「塞がれていた」泉を「こじ開けて清めた」と、自らの知恵への接近を過去時制（アオリスト）で語る。一方、彼は、「今」、アテナイのようなかつて知恵の輝きで有名であった町はすべて「もう荘厳ではない」と、現在時制で語る。その後に続く、彼の教育活動を示唆する文言は過去時制である。これらの時制から、プセロスから見た知恵の時系列を復元することができる。すなわち、プセロスの現在から遠い過去、知恵はアテナイのような一部の町において生きて輝きを放っていたが、ある時期以降、それは地上から姿を消した。しかしプセロスは独力で知恵を蘇らせ、それを教育によって、欲する者に分け与えた。その後、歴史書を書き綴るプセロスの現在において、知恵は再び公共の場からは消え去っていた。それが存続しているとすれば、プセロスその人の魂の中だけであった。

プセロスにおける知恵の時系列はおおむね彼の当時のキャリアと生活に合致する。彼はその特別な弁舌の能力によって皇帝コンスタンティノスの目に留まり、彼から側近として宮廷に出入りすることを認められ、重要な政治的役割を果たす一方、「哲学者頭領」（ὕπατος τῶν φιλοσόφων）の称号を同じ皇帝から授与され、哲学教師としても活動していた。しかし、コンスタンティノスの治世末期、プセロスが皇帝に対して及ぼしていた影響は急速に失われ、彼は首都の教会に避難して剃髪を受け、修道士の衣をまとった。その後、彼は小アジアへ渡り、ビティニア地方の山岳の修道院に隠退した。俗人から修道士となるに際し、彼は洗礼名であるコンスタンティノスから、ミハイルへと名を改めた。一〇五五年、コンスタンティノスが病にかかり急死したことを知ると、プセロスは山岳の修道院での生活を一年前後で切り上げ、首都に舞い戻っているが、続く諸皇帝の治世において、彼がコンスタンティノスの治世において行使していたような強い影響力を完全に取り戻すことはなかった。[35] プセロスが一〇五四年頃に経験した政治的失脚が、その知的自伝に漂う暗く否定的なトーンの要因の一つであることは疑いない。プセロスが、知的自伝をコンスタンティノスの治世の記述の中に挿し込んだことは、唯一かつ真正の哲学者の失脚により、知恵が再び地上で花開くチャンスが失われたという彼の感慨と、彼がその後も「哲学者頭領」の称号を帯びて首都に暮らしていたとしても、もはや以前と同様の教育は行えなくなっていた可能性を示唆する。

いささか奇妙なことに、プセロスは『年代記』の中では、「哲学者頭領」の称号にも、首都で精力的に行っていたはずの哲学教育の内容にも言及しない。プセロスが帯びた特別な称号については、彼の同時代人がいくつかのテクストで記録している。たとえば、プセロスの学生であった可能性もある法律家ミハイル・アッタリアティス（Michaēl Attaleiatēs 一〇二〇頃―八五年以降）は、その歴史書の中で、皇帝コンスタンティノスが「法学のための学園（μουσεῖον）を創設し、その頭には護法官（νομοφύλακα）を置き、他方で、天空を歩む哲学の教育のそれを作り、我々の哲学者たちの統領（πρόεδρον τῶν φιλοσόφων）には、知識において傑出する人〔プセロス〕を任命した」と述べている。[36] 頭領（ὕπατος）と統領（πρόεδρος）の語の相違はあるものの、アッタリアティスがプセロスの称号を指していることは明らかである。一方、アッタリアティスはここで、皇帝コンスタンティノスによる公的学校の創設とそれへのプセロスの関与を明らかにする。法律学校の学長である護法官に任じられたのは、プセロスの友人の教師ヨアンニス・クシフィリノス（Iōannēs Xiphilinos 一〇一〇―七五年〔後のコンスタンティノープル総主教 在位一〇六四―七五年〕）であった。

法学および哲学を専門とする二つの学校の創設には、コンスタンティノスに対するプセロスの働きかけがあった[37]。その事情を彼は、クシフィリノスへの弔辞の中で詳しく述べている。それによれば、プセロスとクシフィリノスはコンスタンティノスの治世以前に、コンスタンティノープルで私的な学校を運営し、前者はおもに哲学と弁論術を、後者はおもに法学と弁論術を学生に教えていた。二人の共同の学校はまもなく多くの学生を集めたが、二人に師事する学生たちの間で党派的緊張関係が生じる事態となった。そのときまでにコンスタンティノスの側近となっていたプセロスは、皇帝に直接働きかけた。皇帝はそれに好意的に応じ、彼らの一つの学校を、法学を専門とするそれと哲学を専門とするそれとに切り離し、それぞれに対して国家からの支援を約束した[38]。これはアッタリアティスの記述を裏づける当事者証言であり、皇帝が一つの私的学校を二つの公的学校に再編した際に、クシフィリノスには護法官の称号を、プセロスには哲学者頭領の称号を与えたというのは確実である。しかし皇帝からの支援を存分に受けていたはずの二人の教師は、一〇五四年頃、相次いで修道士となり、首都から離れた。彼らの学校はその時点で、停止なり廃止なりの変化を余儀なくされたと思われる。

プセロスについてみれば、彼のいったい何が問題であったのか。誰が、彼の何を問題とみなしたのか。『年代記』の中では明らかにされないこの問題は、プセロスがコンスタンティノスに宛てた信仰告白書との関連で理解されうる。一四の項目からなる短いテクストには、作者であるプセロスの名とともに、「彼を攻撃する人々の非難に対して、皇帝コンスタンティノス・モノマホス殿に送られた信仰の表明」という文言を含む表題が付されており、彼のキリスト教徒としての信仰が教会関係者によって問題視されていたことがわかる[39]。宛先が皇帝であることは、教会関係者の疑惑が強まる中、プセロスが皇帝その人による支援もしくは彼の誤解の解消を狙っていたことを示唆する。彼は一〇五四年から翌年にかけての時期に、自身の母親テオドティ（Theodotē 生没年不詳）への長い賛辞を書くことで、自らの宗教的正当性の擁護を試みている[40]。彼は、テオドティがどれほど高徳かつ敬虔な女性であったかを自身の生い立ちと関連させつつ詳細に述べ、自身を、彼女の期待どおりには成長しなかった不肖の息子、知恵の追求に没頭し、書物に執着する異常な息子として提示している。プセロスは母に呼びかける。「私はあなたにとても親密であった哲学について哲学できないのです。いかなる分け前が最初から私を捕まえ、書物に打ちつけたのか、わからないのです。私はそれらから離れることができないのです[41]」。カルデリスがすでに指摘しているように、プセロスはここで「あなたの哲学」と「私の哲学」を区別し、両者を根本的に性質の異なるものとして示している[42]。母テオドティの哲学が、純然たるキリスト教信仰の追求であることは明白である。一方、プセロスを「書物に打ちつけた」哲学は、キリスト教の信仰のみならず、弁論術、物体の運動とその組成、音楽、三段論法による論証と帰納法、詭弁、魂の不死性、占星術、プロクロスの神学、カルデア人の託宣をも対象に含むものであった。プセロスの追求した哲学は、明らかに母の哲学とはかけ離れた、異教的性格の色濃いものであった。けれどもプセロスは敵対者に対して自らを弁護するかのように言う。「それゆえ私は神だけに専念する必要があったのです。とりわけこの世を捨て去った今は。けれども習慣と、魂のあらゆる知識への抑えのきかない欲望と、学生たちの要請は、それらに住み着くことをもたらしました[43]」。オルフェウス（Orpheus）、ゾロアスター（Zōroastrēs）、エジプトの神アンモン、パルメニデス（Parmenidēs 前五世紀）、エンペドクレス（Empedoklēs 前四九〇頃—四三〇年頃）、プラトン、アリストテレス、彼らの同時代とその後の哲学者たち、「ヘレネスと蛮族のすべての書物を読んだ」と彼は続ける。

プセロスの知的関心のリストにおいて注意すべきは、彼が学生たちの要請について言及している点である。学生の存在は少し後の記述からも示される。彼はホメロス（Homērοs 前八―七世紀）、メナンドロス（Menandros 前三四二頃―二九二年頃）、アルキロコス（Archilochos 前七世紀）、オルフェウス、ムーサイオス（Mousaios）、シビュラ（Sibyllai〔女預言者たち〕）、サッフォー（Sapphō 前七世紀）、テアノ（Theanō 前六世紀〔ピュタゴラス前五八〇頃―五〇〇年頃〕の妻ないし娘、女弟子の可能性もあり〕）、「エジプトの賢女」（ヒュパティア〔Hypatia 三七〇頃―四一五年〕）の名を列挙し、「私は一部の学生たちに詩について語る」と述べている。(44)「学生」へのこれらの言及は、彼が膨大な書物を読んで知識を溜め込むばかりでなく、彼がそれらの読解を通じて得た理解を、学校の授業において、学生たちに伝えていたことを示唆する。プセロスの私的教師として、また「哲学者頭領」としての教育は、哲学を中心としつつも、哲学の範疇には収まらない多種多様な学問、技芸、知識を扱っていた可能性が高い。(45) もし彼がそうした教育を行っていたとすれば、プセロスの忠実な弟子、彼と同様の知的傾向の人たちは大いに歓迎したであろうが、プセロスの哲学よりはむしろテオドティの哲学のほうに親しみを覚えたキリスト教徒は重大な疑いを抱いたであろう。「哲学者」プセロスは果たして純粋なキリスト教徒なのか否か、彼はキリスト教徒というよりはむしろヘレン、異教徒ではないのかと。

プセロスは周囲のこうした強まる疑念に対して、弁論術の達人として応じた。テオドティへの賛辞でも触れられているように、彼はそのキャリアの初期において法律家ないし弁護士としても活動していた。ソフィストのように言葉の技術を、真理の追求というよりはむしろ、私的利益の追求のために行使することも、彼には十分可能な選択であった。テオドティへの賛辞において、プセロスはギリシャ的哲学および異教的教養への傾倒の責任を、母を称えつつ、巧みに回避している。すなわち、彼に生を与え、基礎教育を受けさせたのは母の責任であって、プセロス自身の責任ではない。一方、彼の書物への執着については、それが母の哲学に反するため母に責任はなく、彼自身にも理由が不明であるためその責任はない。かりに彼に責任があるとしても、学生たちの要請に応じての行為でもあったため、彼のみが責任を負うべきではない。事実として、異教的な哲学や教養を異常な熱意をもって研究し、学生に教えていたとしても、彼自身が、正統なキリスト教徒であることを告白し、キリスト教信仰が異教的なものの絶対的な上位に位置すると主張する以上、「彼を攻撃する人々」は、彼らに有利な証拠を提示することなく、彼に有罪判決をもたらすことはできない。プセロスが修道士となって首都を退きながらも、公的に処罰された形跡がないことは、彼の自己弁護が一定の成功を収めたことを物語る。

しかしプセロスは、信仰告白書と母への賛辞において、彼の真実を語っているのであろうか。彼は『年代記』の中で、皇帝ミハイル四世（Michaēl IV 在位一〇三四—四一年）について言う。

私は、その人が帝位についた後、完全な敬虔を示したことを知っている。彼は聖なる教会に足しげく通っただけでなく、哲学者たちに尽くし、彼らの世話を熱心にした。哲学者という語で私が意味するのは、存在者の諸本質を考察する人でも、世界の諸原理を探究する人でも、己自身の救いの諸原理を無視する人でもない。世界を軽蔑し、超世界的なものの中で暮らす人のことだ。(46)

母への賛辞でなされていた二つの哲学の区分は、ここでは二種の哲学者の区分としてなされている。「完全な敬虔」の持ち主であった皇帝ミハイルは、「超世界的な」哲学者である修道士たちを厚く尊敬した。彼らは己の救済のためにこの世を放棄する哲学者であり、己の救済を顧みることなく「存在者の諸本質」と「世界の諸原理」を究めようとする哲学者ではなかった。死の直前まで敬虔な俗人として暮らし、死の直前に修道女となった母テオドティは、どちらの哲学者に属するのか。皇帝が取り立てた哲学者とそうでない哲学者と、どちらが真正の哲学者と言えるのか。引用の記述でプセロスが言わんとしていることは明らかである。これを書くプセロスにとっては、既成の価値観を自明の前提とせず、問いを徹底させる哲学者のみが真正の哲学者であり、彼はその時代において、そうした哲学者になりえた唯一の存在であった。

プセロスの哲学的プロジェクトは、本音と建前を巧みに区別し、語るべき内容と時宜を的確に判断する、弁論術のセンスによって支えられていた。その抜きん出た才能によって彼は皇帝に重用され、皇帝を指導する哲学者の地位とともに、哲学教育を推進し、後進の哲学者を育成する公的資格をも手に入れた。その哲学教育の内容については現存する著作の分析に俟たねばならないが、彼がその哲学教育の主要な目的を「存在者の諸本質」と「世界の諸根源」の解明ないし探究に置いていたことはほぼ確実である。なぜなら、古代に存在していたその種の哲学教育も哲学学校も彼の時代には存在せず、彼はコンスタンティノープルにおいて、それらの復興を図ったと思われるからである。プセロスの学校は、そのプロジェクトが順調に進展していたならば、新たなムセイオン、新たなアカデメイアと呼ばれうるような施設になっていたであろう。

我々は、プセロスが『年代記』の読み手に語りかけ、理解させようとする知的達成への自負を、彼の挫折感と表裏一体のものと読むことができる。すなわち、事実としては、彼はその哲学的プロジェクトに失敗したと感じていたため、余計に力を込めてその誇りを語っているように思われるのである。彼の生きた国家は、哲学と政治権力とが一体化するようなそれにも、真正の哲学者が自由に哲学できるようなそれにもならなかった。プセロスが「支配者の気の変わりやすさ」(ἡ τοῦ κρατοῦντος ταχεῖα τῆς γνώμης μετάθεσις)[47]と呼ぶものが、彼の期待をはかなく打ち砕いたのである。哲学者が為政者の気まぐれに翻弄され、結果、身の危険に晒されるというのはプラトンがかつてシチリアの僭主国家で経験したのと同様の事態であり、プセロスは皇帝が君臨するキリスト教国家において、哲学者として生きることの困難とプラトン主義的理想の困難の双方を実感していたであろう。失脚の後、彼は身の安全を優先し、状況に合わせて控え目に哲学することを選択した。

プセロスの哲学者としての生涯とその政治経験は、ビザンツにおいて哲学教育が持続的な制度へと発展することがなかった事情を指し示す。一つは、政治権力が必ずしも哲学を必要とせず、哲学教育が不十分な状態においても国家は通常どおり運営され、繁栄しえたことである。国家の不可欠の制度との観念が定着しなかったため、幾人かの皇帝が創設した公的学校はすぐに廃れた。もう一つは、国家ないし政治権力の側から哲学を統制する傾向が持続したことである。アテナイのアカデメイアの閉鎖も、プセロスとクシフィリノスの学校の消滅も、直接の介入であれ支援の撤回であれ、皇帝による統制の結果であった。哲学教育は私的で目立たない営みを越え、大規模ないし持続的な制度の外観を呈した途端、皇帝と彼を取り巻く勢力から注目され、国家の支配的価値体系、すなわちキリスト教信仰との適合性が問題とされたのである。これに関して無視できないのは、ビザンツにおけるギリシャ語の継続使用と、書物の残存である。プセロスはキリスト教と異教の双方に関連する大量のギリシャ語文献をコンスタンティノープルで読むことができた。ビザンツでは、プラトンもアリストテレスも新プラトン主義者の著作も、教師と学生が比較的容易にアクセスできる文献であり、この点で、彼らとヘレネスの哲学との物理的距離は、西方のラテン人とそれとの距離よりもはるかに近かった。けれどもこの距離の近さが、逆にビザンツでは、スコラ学的発展の契機および大学の成立契機を遠ざけたのである。

このことを端的に示すのは、一〇八二年、プセロスの直弟子にして、彼の「哲学者頭領」称号の継承者ヨアンニス・イタロス（Iōannēs Italos 一〇二五頃―八二年以降）に対して行われた裁判とその結果である。おそらく多分野の学問の解説と釈義に重点を置いていたプセロスに対し、イタリアから到来したイタロスはキリスト教信仰に関する諸問題の弁証法的講義を行っていた。くしくもイタロスは、少し後のパリにおいてペトルス・アベラルドゥス（Petrus Abaelardus 一〇七九―一一四二年）が行っていたような講義をコンスタンティノープルにおいて、公的教師として行っていたのである。イタロスは皇帝アレクシオス一世（Alexios I Komnēnos 在位一〇八一―一一一八年）が開催した裁判において裁かれ、有罪を宣告された。

以下は後に確定され、正教の主日に朗読される公的テクスト「シノディコン」に付加された宣告文の一部である。

イタロスの諸項目

（一）我々の救い主および神の言表不能の受肉という経綸《オイコノミア》にとって何らかの新たな調査や教えを提起し、ロゴスである神自身がいかなるふうに人間的生地と結びつき、獲得された肉をいかなる理由で神化したのかを探ろうとする者ども、神および人間の二つの本性の超自然的刷新の性質および位置について、弁証法的言論によって争議しようとする者どもに対して、アナテマ。

（二）敬虔であると主張しながら、恥知らずにもあるいはいっそう不敬虔にも、人間の魂と天と地とその他の被造物について、正統かつ普遍的教会の中に、ヘレネスの不敬なる教義を持ち込む者どもに対して、アナテマ。

……（中略）……。

(八) 我々の創造の教えに対し、彼ら自身が作者の異なる神話に即した説明を編み出す者ども、プラトン的諸イデアを真理と受け取る者ども、独自の実体を有する質料が諸イデアから組成されると主張する者ども、万物を非存在から存在へと導き、創造者として絶対的な権能をもって万物の始源および終末を定めた造物主の自由な力を公然と批判する者どもに対して、アナテマ。(48)

アベラルドゥスの学校がヨーロッパの大勢の学生を集め、パリ大学の形成へいたる奔流を生み出し始める直前に、ビザンツでは、ヘレネスの哲学のキリスト教信仰への応用行為とプラトン主義哲学への傾倒とが厳しく非難され、二つの哲学の分断が再強化されたのである。

註

＊ 本稿は二〇一二年三月二三日に上智大学中世思想研究所で発表した原稿を改めたものである。発表および執筆の機会を与えて下さった佐藤直子先生、当日、貴重なコメントを寄せて下さったクラウス・リーゼンフーバー、荻野弘之、矢内義顕の各先生に記して感謝申し上げたい。

なお本稿では、今日の国際学界での慣例的な発音にならい、ビザンツ期のギリシャ語固有名詞の表記には原則、ビザンツ期の発音に近いカタカナ表記を用いている。ヘレニズム期から初期中世にかけて進行したギリシャ語の音声変化、ないし音韻上の発展については、G. Horrocks, *Greek: A History of the Language and Its Speakers*, 2nd ed., Oxford, 2000 を参照されたい。

(1) Platon, *Apologia*, 33a-b.

(2) アリストファネス (Aristophanēs 前四四五頃―三八五年頃) の喜劇『雲』には、ソクラテスの住居と学校を兼ねる「思索所」(φροντιστήριον) なるものが登場する。高津春繁訳『雲』岩波文庫、一九五七年、一四頁参照。

(3) R・S・ブラック『プラトン入門』岩波文庫、一九九二年、四五頁。

（4）H. Rashdall, *The Universities of Europe in the Middle Ages*, Oxford, 1895; new ed. by F. M. Powicke and A. B. Emden, 3 vols., Oxford, 1936.（横尾壮英訳『大学の起源――ヨーロッパ中世の大学史』全三巻、東洋館出版社、一九六六―六八年）

（5）S. C. Ferruolo, *The Origins of the University: The Schools of Paris and Their Critics, 1100-1215*, Stanford, C. A., 1985, pp. 1-5.

（6）*Ibid.*, p. 5.

（7）実際、プラトンの時代のアテナイには、プラトンとは路線を異にする弁論家イソクラテス（Isokratēs 前四三六―三三八年）の学校があり、プラトン没後には彼の弟子アリストテレス（Aristotelēs 前三八四―三二二年）のリュケイオンがあり、さらにヘレニズム時代以降のアレクサンドリアにはムセイオンがあった。

（8）Michael Psellos, *Chronographia*, VI, 37; S. Impellizeri ed. and S. Ronchey tr., *Michele Psello: Imperatori di Bisanzio* (*Cronografia*), Milan, 1984, vol. 1, p. 284.

（9）ビザンツにおける自伝的伝統と関連文献については、拙稿「学びの果て――ビザンティン哲学者の自伝と自負」、森原隆編『ヨーロッパ・エリート支配と政治文化』成文堂、二〇一〇年、二九七―三二一頁を参照。

（10）「息を引き取った知恵を…（中略）…私自身が把捉し、独力で復活させた」（ἐκπνεύσασαν τὴν σοφίαν καταλαβὼν … αὐτὸς ἀνεζωπύρησα οἴκοθεν）というプセロスの言葉は、用語と意味の両面で、新約聖書、とりわけパウロの第一コリント書簡への暗示（allusion）であると考えられる。まず、新約聖書の中でイエスが「知恵」として表現されているのは第一コリント書簡のみである。なお「神の知恵」（ἡ σοφία τοῦ θεοῦ）という語句はルカ福音書にも一例あり、そこでは預言者エレミヤが意味されている（一一・四九）。一方、引用文においてアオリストの分詞として「知恵」にかかる動詞 ἐκπνέω には、新約聖書の中で三つの用例がある。（一）マルコ福音書一五・三七「イエスは大声を出して息を引き取った」（ὁ δὲ Ἰησοῦς ἀφεὶς φωνὴν μεγάλην ἐξέπνευσεν）。（二）同一五・三九「こうして息を引き取った彼〔イエス〕に面して」（ἐξ ἐναντίας αὐτοῦ ὅτι οὕτως ἐξέπνευσεν）。（三）ルカ福音書二三・四六「彼〔イエス〕はそう言って息を引き取った」（τοῦτο δὲ εἰπὼν ἐξέπνευσεν）。これらから明らかなように、新約聖書における動詞 ἐκπνέω はすべて十字架で絶命したイエスに対して用いられている。つまり、プセロスは知恵の死を表現するために、あえてイエスの死と密接に関連する動詞、新約聖書のギリシャ語に馴染んだ読者にイエスの死を強く想起させる動詞を用いている。プセロスによる第一コリント書簡への暗示をより明確に示すのは、意味上の連関である。第一コリント書簡においてパウロは二種の知恵に言及し、その序列と性質を論じている。一つはイエス・キリスト自身である神の知恵、もう一つは世の知恵（ἡ σοφία τοῦ κόσμου）であり、言うまでもなくパウロとその支持者が求めるべきは神の知恵であり、世の知恵は彼らにとって無意味なものである。なぜなら「世はその知恵からは、神の知恵において神を理解しなかった」（一・二一）からである。次いでパウロは「ユダヤ人は徴を求め、ヘレネス〔ギリシャ人〕は知恵を探す」（一・二二）という有名な語句で、ヘレネスと知恵を結びつけるが、これはヘレネス全体を世の知恵の探究者として批判するものではなく、ヘレネスの間に、神の知恵の探究者と世の知恵の探究者の区別を導入するものである。パウロは後の箇所でこうも言う。「もしあなた方の誰かがこの世にあって知者であろうと思うならば、知者となるために愚者となるがよい。この世の知恵は神の傍では愚であるから。…（中略）…ゆえに何人も人々の間で誇ってはならない」（三・一八―二一）。パウロはヘレネスによる異教的哲学の価値をきっぱりと否定し、神の力・知恵・神秘としてのイエス・キリストに仕えることを読み手に求める。キリストの復活を疑ってはならないということもこの書簡でのパウロの主張の一つである。パウロのこうした要請は当然、敬虔なキリスト教徒を「自任」するプセロスにも向けられているのであるが、はたしてプセロスの言葉はパウロの教えと求めへの従順かつ謙虚な応答と言えるであろうか。それはパウロの精神とかけ離れた地点から、同じ社会に生きるノーマルなキリスト教徒への挑発であるかのように書かれていないだろうか。

　中世の哲学者とパウロの関連で想起されるのはペトルス・アベラルドゥス（Petrus Abaelardus 一〇七九―一一四二年）の「信仰告白」における一節である。エロイーズ（Héloïse; Heloissa 一一〇〇頃―六四年）に宛てたその文書の中でアベラルドゥスは言う。「私は欲しない。パウロに逆らうくらいなら哲学者であることを欲しない。キリストから離れるくらいならアリストテレスの徒であることを欲しない」（畠中尚志訳『アベラールとエロイーズ――愛と修道の手紙』岩波文庫、一九六四年、三六七―三六八頁、一部改変）。リーゼンフーバーはアベラルドゥスのこの言明に関して次のように言う。「この告白の内には、哲学と神学、聖書的・教会的信仰とギリシア的理性の際立った緊張関係が示されているとともに、アベラルドゥスがこの緊張を自らの思考の内で耐え抜き、生涯をかけてそれと格闘しようとする心構えが窺える」（K・リーゼンフーバー〔村井則夫訳〕「ペトルス・アベラルドゥスにおける理性と信仰」、上智大学中世思想研究所編『中世における信仰と知』知泉書館、二〇一三年、一五六頁）。リーゼンフーバーのこの論文はアベラルドゥスについて日本語で参照可能なテクストの中で最重要のもの。これまで誰も試みていないようであるが、プセロスとアベラルドゥスの比較は興味深い研究課題となろう。なお本論における新約聖書引用はNestle-Aland, *Novum Testamentum Graece et Latine*, 3rd ed., 5th impression, Stuttgart, 2005 からの拙訳。

（11）　プセロスに関する研究動向については、A. Kaldellis, *The Arguement of Psellos' Chronographia*, Leiden, 1999, pp. 1-22を参照。カルデリスは近年のビザンツ文化史・思想史を牽引する歴史家の一人である。「プセロスの哲学はビザンツの正教信仰への真摯な異議申し立てを体現している」（*ibid*., p. 109）という言葉からも窺えるように、カルデリスはプセロスを敬虔なキリスト教徒を装った、確固たる異教哲学者として位置づけている。本論の註（10）で筆者が指摘した点もプセロスの異教的アイデンティティの証拠となりうる。

（12）　Psellos, *Chronographia*, VI, 37; Impellizeri and Ronchey, *op. cit*., vol. 1, p. 284.

（13）　Psellos, *Chronographia*, VI, 38-39; Impellizeri and Ronchey, *op. cit.,* vol. 1, pp. 284-286.

（14）　A. Kaldellis, *Hellenism in Byzantium: The Transformation of Greek Identity and the Reception of the Classical Tradition*, Cambridge, 2007, p. 43.

（15）　古代末期のギリシャ的アイデンティティについてより詳細な議論は、*ibid.,* pp. 120-172を参照。

（16）　アカデメイアの歴史については、廣川洋一『プラトンの学園アカデメイア』講談社学術文庫、一九九九年、その閉鎖については同書、二七一—二八六頁とJ. Beaucamp, Le philosophe et le joueur. La date de la «fermeture de l'école d'Athènes», *Travaux et Mémoires* 14 (2002), pp. 21-35を参照。

（17）　Ioannes Malalas, *Chronographia*, ed. J. Thurn, Berlin and New York, 2000, XVIII, 47, p. 379.

（18）　Agathias, *Myrinaei Historiarum libri quinque*, II, 30 (ed. R. Keydell, Berlin and New York, 1969, pp. 79-81).

（19）　二つの法文は、*Codex Justinianus*, ed. P. Krüger, *Corpus Iuris Civilis*, vol. 2, Weidmann, 1877, I, 5, 18, 4（p. 57）とI, 11, 10, 2（p. 64）である。詳しくは、廣川、前掲書、二七二—二七三頁を参照。

（20）　Agathias, *Myrinaei Historiarum*, II, 30, p. 80.

（21）　Platon, *Res publica*, V, 2, 473d.

（22）　Agathias, *Myrinaei Historiarum*, II, 31, pp. 81-82.

（23）　この法については、P. A. Agapitos, Teachers, Pupils, and Imperial Power in Eleventh-Century Byzantium, in: Y. L. Too and N. Livingstone eds., *Pedagogy and Power of Classical Learning,* Cambridge, 1998, pp. 170-191, esp. 171-172; Kaldellis, *op. cit*., pp. 146-147を参照。

(24) 一部の学者は、テオドシウス二世が勅令で定めた制度を「コンスタンティノープルの大学」とみなしているが（たとえば B. Tatakis, *La philosophie byzantine*, Paris, 1959, p. 19）、この教育機関はむしろ、ユリアヌスの勅令からも窺えるように、都市にすでに存在した公的性格を有する教育制度を再編し、帝国の新たな首都にふさわしい制度的体裁を与えたものと見るべきであろう。というのも、公的教師たちの専門は、哲学を除き、いずれも当時の都市生活と密接なかかわりを持つものだったからである。また彼らの専門には、ローマ共和政末期までに定着していたとされる七つの自由学芸（文法、弁論術、論理学の三科と、音楽、幾何学、算術、天文学の四科）のうち二つしか含まれていないことからも、テオドシウスに総合的な教育機関を創設する意図はなかったと判断できる。

(25) とくに七世紀の帝国に生じた諸変容については、J. F. Haldon, *Byzantium in the Seventh Century: The Transformation of a Culture*, rev. ed., Cambridge, 1997 を参照。

(26) イコノクラスムの諸問題については、L. Brubaker and J. Haldon, *Byzantium in the Iconoclast Era (ca 680-850), The Sources: An Annotated Survey*, Birmingham, 2001; L. Brubaker and J. Haldon, *Byzantium in the Iconoclast Era, c. 680-850: A History*, Cambridge, 2011 を参照。

(27) 哲学者レオンについては、N. G. Wilson, *Scholars of Byzantium*, rev. ed., London, 1996, pp. 79-84.

(28) Ioseph Genesios, *Regum libri quattuor*, IV, 17, ed. A. Lesmüller-Werner and H. Thurn, Berlin and New York, 1978.

(29) 木村彰一・岩井憲幸「コンスタンティノス一代記——訳ならびに注」（一）、北海道大学スラブ研究センター『スラブ研究』第三一号、一九八四年、一—一七頁、同（二）、同誌第三二号、一九一—二一五頁。引用は（一）五頁。

(30) 詳しくは、木村彰一・岩井憲幸、前掲論文（二）、二〇三—二一四頁と、F. Dvornik, *Byzantine Missions among the Slavs: SS. Constantine - Cyril and Methodius*, New Brunswick, N. J., 1970, pp. 105-130 を参照。

(31) Theophanes Continuatus, *Chronographia*, VI, 14, ed. I. Bekker, Bonn, 1838, p. 446. Cf. Agapitos, op. cit., pp. 175-176.

(32) 『年代記』の性質とプセロスの歴史観については、A. Kaldellis, *The Argument of Psellos' Chronographia* を参照。

(33) プセロス自身、記述の偏りの理由を率直に述べている。「私はすぐに皇帝となった彼の臣下となり、その治世を通して仕え、より高い地位に引き上げられ、もっとも誉れある事柄を委ねられた。それゆえ、彼が実行したり実施したりしたことのすべてを私は把握しており、当然のごとく、私はほかの皇帝たちよりも多くの言葉を彼に割り当てるであろう」。Psellos, *Chronographia*,

VI, 14; Impellizeri and Ronchey, *op. cit.*, vol. 1, p. 260.

（34）Psellos, *Chronographia*, VI, 42-43; Impellizeri and Ronchey, *op. cit.*, vol. 1, pp. 288-290.

（35）プセロス自身による説明は、Psellos, *Chronographia*, VI, 191-203; Impellizeri and Ronchey, *op. cit.*, vol. 2, pp. 139-153.

（36）Michael Attaleiates, *Historia*, ed. I. Bekker, Bonn, 1853, p. 22.

（37）二人が共同で運営した学校については、W. Wolska-Conus, Les écoles de Psellos et de Xiphilinos sous Constantin IX Monomaque, *Travaux et Mémoires* 6 (1976), pp. 223-243 を参照。

（38）Cf. Michael Psellos, A Monody for Ioannes Xiphilinos, ed. K. N. Sathas, *Bibliotheca Graeca Medii Aevi*, vol. 7, pp. 421-462; Wolska-Conus, op.cit., pp. 224-228.

（39）校訂テクストは、A. Garzya, On Michael Psellus' Admission of Faith, *Επετηρίς Εταιρείας Βυζαντινών Σπουδών* 35 (1966), pp. 41-46.

（40）賛辞の校訂テクストは、Michael Psellos, *Autobiografia. Encomio per la madre: testo critico, introduzione, traduzione e commentario*, ed. U. Criscuolo, Naples, 1989. 英訳は、A. Kaldellis, *Mothers and Sons, Fathers and Daughters: The Byzantine Family of Michael Psellos*, South Bend, I. N., 2006.

（41）Psellos, *Autobiografia*, 27, p. 144.

（42）Kaldellis, *Hellenism in Byzantium*, p. 211.

（43）Psellos, *Autobiografia*, 29, p. 148.

（44）Psellos, *Autobiografia*, 30, p. 151.

（45）カルデリスは、プセロスが一〇五四年まで神学を講じていたことを示している。A. Kaldellis, The Date of Psellos' Theological Lectures and Higher Religious Education in Constantinople, *Byzantinoslavica* 63 (2005), pp. 143-151.

（46）Psellos, *Chronographia*, IV, 34; Impellizeri and Ronchey, *op. cit.*, vol. 1, p. 156.

（47）Psellos, *Chronographia*, VI, 200; Impellizeri and Ronchey, *op. cit.*, vol. 2, p. 150.

（48）J. Gouillard, Le Synodikon de l'Orthodoxie: édition et commentaire, *Travaux et Mémoires* 2 (1967), pp. 1-313, at pp. 57-59.

三　十一世紀の修道制と知

――カンタベリーのアンセルムス――

矢内義顕

はじめに

「怠惰は魂の敵である。それゆえ、修友は、一定の時間、手仕事に従事し、また一定の時間を聖なる読書に割かなければならない」。六世紀にモンテ・カッシーノに修道院を創設したヌルシアのベネディクトゥス（Benedictus 四八〇頃―五四七／五六〇年頃）は、『戒律』（Regula Benedicti）第四八章の冒頭で、修道士の生活をこのように規定した。日々の生活を支えるための労働と聖務日課およびその準備の時間としての「聖なる読書」（lectio divina）が、修道士の一日を構成する。中世の修道制は、この聖なる読書のための学校、修道院学校を発展させる。本稿は、十一世紀の北フランスに創設されたベック修道院の修道院学校における教育と知のあり方を、ランフランクス（Lanfrancus 一〇一〇頃―八九年）そしてアンセルムス（Anselmus 一〇三三／三四―一一〇九年）をとおして明らかにし[(1)]、さらに、後者の書簡によって当時の修道女の教育と知のあり方の一端を明らかにする。

一　ベック修道院の創立とその修道院学校

（1）ヘルルイヌスによるベック修道院の創立

ベック修道院がノルマン人の騎士ヘルルイヌス（Herluinus 九九五頃―一〇七八年）によって創立されたのは、一〇三四年のことである。彼は、ノルマンディー公リシャール一世の孫ジルベールに仕えていたが、騎士生活に嫌気が差し、三七歳のとき、数人の仲間と共に彼の領内で隠修士として自給自足の生活を始める。しかし、その地が水の便も悪く生活に不向きだったことから、一〇三九年頃に同じ領内で小川のそばにあるベックに移り、ベネディクトゥスの『戒律』に従った修道生活を開始する。ヘルルイヌスは、修道士となる前は文字を読むことができなかった。そこで、修道生活を始めてからは、昼は修道院の建設に携わり、夜には独学でラテン語を習得し、「詩編」を暗記し、聖書の意味を理解するまでに進歩する。(2) ベネディクトゥスの『戒律』は、日に八回の聖務日課において、一週間で「詩編」一五〇編をすべて唱えるように定める。(3) それゆえ、ヘルルイヌスは、何をさておいても、ラテン語で「詩編」を暗記し、その意味を理解しなければならなかったのである。彼はまた、晩年に至るまで学問の必要性を重視し、何よりも学識のある者が修道士になることを望み、彼らを歓待した。(4) こうした一人がランフランクスであった。

（2）ランフランクスとベックの修道院学校(5)

一〇四二年頃、すでに三〇歳を過ぎたランフランクスは、ベック修道院の門を叩く。イタリアのパヴィアで生まれた彼は、自由学芸と法学を学び、すでに法学の領域でも名をなしていた。しかし、一〇三〇年頃、何らかの理由からイタリアを離れ、アルプスを越える。彼の足取りは正確には分からないが、後に聖餐論を巡って彼の論敵となるベレンガリウス（Berengarius 一〇〇五頃―八八年）のもとで学び、シャルトルを訪れ、一〇三九年頃、ノルマンディーのアヴランシュで自由学芸の教師をする。(6) 十一世紀のトゥールの聖アペル（St. Aper）修道院の図書目録と十二世紀のベック修道院の図書目録には、『ランフランクスの弁証論理学』（Lanfrancus de dialectica）および『ランフランクスの問題集』（Questiones Lanfranci）が記載されており、(7) これらの時期に執筆されたのかもしれない。だが、ランフランクスは、何らかの理由から、世俗の学校における栄達の道を棄て、修道士としての生活を志す。

ランフランクスがベックの修道士となって三年後、ヘルルイヌスは、彼を副院長に抜擢する。こうして彼は、一〇六三年にカーンの修道院長となってベックを離れるまでの二〇年近く、修道院の経営と修道院学校における教育の責任を負う。当初、ベックの修道院学校は、修道院に奉献された児童あるいはラテン語を知らない修道士たちを教育するための学校（院内学校）だったろう。それゆえ、そこでは文法と修辞学が教えられたと思われる。ランフランクスがプリスキアヌス（Priscianus 六世紀初頭）の『文法学綱要』（Institutiones grammaticae）、またキケロ（Marcus Tullius Cicero 前一〇六―四三年）の『発想論』（De inventione）および『ヘレンニウスに与える修辞学書』（Rhetorica ad Herennium）を註釈したことが、断片的に知られている。(8) さらには、後述することから明らかなように、弁証論理学も教えたであろう。

さらに、彼は、一〇五〇年代の後半、アウグスティヌス（Aurelius Augustinus 三五四―四三〇年）やグレゴリウス一世（Gregorius I 在位五九〇―六〇四年〔大教皇〕）などの教父の著作の研究と聖書の研究・註解を開始する。(9) 彼の註解は「詩編」と「ヘブライ人への手紙」を含むパウロ書簡すべてに及んだ。「詩編」の理解は修道院の聖務日課のために、パウロ書簡の理解は神学的な研究に不可欠である。彼の『詩編註解』は断片的に残るだけだが、パウロ書簡の註解はすべて残っている。それらは、カロリング朝以来の聖書註解の伝統を継承しつつ、そこに文法学、修辞学のみならず弁証論理学を導入した点に革新性があった。(10) むろん、論理学の行過ぎた使用に対しては警告を発する。(11) 彼はこの姿勢を、ベレンガリウスとの聖餐論争から生まれた神学的な著作『主の体と血について』(De corpore et sanguine Domini) でも堅持し、教父に関する知識と巧みな論理を駆使する。そしてこの時期、ベックの修道院学校は、修道院の外部からの生徒を受け入れるようになる(院外学校)。その目的は、修道院の建物を新築するための資金調達だったと思われる。すでにランフランクスの教師としての名声は知られており、多くの学生がベックにやって来る。(12) さらに、一〇五九年、教皇ニコラウス二世 (Nicolaus II 在位一〇五八―六一年) も彼に二人の司祭の教育――弁証論理学と修辞学――を委ねる。(13) 自由学芸の教師、聖書学者としてのランフランクスの名がローマでも知られていたのである。それゆえ、この時期、フランスの各地を遍歴していたアンセルムスも、当然、その名を耳にしたことだろう。彼がベックに到着したのは、まさしくこの年だった。

二　アンセルムスとベックの修道院学校

(1)　アンセルムスの選択

一〇五六年頃、父親との確執から生まれ故郷の町アオスタを後にしたアンセルムスは、アルプスを越え、三年近く、ブルグンディアとフランスを遍歴する。(14) ブルグンディアとは、フランス王家領となったブルゴーニュ公領を指し、フランスとは、ロワール渓谷のオイル語地域と以北の地域を指す。前者にはオーセール、オータン、ヌヴェールなどの学校があり、後者にはオルレアン、トゥール、アンジェ、シャルトルの学校があった。十二世紀に飛躍的に発展するパリの学校は、まだその頭角を現してはいない。しかし、彼はそれらのどこにも足を止めることなく、ノルマンディーのアヴランシュを経て、ベック修道院の門を叩く。二六歳のときである。[15]

ベックに到着したアンセルムスは、一〇六三年にランフランクスがそこを去るまで彼の下で学び、知的な才能を開花させていくことになる。それ以前の彼がどのような学問的な経歴を経てきたかは分からない。おそらく、彼は故郷のアオスタでは下級聖職者であったし、[16]多少とも知的な訓練は受けていたに相違ない。[17]また三年の放浪の間に、当時の知的な空気に触れたことも確かであろう。それゆえ、アンセルムスは、修道士になるか否かと悩んだとき、学問の世界での栄光を望む気持があったことも事実である。[18]しかし、彼も、かつてランフランクスがそうだったように、学問的な栄達を棄て、ランフランクスへの従順を決意する。そして三年後、彼は、ランフランクスの後を襲ってベックの副院長となり、一〇七八年には修道院長に選出され、さらに一〇九三年にカンタベリー大司教となってベックを去るまで、修道院の経営と修道院学校における教育の責任を負うことになる。

(2)　修道院学校の文法教育

彼の書簡の中には、断片的ではあるが修道院学校における教育の様子を伝えてくれるものがある。[19]その一つに、彼が幼少の頃からその成長を見守った修道士マウリティウス（Mauritius）[20]に宛てた「書簡六四」がある。一〇七七／七八年に執筆されたものだが、この時、マウリティウスは、ベックを離れ、カンタベリーにいる。まず書簡の本文を引用しよう。

アルヌルフスが文法の教授に（in declinatione）非常に秀でていることも聞いています。また、貴君もご承知のように、子供に文法を教えること（declinare）は私には常に重荷だったし、そのために、私のところでは、貴君が自分の役に立つほど文法の知識（declinandi scientia）に習熟しなかったことは、私も承知しています。そこで、最愛の子に命じます。どうか彼から手ほどきを受ける（ab eo legere）書物、あるいは他の仕方で読むことができる書物すべてについて、できる限り勤勉に文法の復習（declinare）をするよう努めて下さい。…（中略）…もし彼が何も説明せず、それが貴君の怠惰のためであるなら、私にとっては残念なことです。私が貴君に望むことは、貴君ができる限り、とりわけウェルギリウス、そして、不道徳な響きをもつものは除いて、私が教えなかった他の著作家を十分に読むことです。もし何らかの差し障りがあって彼の授業に出席できないなら、貴君がこれまでに読んだことのある書物、また読むことのできる書物を取り出し、できる時に、すべてを最初から最後まで文法の復習をするように努めて下さい。[21]

ここに登場するアルヌルフス（Arnulfus 一〇四〇頃—一一二四年）は、ベックの修道院学校でランフランクスから学んだ後、ボーヴェーの聖シンポリアヌス修道院の修道士となり、一〇七三年頃、カンタベリー大司教となったランフランクスに請われてイングランドに渡り、カンタベリーのクライスト・チャーチ付属の修道院学校で二〇年間、文法教育に携わる。[22] 彼自身もまた、かつて世俗の学校での栄達を望んだことが別の書簡から知られる。[23] アンセルムスは、自分が文法を教えることに不得手だったために、マウリティウスの文法知識が不十分であることを案じ、アルヌルフスから文法を学び直すようにと述べているのだが、ここには修道院学校の教育の典型的な方法が示されている。

文法学の教師は、文法の初歩を教えるにあたり、任意のテクストを読みあげる。生徒はそれを暗誦するか、蝋板に書きつける。さらに、教師は、テクストに出てくる様々な語の文法的な語形、意味を説明する。こうした一連の過程が「彼から手ほどきを受ける」、直訳すれば「彼によって読む」(ab eo legere) という表現で示されている。さらに、上の訳文で「文法の教授」「文法を教えること」「文法の復習」等々と訳した言葉は、原語を示しておいたように、「語の屈折」(declinatio, declinare) という語である。つまり、教師は、一つ一つの語 (名詞・形容詞・動詞) の変化・活用を生徒に口頭で行なわせたのである。[24] 教室での文法教育がこのようであったとするならば、同じことが自習の際にも行なわれたことが、「授業に出席できないなら、貴君がこれまでに読んだことのある書物、また読むことのできる書物を取り出し、できる時に、すべてを最初から最後まで文法の復習をするように努めて下さい」という一文で示されている。

こうした教育は、教師にも生徒にも忍耐を必要としたに違いない。事実、アンセルムスは、自分にはこうした教育が苦手だったと述べており、同じことは、一〇七三年頃に聖ペトルス・クルトゥラ (St. Petri Cultura〔現ソレーム〕) 修道院の修道士アヴェスゴトゥス (Avesgotus) がアンセルムスに送った「書簡一九」とアンセルムスの返信「書簡二〇」からも窺うことができる。アヴェスゴトゥスは、青年となった彼の甥に文法を教授して欲しいとアンセルムスに依頼する。[25] これに対してアンセルムスは、文法を教えるということについては「私には、今のところ、その余裕もなければ、意欲もなく、機会もありません」[26] と断っているのである。

また生徒の側でも、人によっては自分の母国語ではないラテン語を習得することは、しばしば困難を伴ったことが容易に想像できる。この書簡から約三〇年後の一一〇三年、当時イングランドから追放され、ベックに滞在していたアンセルムスは、彼の甥である同名のアンセルムスに宛てた「書簡二九〇」で「私が貴君をイングランドに送ったのは、貴君が進歩するよう熱心に励み、いかなる時も怠惰に過ごさないようにするためでした。そこで、文法の屈折と価値を学ぶように最大限の注意を払いなさい。書くこと、そして韻文よりも散文を練習しなさい」と述べ、さらに、上述のアルヌルフスとカンタベリーの修道士たちに宛てた「書簡二九一」で、甥が学習に励むように面倒を見てほしいと頼む。(27) しかし、よほど怠け者だったのだろう。それから一、二年後の一一〇四—一一〇五年、なお追放中の身であったアンセルムスは、リヨンから「書簡三二八」を送り、次のように記す。(28)「ところで、貴君に関してですが、私は忠告し命じます。決して怠けてはなりません。…（中略）…文法学の価値を知るように努力し、毎日書くようにして下さい。とりわけ散文を。また難しく書くことを好むのではなく、平易に、筋の通る書き方をして下さい。他に必要がないならば、常にラテン語で話して下さい。何よりも、正しい作法で落ちついて話すように心がけて下さい」。(29) ここで、読むこと、書くこと、そして話すこと、語学の習得のために基本的な注意が再度なされている。「常にラテン語で話して下さい」と述べている点も興味深い。おそらく、この甥は、彼の母語あるいはノルマンディーのフランス語で話す習慣があったのだろう。ノルマン人征服後のカンタベリーには、イタリアあるいはノルマンディー出身の修道士もいたからである。

（3） 古典の著作家たち

再びマウリティウス宛の書簡に戻ろう。そこでアンセルムスは、もしアルヌルフスから学ぶ機会がないならば「とりわけウェルギリウス、そして、不道徳な響きをもつものは除いて、私が教えなかった他の著作家を十分に読むことです」と述べていた。ここでアンセルムスがベックで文法を教える際に、ウェルギリウス（Publius Vergilius Maro 前七〇—前一九年）——おそらくは『牧歌』（Bucolica）(30)——を教材として用いていたことが判明する。さらに、ランフランクス宛の「書簡五七」ではホラティウス（Quintus Horatius Flaccus 前六五—前八年）の『詩論』（Ars poetica）の詩句が、[31] グィレンクス（Guilencus）宛の「書簡一一五」では、ルカヌス（Marcus Annaeus Lucanus 三九—六五年）の叙事詩『内乱』（Bellum civile）の一節が引用される。[32]「不道徳な響きをもつものは除いて」という但し書きは、古典の著作の中には修道生活にふさわしくない内容をもつものがあることを考えれば、もっともである。当然、オウィディウス（Publius Ovidius Naso 前四三—後一七年）の作品などが考えられるだろうが、彼は、「良俗の教師、悪行を根絶する者」として修道院でも読まれていた。[33] またアンセルムスがマウリティウスに宛てた別の書簡では、ヒポクラテス（Hippokrates 前四六〇頃—三七五年頃）の『箴言』（De Aphorismo）とその『註釈』（glossa）の写本の送付を依頼し、またマウリティウスがガレノス（Galenos 一二九—一九九年頃）の『脈拍について』——おそらくは『初心者のための脈拍論』（De pulsibus libellus ad tirones）——の写本を作成していたことも知られる。[34]

アンセルムスそして当時の修道士が古典の著作家にも通じていたことを示す具体的な例が、上述の修道士アヴェスゴトゥスとの往復書簡である。アヴェスゴトゥスは、アンセルムスの名声がランフランクスやヴィムンドゥス（Wimundus）[35] のように世に知られていないことを惜しみ、「貴兄は、詩人が『もし他の人が、お前が知者であることを知らないのなら、お前の知っていることは何もならない』と言っていることを覚えておいでですか」[36] と書き送る。これに対してアンセルムスは、「〔その言葉は〕ペルシウスがそう言っているように、〔知識の〕誇示を撃退するための言葉で、それを促すための言葉ではありませんから、私としては『私の知っていることなど、もしそれがどのようなことかを他の人が知ったなら、何のことはない』とお答えしておきます」[37] と返信する。アヴェスゴトゥスは、あえて名を伏せて「詩人」と言っているのに対し、アンセルムスは、ペルシウス（Aulus

Persius Flaccus 三四―六二年）を名指し、しかも、その言葉（『風刺詩集』〔Saturae〕第一詩・第二七行）は詩人の意図からすると、知識の誇示を戒めるために言われている言葉だと返したのである。両者がペルシウスの詩をすべて読んでいたのか否かは不明であるが、この見事な応酬は、少なくとも、当時の文法教育において彼の詩がテクストとして使用されていたことを証しすると同時に[38]、彼らの文学的な教養の水準を物語っている。そしてアンセルムスは、この書簡を「貴兄は、なぜランフランクスとヴィムンドゥスの名声がこの私よりも世に広まっているのかと尋ねておられますが、どのような花であれ、たとえ赤いという点では異ならないように見えても、薔薇の花に匹敵する香りを放つことはないということです[39]」と結ぶ。

（4）　論理学と神学の教育

アンセルムスは初等文法の教授が不得手であったが、ランフランクスと同様に、論理学を教えたことは間違いない。そのことは、彼が『グラマティクスについて』（De Grammatico）という著作を執筆したことからも明らかである。この著作について、彼は、『真理について』（De veritate）の序文でつぎのように述べている。

私は、かつて、さまざまな時に、聖書の研究に関する三つの論考を執筆し、それらは、質疑応答の形を取り、質問する人物には生徒という名称が与えられ、他方、回答する人物には教師という名称が与えられている、という点で同じである。四つ目の論考も、私は同じ形式で公にし、弁証論理学の初学者にとっては無益ではない、と私は考える。それは『グラマティクスについて』という表題で始まる。だが、この論考は、前記の三つとは異なる研究に関わるため、これらの内に数え入れようとは思わない[40]。

ここで述べられている四つの著作のはいずれも、教師と生徒の対話で書かれており、修道院学校での質疑応答による教育から生まれた著作と考えられる。「聖書の研究」（studium sacrae scripturae）と呼ばれる三つの著作『真理について』、『悪魔の堕落について』（De casu diaboli）、『選択の自由について』（De libertate arbitrii）は、神学的な著作であり、修道院長時代（一〇八〇―八六年）に執筆される。だが、これらとは別に「弁証論理学」の初学者のためのテクストとして執筆されたのが『グラマティクスについて』である。本書の第三章で、アンセルムスは、四つの命題を提示し、そこから生徒に二つの三段論法を組み立てさせる。しかし、生徒の組み立てた三段論法は、原則に沿って組み立てられたにもかかわらず、正しい結論が導き出されない。そこで、第四章では、アンセルムスが逐一指示を与え、再度、組み直させた上で、三段論法を成立させるものが、言葉の形式的な組み立てではなく、言葉の意味であることを明らかにする。[41] ベック修道院における論理学の演習の場面を髣髴とさせる箇所である。

サザーンは本書の執筆時期を一〇六〇―六三年、つまり、アンセルムスが修道士となって間もない時期に属すると考えているが[42]、もしそうだとすると、アンセルムス自身も、こうした論理学的な修練を積んだ上で、神学的な研究・教育に進んだと考えられる。ただし、彼は、ランフランクスのように聖書註解を執筆することはなく、聖書から生じる神学的な諸テーマを取り上げ、彼の最初の著作『モノロギオン』（Monologion）では「瞑想の模範」（exemplum meditationis）という形式で[43]、また上記の三つの著作の場合は対話形式で論じたのである。

（5）瞑想と神学

修道士が個人的に長時間、学問に専念することは難しい。日に八回の聖務日課、さらにはベックのように経済的に恵まれなかった修道院では様々な労働がある。彼らがもし個人的な読書（lectio）・瞑想（meditatio）に時間を割くことができるとしたら、早朝か、労働の疲れを癒すための昼寝の時間、あるいは皆が寝静まった終課後である。この場合は灯火を必要としない夏期に限られる。それでも、ベネディクトゥスの『戒律』が規定する一日のスケジュールから推定すると、一日のうち三―四時間は、読書ないし瞑想に割くことができる。彼らは、こうした時間に、聖書、教父の著作、古典の著作家をくり返し読み、その内容を反芻し、それらの意味を探究し、理解を深める。上記のマウリティウス宛の書簡の一節でもアンセルムスが勧めるとおりである。さらに、各人が読もうとする書物については、図書室から写本を借り出すこともできるが、一冊の本を複数で読むことはできないため、当然、自分が読む箇所を蝋版に書き写し、読むことになる。実際、アンセルムスは、彼の『祈り』（Orationes）と『瞑想』（Meditationes）を執筆する際に、こうしたことを配慮して段落分けを行なったことを、その序文で記している。[44] また『モノロギオン』と『プロスロギオン』（Proslogion）が短い章で区切られ、各々に表題が付けられているのも同様であろう。[45] こうした読書・瞑想・祈りは、言うまでもなく、聖務日課を中心とする修道生活の充実、修道士の完成を目指すものであるが、同時にそれが神学的な思索の生成する場にもなる。

事実、エアドメルス（Eadmerus Cantuariensis 一〇六〇頃―一一二八年以降没）は、アンセルムスが『プロスロギオン』第二章の論証に思い至ったのが聖務日課の暁課の最中だった、と述べている。[46] それゆえ、この書物が祈りと論証の織り成す絶妙な構成によって書かれたことも当然であろう。確かに、この書物が執筆され、その写本が流布すると、ただちにマルムーティエの修道士ガウニロ（Gaunilo）が第二章の論証に対して反論を提出し、アンセルムスがこれに応答したことは周知の通りである。その点では、本書は論争を生み出す書物であった。しかし、隠修士フーゴー（Hugo）に宛てた「書簡一一二」において、もし永遠の至福の充溢について知りたいのであれば『プロスロギオン』を読んで欲しいと述べている点も注目しておこう(47)。アンセルムスにとって、神学的な思索は、究極的には修道生活の完成である永遠の至福を目指すものであり、修道院的な霊性と卓越した思弁的思索との稀有な総合にこそ、彼の真価があったと言えよう。

三　Filiae Dulcissimae ―― アンセルムスと修道女たち

アンセルムスの全集には、往信と返信合わせて四七五通に及ぶ書簡が収録されている。そのうち、七三通が女性との間で交わされた書簡ないし女性に関わる書簡である。さらに、そのうち六〇通は王侯貴族の夫人たちに宛てたもので、女子修道院長、修道女に宛てられた書簡は一三通であり(48)、すべて、彼がカンタベリー大司教となってから執筆されたものである。本稿では、その中から何通かを選び、当時の女子修道院の知的な水準の一端を明らかにする(49)。それに先立ち、十一世紀の女子修道院について簡単に述べておこう(50)。

(1)　十一世紀におけるフランスとイングランドの女子修道院

イングランドとフランスの大司教区で一〇〇〇年頃に活動していた女子修道院の数は約七〇、一〇〇一年から一〇八〇年の間に新たに創設された女子修道院ないし再興された女子修道院の数は三六である。ところが、一〇八一年から一一七〇年に創設されたか復興された女子修道院の数は三一五である。十一世紀末から十二世紀後半に、女子修道院の数が爆発的に増加したことは、一目瞭然である。この増加はその後も続き、十四世紀中頃には約八五〇の女子修道院が存在することになる。一〇〇〇年頃の女子修道院の数と比べると一〇倍以上に増加したことになる。[51] むろん、女子修道院の数は、男子修道院の数と比較すると、それほど多くはない。それゆえ、十一―十二世紀初頭の歴史家が、女子修道院の存在にあまり注意を払わなかったとしても当然であり、[52] 今日その歴史を記述する際、史料の少なさが大きな障害となる。

統計的な数字は以上のとおりだが、問題は、なぜ十一世紀末から女子修道院の数が飛躍的に増加するのか、ということである。それ以前の女子修道院の創設・復興に関わったのは、もっぱら王室と諸侯であった。彼らは土地・財産を寄進することにより、修道院を創設する。それは、結婚しない子女ないし寡婦の隠遁所、あるいは結婚前の子女（結婚年齢は一三、一四歳）の教育を目的とするものであった。したがって、女子修道院長となる者も修道女も、王室・貴族階級の者が多い。これに対して、十一世紀末からの修道院創設に関係したのは、必ずしも王侯貴族ではなかった。例えば、アルブリッセルのロベルトゥス（Robertus; Robert 一〇四五頃―一一一六年）によるフォントヴロー修道院を取り上げてみよう。彼は、聖職者であるとともに、隠修士また遍歴の説教師でもあった。一〇九五年以降、彼の周りには多くの男女が集まるようになる。そこで彼は、フランスのソーミュール南東にあるフォントヴローの森に男女併存修道院を創設し、女子修道院長の下にあらゆる身分の女性たちを受け入れる。その最盛期には一〇〇近い小修道院をもち、四〇〇〇―五〇〇〇人の修道女がいたと言われる。イングランドのセンプリンガムのギルベルトゥス（Gilbertus; Gilbert 一〇八三頃―一一八九年）によって創設された修道院も同様の形態である。この例からも明らかなように、十一世紀末からの修道院は、それ以前とは異なり、聖職者、遍歴の説教者などの活動によって創設され、そこに入会した女性たちも、社会の様々な階層の出身者がいたのである。

（2）　大司教就任の挨拶：ウィルトン女子修道院の教養教育

「書簡一八三」と「書簡一八五」は、前者がシャフツベリーの聖エドワード女子修道院長エウラリア（Eulalia）と修道女たちに、後者がウィルトン女子修道院長マティルダ（Mathilda）と修道女たちに宛てられており、一〇九三年、アンセルムスがカンタベリー大司教となった翌年ないしその次の年に執筆された、大司教就任の挨拶状とも言うべき書簡である。両修道院とも、アングロ・サクソン時代に創設された女子修道院である。[53] ただし、エウラリアもマティルダも、ノルマン系の名前である。ここでは、「書簡一八五」を取り上げ、少し長いが、ほぼ全文を引用する。

さて、私に課せられた職務が私を強い、私が貴女たちに抱いている愛情が私を招き、私が貴女たちを愛するその愛徳が私を説得しますので、私の勧めによって、貴女たちの聖なる熱心、志しが、常により善いものへと進歩し、神の助けによって到達すべき目標から、貴女たちが怠惰に押されて背くことがないように、励ますことにいたします。もし、「小さな事を軽んじる者は、次第に落ちぶれる」（シラ一九・一）また「神を畏れる者は、何ごとも疎かにしない」（コヘ七・一八）と書かれていることを熟慮し、貴女たちの規律のほんの小さなことでも疎かにしないなら、これを有効に満たすことができるでしょう。ほんの小さな逸脱にも注意深く用心すれば、それらがどんなに頻繁に私たちを襲うかを知るようになり、それとともに、私たちを欺く者は、より狡猾に、それらの逸脱には何ら罪はなく、あったとしても、断罪すべきことはないと私たちを説得しようと努めるでしょう。外的な行為だけでなく内奥の思いにおいても、このことを守らなければなりません。不適切な思いは、人に非難される行為に劣らず、神に喜ばれないものであると見なすべきです。

肉的な男たちの花嫁が外的な醜さを呪い、肉体の美しさと似合った衣服によって喜ばれることに努めるのと同様に、王の王（一テモ六・一五）の霊的な花嫁は、内的な醜さを忌み嫌い、精神の美しさと諸徳の飾りによって、王に気に入られるよう常に努力すべきです。確かに、精神の美しさと、諸徳の滋養は、神を見ることが約束されている清い心（マタ五・八）に属するものであり、大いに心を見張ることなしには誰もそこに至ることはありません。ですから、「何を守るよりも、自分の心を守れ」（箴四・二三）と書かれています。この見守ることに関して、神の恩恵についで――人間の努力に関する限り――卓越したより有効な助言は、次の通りです。常に、どこにあっても、貴女たちが目覚めている限り、読書・祈り・詩編、あるいは何か有益な思いと意図が貴女たちの心を占められるようにすることです。

貴女、女子修道院長婦人に、母としてお願いし、娘として進め、友人として励まし、最愛の娘として命じます。尊敬すべき司教オズムンドゥスに、あらゆる好意と、ふさわしい仕方で、聖なる神に喜ばれる従順を示して下さい。またキリストの愛徳において、彼の愛情と親密な友情と助言と援助を身体的な事柄にも霊的な事柄にも得ることができるように、また貴女としても、彼にそれを示すように努力して下さい。貴女の花婿である全能の神が、常に貴女を見守って下さるように。アーメン。(54)

アンセルムスの修道生活に関する霊的な指針が簡潔に述べられた書簡である。修道生活において進歩し、精神の美しさと諸徳を身につけ、キリストの花嫁にふさわしい者となるためには、規律の定める小さなことでも疎かにせず、常に心の思いと行ないとを見張ることが勧められ、また修道院長に対しては、特に司教への従順が求められる。

この書簡で注目すべき点は、修道女たちが怠惰に陥ることがないように、「目覚めている限り、読書・祈り・詩編あるいは何か有益な思いと意図が心を占めるように」と述べていることである。ここで、「祈り」についても一言触れておきたい。聖務日課における朗唱の中心的な要素である「詩編」から抜粋し、それらに短い祈りを付し、個人の瞑想・祈りのために用いる祈祷書は、カロリング朝以来の伝統であったが、十一世紀になると、聖務日課や「詩編」とは独立に瞑想・祈りを記した祈祷書が執筆され、個々人の霊的な生活に用いられるようになる。アンセルムスは、罪人としての深い悲しみと苦悩の中から、個人の熱烈な感情、情緒と信仰・敬虔を見事な文体で表現し、中世の霊性文学に新しい世界を切り拓く一九編の『祈り』と三編の『瞑想』を残した[55]。このうち七編は、彼の最初の神学的な著作『モノロギオン』（一〇七五年）より以前（一〇七二年頃）に執筆されている[56]。その経緯は、アンセルムスがこれらを献呈したノルマンディー公ウィリアム（William 一〇二七／二八―八七年〔イングランド王在位 一〇六六―没年〕）の娘アデレード（Adelidis; Adelaide）宛の「書簡一〇」から窺い知ることができる。当時、彼女は、ベックの近くで半ば修道的な生活を送っており、その個人的な祈りの生活のために、アンセルムスに「詩編」の抜粋集である『詩編詞花集』（Flores psalmorum）を依頼する。彼はその要望に応えるとともに、自分自身が執筆した六編の「祈り」と一編の「瞑想」を贈る。今日、『詩編詞花集』の方は残っていない。また、彼の『祈り』には聖母マリアへの執り成しを願う祈り三編が含まれているが、それらは中世のマリア信心の伝統に大きな影響を与えたことも付け加えておこう。そして、これらが、イングランドの女子修道院でも活用されたことは、想像に難くない。

いずれにせよ、ここでは、聖務日課とそのための準備を怠ることがないように、という指示がなされている。当然、ここではラテン語の習得が前提とされている。この時代の女子修道院では、聖務日課に必要なラテン語の教育さらに聖書や古典の教養教育、それもかなり高度な教育が行なわれていたと考えてよいかもしれない。それゆえに、シャフツベリーもウィルトンも貴族階級に属する結婚前の女性にとって教育の場でもあった。

スコットランド王マルカム三世（Malcolm III 在位一〇五八—九三年）の娘で、後にイングランド王ヘンリー一世（Henry I 在位一一〇〇—三五年）と結婚するマティルダは、この書簡が送られた頃に、このウィルトンで教育を受けている（一三歳頃）。王妃となった後に、彼女とアンセルムスとのあいだで交わされた書簡が、一七通残されている。そのうち六通がマティルダからの書簡である。[57]「書簡二四二」（一一〇二／〇三年）は、アンセルムスが過度に厳格な断食を実行していることから、その身を案じて送られた書簡だが、その中には、聖書の言葉とならんでキケロの『老年について』（De senectute）が引用されている。[58] また、「書簡三八四」において、アンセルムスの書簡に感謝を述べる中で「〔アンセルムスの書簡は〕フロントの荘重さ、キケロの雄弁、クィンティリアヌスの機知にも欠けるところがなく、それどころか、パウロの教え、ヒエロニムスの綿密さ、グレゴリウスの学識、アウグスティヌスの解釈がそれらに〔文章中に〕満ち溢れている[59]」と記す。マティルダが、実際にこれらの著作家をどれほど読んでいたかは不明だが、修道院でよく用いられた「古典の著作家への手引き」（Accessus ad auctores）、教父の著作の抜粋である「詞華集」（Florilegium）などにも依拠していただろう。[60] 彼女の教養の基礎をウィルトンで習得したに違いない。そして、王妃の閨房が文学的な教養の香りを放っていたことも事実である。[61]

この時期に、ウィルトンに何人の修道女がいたかは——十二世紀には八〇人と言われている——、また全員がラテン語の読み書きができたか否かも不明である。しかし、何らかの形でラテン語の教育が行なわれていたことは疑いない。少なくとも、女子修道院長は、ラテン語で執筆することはできたであろう。ウィルトンではないが、一例を挙げておこう。「書簡二三七」（一一〇二年）、「書簡二七六」（一一〇〇—〇三年）は、ノルマン征服後の政治的状況の中で生じた新たな殉教者・聖人崇敬とそれに関わる典礼また聖職叙任権に関わる事件について、ロムジー／ウィンチェスターの女子修道院長アセリッツ（Athelits）から送られてきた問い合わせの書簡に対する、アンセルムスの返信である。残念ながら、彼女の書簡は保存されていない。

ただし、彼女たちの日常語がラテン語であった確証はなく、むしろ俗語（アングロ・サクソン語）だったかもしれない。ラテン語で書かれたアンセルムスの書簡が修道女たちの前で朗読される際、それが分からない修道女のためには、俗語への翻訳がなされたことも考えられる。また、彼女たちの霊的な教育のために、俗語も用いられたことは、例えば、『ウィルトン年代記』（Wilton Chronicle）が俗語で書かれていることからも、窺い知ることができよう。[62]

（3）ロベルトゥスとその修道女たちに宛てた神学的な書簡

次に取り上げるのは、一一〇二年頃の「書簡二三〇」およびアンセルムスの最晩年（一一〇六―一一〇九年）の「書簡四一四」である。これらは、ロベルトゥス（Robertus）という名――ノルマン人――の修道士と彼の指導の下に修道生活を営むアングロ・サクソン人の修道女に宛てたものである。このロベルトゥスについても、この修道院が、どのような性格のものかも正確には分からないが、彼らは、修道生活に関する指導を、アンセルムスに願い、彼もそれに積極的に応じた。「書簡二三〇」は比較的短く、その前半部は、先の「書簡一八五」とそれほど変わらない。しかし「書簡四一四」は、アンセルムスの書簡としてはかなり長く、しかも、その内容は「正しい意志」（recta voluntas）に関する、高度だが分かりやすい説明である。それは、彼が『真理について』の第四章で論じた意志の真理、および第五章で論じた行為の真理についての彼自身の解説であり、それを修道生活に適用した場合の解説と言うこともできる。[63] その一部を引用する。

最愛の娘たちよ、すべて賞賛される行ないあるいは非難される行ないは、意志から生じ、賞賛もしくは非難を受けます。つまり、私たちの力（potestas）の内にあるすべての行ないの根ないし根源は意志にあります。そして、もし、望むことを私たちができなくとも、各々は、それぞれの意志に関して神の前で裁かれます。ですから、何を行なうかだけでなく、何を望んでいるのか、あなた方の行為が何であるかではなく、あなた方の意志が何であるかを熟慮して下さい。なぜなら、正しい意志つまりは義しい意志（iusta voluntas）によってなされたすべての行いは正しく、正しからぬ意志によってなされた行いは正しくないからです。義しい意志のゆえに、義なる人と言われ、不義の意志のゆえに、不義なる人と言われるのです。ですから、もし善く生きることを望むのでしたら、大事であれ小事であれ、あなた方の力の範囲内にあることであれ、できないことであれ、あなた方の意志を見張り、正しさ（rectitudo）から、いささかも逸れることがないようにして下さい。[64]

アンセルムスは『真理について』第四章において、「〔悪魔は〕欲すべきではないことを欲したときに、彼は正しさと真理を放棄した。〔意志の〕真理とは正しさ以外のものとは理解されえない。というのも、真理であれ正しさであれ、彼の意志の内においては、欲すべきだったことを欲することにほかならなかったからである」[65]と述べているが、この書簡の「あなた方の意志を見張り、正しさから、いささかも逸れることがないようにして下さい」という一文は、まさに彼の真理観・意志論を反映しているのである。重要な点は、これを受け取った修道女たちが、それを理解するだけの教育を受けていたということである。むろん、この書簡が、彼女たちのもとに届くと、それは彼女たちの前で朗読され、回覧され、個々人で書き写され、繰り返し読まれ、瞑想されたと思われる。彼女たちは、日々の修道生活でこの内容を、体験し、理解することが求められているのである。アンセルムスが「体験しなければ、判らないだろう」と述べるとおりである。(66)

結語

本稿では、まず、ランフランクスとアンセルムスの時代のベック修道院学校の知的な営みについて述べ、ついで、アンセルムスの書簡をとおして、当時の女子修道院の知的な水準を明らかにした。

ベック修道院の創設から、カンタベリー大司教となったアンセルムスがベックを離れるまでの五五年間を手短に振り返ってみよう。ヘルルイヌスは、修道院生活における聖務日課のためにラテン語と聖書を独習した。ランフランクスが到来したことは、ベック修道院の知的な営みを一変させる。彼の自由学芸の知識、弁証論理学を取り入れた聖書の研究・註解は、ベックの名を一躍有名にする。彼のもとで学んだアンセルムスは、霊的な生活と論理的な思索との稀有な総合を達成する。そして、彼らにとって、これらの知的営みは、修道生活の完成を目指す全人格な営みから産み出され、またそれを目的とするものであった。しかし、彼らのいなくなった後のベックの修道院学校には、もはや、かつての知的な輝きはない。その光輝は、ランフランクスという、その時代にあっては卓越した教師、そしてアンセルムスの天才によっていたのである。知的な営みの中心は、修道院学校から、やがて大聖堂付属学校・世俗の学校そして大学へと移行する。だが、その展開について論じることは、本稿の範囲を越えることになろう。

女子修道院の教育についてはどうだろう。そこでは、修道生活の中心である聖務日課を充実させるために必要なラテン語の学習、そしてそれに必然的に伴う教養の習得が主要な要素である。そこには、聖書、教父、古典著作家の知識が含まれている。彼女たちの中には、ラテン語の読み書きを習得している者もいた。また、俗語による教育もありえたし、本稿では触れる余裕がなかったが、俗語による創作も行なわれた。そして、彼女たちの知的水準が、決して低くなかったことは、何よりも、アンセルムスの書簡が物語っている。

さらに、アンセルムスの書簡は、十一世紀末から生じる女子修道院の変化を多少なりとも反映するかもしれない。ウィルトン、シャフツベリー、ラムジーは、王侯貴族によって創設された、アングロ・サクソンの伝統的な修道院である。それに対して、ロベルトゥスの共同体は、十一世紀末の新たな女子修道院の増加の潮流に属するのか否かは不明だが、少なくとも、先の二つの修道院と異なっていることは確かである。アンセルムスは、女子修道院の歴史が大きく変わろうとする、その境目にいたと言えよう。

最後に、アンセルムス自身が、ロベルトゥスと同様に、直接的に関わった修道女の共同体について触れておこう。彼が死去して七年後の一一一六年、エアドメルスはリヨンを訪れる。かつて、アンセルムスがイングランド追放の際、滞在した所である。この地で、エアドメルスは二人の老修道女と出会う。彼女たちは、その昔、アンセルムスから修道生活に関する教えを受け、また彼の指示によって、マグダラのマリアに奉献された小聖堂を建てたと言う。彼女たちは、エアドメルスをその小聖堂に案内し、アンセルムスの思い出を語る。(67) その小さな共同体は、このときまでは存続していたのである。だが、アンセルムスが彼女たちに何を教え、彼女たちが何を学んだのか、詳しい記録は残されていない。

註

(1) 以下の記述については、cf. A. Porée, *Histoire de l'Abbaye du Bec*, Evreux, 1901 (Repr. 1980), Tome I, pp. 30-233; S. N. Vaughn, *The Abbey of Bec and the Anglo-Norman State 1034-1136*, The Boydell Press, 1981; P. Riché, 'La vie scolaire et la pédagogie au Bec au temps de Lanfranc et de saint Anselme', *Les Mutations Socio-Culturelles au Tourant des XIe-XIIe Siècles*, Éditions du CNRS, 1984, pp. 213-225; S. N. Vaughn, 'Lanfranc, Anselm and the School of Bec: In Search of the Students of Bec', *The Culture of Christendom: Essays in Medieval History in Commemoration of Denis L. T. Bethell*, ed. M. A. Meyer, The Hambledon Press, 1993, pp. 155-181. また、拙稿「アンセルムスとベックの修道院学校」(早稲田大学商学部編『文化論集』第三四号、二〇〇九年、一―二四頁)および「一一―一二世紀における二つの学校――ベックとラン」(中世哲学会編『中世思想研究』第五一号、二〇〇九年、一一九―一三〇頁)も参照。本稿の前半部は、これらと重複するところが多いことをお断りしておく。

(2) *Vita Herluini* 27-28. テクストは、*The Works of Gilbert Crispin*, eds. A. S. Abulafia and G. R. Evans, Oxford, 1986 に所収。

(3) Benedictus, *Regula*, c. XVI; XVIII.

(4) *Vita Herluini* 106-108.

(5) 以下の記述については、cf. M. Gibson, *Lanfranc of Bec*, Oxford, 1978, pp. 1-62; R. W. Southern, *Saint Anselm: A Portrait in a Landscape*, Cambridge, 1990, pp. 14-66(矢内義顕訳『アンセルムス――風景の中の肖像』知泉書館、二〇一五年、二一―九一頁); H. E. J. Cowdrey, *Lanfranc: Scholar, Monk, and Archbishop*, Oxford, pp. 1-23; pp. 46-58.

(6) アヴランシュの学校については、cf. B. Jacqueline, 'Ecoles et culture dans l'Avranchin, le Mortainais et le Cotentin au temps de saint Anselme', *Les Mutations Socio-Culturelles au Tourant des XIe-XIIe Siècles*, Éditions du CNRS, 1984, pp. 203-212.

(7) Becker, *Catalogi Bibliothecarum Antiqui*, Bonn, 1885, no. 68, item 250; no. 54, item 6. ギブソンはこの点について否定的だが(*op. cit.*, p. 49)、サザーンは肯定的である(*op. cit.*, p. 18, n. 6〔矢内訳、一六頁〕)。

(8) Cf. R. W. Hunt, 'Studies on Priscian in the eleventh and twelfth centuries', *Mediaeval and Renaissance Studies*, I, 2, 1943, p. 206; M. Gibson, *op. cit.*, pp. 49-50.

(9) Cf. M. Gibson, 'Lanfranc's Notes on Patristic Texts', '*Artes*' *and Bible in the Middle Ages*, Ashgate, 1993.

(10) Cf. *In Ep. ad Rom.*, PL 150, col. 115B. この箇所については、cf. M. Gibson (1978), pp. 55-56. ランフランクスの聖書註解に関

する最近の研究には、A. Collins, *Teacher in Faith and Virtue. Lanfranc of Bec's Commentary on Saint Paul*, Brill, 2007 がある。

(11) Cf. *In Ep. ad Rom.*, PL 150, col. 157B.

(12) Cf. *Vita Herluini* 62.

(13) Cf. R. W. Southern (1990), pp. 32-33.（矢内訳、四五—四六頁）。

(14) *Vita Anselmi*, l. I, c. v. テクストは、*The Life of St Anselm Archbishop of Canterbury by Eadmer*, Edited with Introduction, Notes and Translation by R. W. Southern, Oxford, 1962 に拠る。

(15) 以上の記述については、cf. R. W. Southern (1990), pp. 11-13.（矢内訳、一六—一九頁）。

(16) *Vita Herluini* 98.

(17) *Vita Anselmi*, l. I, c. iiii.

(18) *Vita Anselmi*, l. I, c. v.

(19) 以下、アンセルムスの著作と書簡のテクストは、*Sancti Anselmi Opera Omnia*, F. S. Schmit, Stuttgart-Bad Cannstatt 1968 に拠る。なお、出典を示すにあたり、同版の頁、行数を記した。

(20) マウリティウスについて詳しくは、拙稿「アンセルムスとマウリティウス」（早稲田大学商学部『文化論集』第一八号、二〇〇一年、一—二二頁）を参照。

(21) *Epistola* (= *Ep.*) 64, 180, 4-9; 180, 13-181, 18.

(22) 詳しくは、拙稿「アンセルムスとアルヌルフス」（早稲田大学商学部『文化論集』第一四号、一九九九年、三五—五三頁）を参照。

(23) *Ep.* 38, 148, 16-19.

(24) この点については、J・ルクレール『修道院文化入門——学問への愛と神への希求』神崎忠昭・矢内義顕訳、知泉書館、二〇〇四年、一五九—一六二頁を参照。

(25) *Ep.* 19, 126, 7-9.

(26) *Ep.* 20, 127, 7-9.

(27) *Ep.* 290, 209, 4-210, 8.

（28）*Ep*. 291, 211, 22-24.
（29）*Ep*. 328, 260, 19-23.
（30）Cf. *Ep*. 2, 101, 84.
（31）*Ep*. 57, 171, 8.
（32）*Ep*. 115, 251, 36.
（33）J・ルクレール、前掲書、一五四―一五五頁。
（34）*Ep*. 43, 155, 27-156, 34; *Ep*. 60, 174, 11-175, 19.
（35）エヴルー（Évreux）近郊のラ＝クロワ＝サン＝ランフロワ（la-Croix-Saint-Lenfroi）の修道士、後のアヴェルサ（Aversa）の大司教となる（一〇八八―九五頃）グイトムンドゥス（Guitmundus）のことであろう。
（36）*Ep*. 19, 126, 14-16.
（37）*Ep*. 20, 127, 14-18.
（38）ペルシウスが修道院著作家に愛読されたことについては、J・ルクレール、前掲書、一五一頁、一五六頁、一八五頁を参照。
（39）*Ep*. 20, 127, 19-21.
（40）*De Veritate*, Praefatio, 173, 2-8.
（41）*De Grammatico*, c. III-IV, 146, 27-149, 14.
（42）R. W. Southern (1990), pp. 62-65.（矢内訳、八六―九〇頁）。
（43）*Monologion*, Prologus, 5, 5-6.
（44）*Orationes*, Prologus, 3, 9-12.
（45）Cf. *Monologion*, Prologus, 8, 21-23.
（46）*Vita Anselmi*, l. I, c. XIX.
（47）*Ep*. 112, 246, 74-77.
（48）*Ep*. 168; 169; 183; 184; 185; 230; 237; 276; 298; 337; 403; 405; 414.
（49）アンセルムスの女性たちとの往復書簡を、政治史的な観点から包括的に論じたものとして、S. N. Vaughn, *St Anselm and the*

Handmaidens of God. A Study of Anselm's Correspondence with Women, Brepols, 2002がある。

（50） 以下の記述は、Bruce L. Venarde, *Women's Monasticism and Medieval Society: Nunneries in France and England, 890-1215,* Cornell University Press, 1997に拠る。ただし、本書は、女子修道院を社会的・経済的な文脈でとらえるため、その関心は、修道院文化にあるのではなく、修道院の経済的な基盤と経営にある。

（51） *Ibid*., pp. 35-36; p. 56.

（52） *Ibid*., pp. 6-7.

（53） Cf. *ibid*., pp. 19-24.

（54） *Ep*. 185, 70, 9-71, 40.

（55） この点について詳しくは、cf. *The Prayers and Meditations of St Anselm with the Proslogion,* translated and with an introduction by Benedicta Ward, S. L. G., London, 1973, pp. 27-85; R. W. Southern (1990), pp. 91-112（矢内訳、一二七―一五八頁）; Benedicta Ward, S. L. G., *Anselm of Canterbury: His Life and Legacy*, London, 2009, pp. 11-28.

（56） *Oratio* 8; 9; 10; 11; 13; 16; *Meditatio* 1.

（57） *Ep*. 242; 317; 320; 384; 395; 400. アンセルムスからマティルダに宛てた書簡は、*Ep*. 243; 246; 288; 296; 321; 329; 346; 347; 352; 385; 406である。

（58） *Ep*. 242, 151, 24-26.

（59） *Ep*. 384, 327, 9-11.

（60） J・ルクレール、前掲書、一五二頁以下、および二三八頁以下。

（61） Cf. H. Leyser, *Medieval Women. A Social History of Women in England 450-1500,* London, 1995, pp. 242-244.

（62） Cf. W. F. Nijenhuis, 'The Wilton Chronicle as A Historical Source', *Revue Bénédictine,* 115 (2005), pp. 370-393.

（63） ビンゲンのヒルデガルト（Hildegard von Bingen 一〇九八―一一七九年）の研究者バーバラ・ニューマンは、この書簡がその内容において、著しくジェンダー・フリーの特徴があると指摘する。Cf. B. Newman, 'Flaws in the golden bowl: Gender and spiritual formation in the twelfth century', *Traditio* 45 (1989-1990), pp. 111-146. この点については、より綿密な調査が必要であろう。

（64） *Ep*. 414, 360, 12-23.

(65) *De Veritate*, c. IV, 181, 6-8.

(66) *De Incarnatione Verbi*, c. I, 9, 6.

(67) Eadmerus, *Historia Novorum in Anglia*, ed. M. Rule, London, 1884, pp. 240-241.

四　中世ドイツの女性による神秘主義

――ビンゲンのヒルデガルトとマグデブルクのメヒティルト――

エリザベート・ゴスマン（Elisabeth Gössmann）

編集者序

本論文は、一九八二年に当研究所が別企画のもとで、エリザベート・ゴスマン氏に寄稿していただいたものである。その後、諸般の事情で本論文を世に出すことが叶わないでいたが、このたび『中世における制度と知』に所収することとした。時代を経て学術研究の進展はあるとはいえ、ゴスマン氏による膨大な研究がその後の「女性神秘家」の研究動勢の一基盤となっていることに鑑みれば、また、ヒルデガルト生誕九〇〇年に湧いていた執筆時期からしても、本論文が「女性神秘家」研究に資するものであることに疑いはない。さらに研究史要約および参考文献には、研究史上の価値も豊かに見出されるであろう。

当論文集への本稿の所載を決めた具体的な理由は、十二世紀の文化的状況とその中での女性の立場、および「知の制度」の外部に居た「女性」がまさにそれゆえに特異な仕方で「知」の担い手となりえたという逆説的な事実（とはいえ、「女性神秘家」を一纏めにすることは安易であると、すでに本稿は我々に教えている）を、ゴスマン氏がきわめて明快な線で描き出していたことにある。さらに、彼女たちの「知」とそれに基づく活動が、「大学」の隆盛とともに文化の周縁部へと追いやられ、そこで独自の展開を見せていくという歴史的事実は、果たして「制度」によって「知」が担いきれるものであるのか否かについての、きわめて深い問いを喚起することとなる、と考えたことも一因であった。
編集に際し、固有名等については上智大学中世思想研究所編訳・監修『中世思想原典集成・別巻』（平凡社、二〇〇二年）の索引に従った。また註の書誌データに関しては、ゴスマン氏による刊行予定等の記述はそのまま残し、補註に刊行年等を明記した。補註には本稿執筆後に刊行された校訂版、一次文献の近代語訳等の情報を加えている。なお本稿末には文献表を加えた。

佐藤直子

序

中世のあまたある女性神秘家から、私はここできわめて異なった作品を残した二人の女性を紹介したい。その二人とは、ビンゲンのヒルデガルト（Hildegard von Bingen 一〇九八―一一七九年）とマグデブルクのメヒティルト（Mechthild von Magdeburg 一二〇七―八二年）である。前者は十二世紀半ばに、後者は十三世紀半ばに自らの体験した幻視を書き記した。前者は伝統的なベネディクト会に属し、ラテン語を用いた。後者は女子ベギン会の修院に生活して、自己の宗教的・内的体験をドイツ語で書き記し、これを通して実質的にドイツ語の発展に寄与することになった。ヒルデガルトの神秘主義は宇宙論的・救済史的幻視を特徴としているが、メヒティルトは個人的な神との体験と人類救済史との関連を明らかにしている。

ビンゲンのヒルデガルトに関する研究は、一九七九年にヒルデガルト生誕九〇〇年を迎えたことにより、新たな進展の契機を得た。これを記念して西ドイツでは記念論文集[1]が出版されたが、その中にはヴェルナー・ラウターによる「日本におけるビンゲンのヒルデガルトについて」が所収されている[2]。

マグデブルクのメヒティルトも生誕記念を迎え、その研究に一層力が注がれるようになることが期待される。しかし、ビンゲンのヒルデガルトが、すでに二度も〔訳者を変えて〕翻訳されているチャールズ・シンガーの『魔法から科学へ』（From Magic to Science）の中で一章が割かれる[3]という形で日本に紹介されているのに対し、メヒティルトは中世ドイツ文学ならびに神秘主義の研究者にささやかに知られているにすぎない（もっとも、ヒルデガルトの人間性と作品に関するシンガーの紹介は、今日の研究水準からは不十分とされており[4]、ヒルデガルトがこうした形でしか日本に知られていないことは遺憾である）。

一　女性による神秘主義の歴史的位置づけ

中世の女性による神秘主義は、精神史上および社会史上どのような位置を占めていたのであろうか。どこに彼女たちの作品の読者層は存在したのであろうか。ここでまず注意しておかなければならないことは、女性の書き手の場合には、その作品に神秘主義の特徴が申し分なく備わっているのみならず、「神秘主義」という概念自体が男性の場合のそれよりはるかに広く捉えられている、という点である。女性には神学や哲学の権威として登場することが不可能であったため、自分自身の生きる時代に激論が交わされている問題について自説を展開するために、さらには政治的影響力を持つために、また時代批判を行うために、彼女たちは別の方法を探した。そして女性たちは、自らの見た幻視の描写、とりわけその解釈の開陳を、その手段として利用したのである。同時代の男性を著者とする作品――彼らには幻視とその解釈という形式を用いる必要はなかった――の中にも見出される教訓的・道徳哲学的・歴史哲学的章句が含まれているという点においては、女性による神秘主義は世間に背を向けたものではない。しかし、啓示として体験された幻視や神秘主義の領域だけが女性でも立ち入ることが可能な領域であったことから、彼女たちはそこから語ったのである。のみならず、彼女たちには自己の預言的なことばを正当化する必要もあった。公的な教授の地位からは、女性であるがゆえに閉め出されていたからである。女性は、自らの作品が神によって書かれたものであり、自らは価値のない道具にすぎないことを強調しなければならなかった。男性が、人類史における神の働きについて自己の見解を自らの名前で提示しえたこととは対照的である。こうした次第で、ビンゲンのヒルデガルトは、思想史的には、ホノリウス・アウグストドゥネンシス（Honorius Augustodunensis 一〇八〇頃—一一五七年頃）、ハーフェルベルクのアンセルムス（Anselmus Havelbergensis 一〇九九頃—一一五八年）、サン＝ヴィクトルのフーゴー（Hugo de Sancto Victore 一〇九六頃—一一四一年）、ライヒェルスベルクのゲルホー（Gerhoh von Reichersberg; Gerhohus Reichersbergensis 一〇九二／九三—一一六九年）、フライジンクのオットー（Otto von Freising; Otto Frisingensis 一一一二—五八年）らに代表される、いわゆる「歴史的象徴主義」を標榜する思想家の一人に数え上げられるのである。[5]

（1）謙虚さと矜持

ビンゲンのヒルデガルトとマグデブルクのメヒティルトの生きた時代のわずか一〇〇年の隔たりの間に、歴史的状況は大きく変化する。しかし、「謙虚さ」というトポスの裏に隠された強い召命意識は両者に共通する。二人とも「女性的な弱さを持つ、無教養、無価値の単純な人間」と自称していた。神が人間に語るにあたり、強者や権威ある者ではなく弱者を選んだ（ルカ一・四八参照）という聖書の記述に即して、当時の父権的社会の否定的女性像は彼女たちには好都合であった。

（2）　読者としての女性

ウルガタ訳聖書に精通し、ラテン教父についての知見を得、ラテン語で説教することすら心得ていたビンゲンのヒルデガルトの場合は、無教養な預言者と見られることを欲したため、自らの高い文学的素養を意識的に隠していたと思われるふしもある。(6) 彼女の作品はまだ、ラテン語の教会言語で伝達された宗教的教養の域を出てはいない。しかし、当時すでに根底から社会転換が始まっており、その中で、読書はするがラテン語に通じていない女性たちのために、ドイツ語で宗教的な書物を読めるようにしていく必要があった。一般に読むことは女性の能力とされており、聖職者階級に属さない男性には別の行動規範があてはめられていたため、男性はほとんど読むことを習得することがなかった。(7) ドイツの神秘家の説教伝承は、その大部分を女性による書き取りと書き写しに負っているが、それにとどまらず、ドイツ神秘主義にその頂点が見出される母国語による信心の唱導者は、それに高い関心をもつ女性読者層が存在したところに生まれている。この指摘は、グルントマンの研究成果の一つである。しかも、マグデブルクのメヒティルトの作品、さらに彼女より前に著述活動をしていたアントワープのハーデウェイヒ（Hadewijch von Antwerpen 十三世紀前半）、同じくヘルフタのシトー会の女子修道院に起居した偉大な女性神秘家たちの書はマイスター・エックハルト（Meister Eckhart 一二六〇頃―一三二八年）の神秘主義以前に生まれている。ここからルーは、イタリアを除く十三世紀のヨーロッパの自国語による神秘主義は女性による神秘主義から始まった、と主張している。(8)

こうした現象は、十三世紀が進むにつれて、宮廷で恋愛《ミンネ》文化からの離反と新たな価値観への関心が生起する中、同時代人からは驚きをもって受け止められてはいたが、宮廷貴族ならびに都市の貴族の女性たちを捉えていた一種の宗教的女性解放運動の存在から説明される。(9) テューリンゲンのエリザベート（Elisabeth von Thüringen

一二〇七―三一年）の生涯は、このような過渡期の典型である。彼女はテューリンゲンの宮廷文化の真っ只中に生きていたにもかかわらず、宮廷詩人や歌手の作品に少しも満たされるものを見出さなかった。彼女はこの世の富の放棄と清貧へと駆り立てられていることを感じ、同じ身分に属する者の怒りを買い、そこを去ったのである。彼女はフランシスコ会の価値観に心の安らぎを見出し、病人看護に尽くしたが、二四歳という若さで逝去した。エリザベートが生きた時代には、同じ信念をもつ女性たちが長期にわたり共同生活をする場がいまだ世俗社会には存在しなかった。彼女の死後間もなく、そうした可能性を提供するベギンたちの共同体が発達していくのである。

ベギンたちは福音の精神に生きる生活を誓っていたが、それは厳格な修道誓願ではなく、いつでも還俗することができた。彼女たちは社会奉仕に従事し、織物生産で生計をたて、敬虔さの独自の表出形式を作りあげた。こうしてベギンたちの修院は自国語による女性の神秘主義の源泉となり、同時にその著述の主たる読者層をも生み出したのである。ベギンたちはドミニコ会およびフランシスコ会とは緊密な関係にあった。これら修道会が彼女たちの司牧を引き受けていたからである。またビンゲンのヒルデガルトに代表される、より以前の女性による神秘主義はベネディクト会の影響を受けており、男子および女子のベネディクト会修道院に彼女らの引き受け手、読者層が存在した。もっともヒルデガルトの場合には、著述家および巡回説教者として影響範囲はさらに広く、それは庶民のみにとどまらず、その時代の宗教界および世俗の指導的な人物にまで及んでいた。

（3）　男性の協力

ビンゲンのヒルデガルトおよびマグデブルクのメヒティルトの神秘主義に対する男性の反応は、どちらも似た成り行きとなるが、可能な限りそれを追求してみることには興味深いものがある。きわめて重要な点は、二人とも男性の協力者を得ているということである。その役割は、現代でいえば、秘書から編集者のそれにまで及ぶものであった。ヒルデガルトの場合、ベネディクト会の修道士ディジボーデンベルクのフォルマール（Volmar von Disibodenberg 一一七三年没）が彼女の創作を最も長きにわたって助けている。彼の姿は、ヒルデガルトの作品『道を知れ』（Scivias）のルーペルツベルク写本中第一の挿絵の中で、真ん中の高座で石板と石筆を手にし、目と耳に天啓の炎が達している彼女の傍らに描かれている。[10] ヒルデガルト自身も同書の序言で、彼女のラテン語の文法的、文体的に不確かな箇所を、幻視またその解釈の内容を変更することのない範囲で彼が正すという、この人物との緊密な共同作業があったことを証言している。[11] マグデブルクのメヒティルトの場合、それはドミニコ会のハレのハインリヒ（Heinrich von Halle 十三世紀中葉活動）である。彼は紙片に書きつけられた彼女の著作を系統立てて記す清書者としても、彼女の作品や思想を広める伝達者としても仕えていたようである。しかし、低地ドイツ語で書かれているメヒティルトの作品『神性の流れる光』（Das fließende Licht der Gottheit）の原典は保存されておらず、ハインリヒ・フォン・ネルトリンゲン（Heinrich von Nördlingen 一三五六年以降没）の周囲で作成された高地ドイツ語訳のみが保存されているため、研究者にとってはマグデブルクのメヒティルトとハレのハインリヒとの共同作業について正確な状況を摑み叙述することは、ヒルデガルトの場合よりもはるかに困難である。[12] とはいえ、メヒティルトは神へと近づく神秘体験をきわめて主観的に得ていたため、大きな危険にさらされやすい立場にあり、とりわけ、彼女の神秘体験の内容に対する無理解から生ずる敵対的な批判——メヒティルト自身も嘆いている——が彼女の命取りとならぬよう、神学教育を受けたこのドミニコ会士が、教義的見地からすれば大胆すぎる彼女の表現に注意をし、場合によってはそれを制していたであろうことは考えられることである。彼女たちより少し後のマルグリット・ポレート（Marguerite Porète 一三一〇年没）のような運命――彼女は、一三一〇年にその作品ともども火刑に処せられた――は、多くの女性神秘家の場合、おそらくは神学的助言者の援助を得ることによって避けられていたのではないかと考えられる。(13)

ヒルデガルトのような形での男性の助力はメヒティルトの場合は考えにくい。翻訳されてもなおその女性らしい特性を十全に保っている散文と叙情詩を巧みに交えた彼女の卓越した文体に、ハレのハインリヒが手を入れているとは考えられない。とはいえ、両者いずれの場合も男性の協力は――その役割は異なっているにせよ――二次的性格のものにとどまっており、助力している修道士たちはどちらも自分の付き添っている女性神秘家の召命を意識し、また当人が召命を意識することを強めてもいたのである。

二　ヒルデガルトの幻視

ヒルデガルトの神秘主義〔『道を知れ』〕が教会側から公認を得たのは、一一四七―四八年にドイツに滞在したクレルヴォーのベルナルドゥス（Bernardus Claraevallensis 一〇九〇―一一五三年）の高弟である教皇エウゲニウス三世（Eugenius III 在位一一四五―五三年）(14)、さらに書簡を通じて彼女に助言を乞うた多数の高位聖職者を通じてであった。(15) ゴットフリート（Gottfried 一一七四／七六年活動）とテオーデリヒ（Theoderich 一一八一―八七年活動）という二人の修道士の編纂により、彼女の死後まもなく出された『聖ヒルデガルト伝』（Vita sanctae Hildegardis）の中で、彼女は旧約聖書の女性士師であり預言者であるデボラ（士師四―五章）に比せられている。(16) これと同じ対比がマグデブルクのメヒティルトの作品に添えられたドミニコ会士ハインリヒの序言の中にもみられる。彼にとってメヒティルトは、強者を恥じ入らせて救済するために、世間の目には弱者と映る者を用いる神によって、弱き性に属する一人として特に選ばれた者であった[17]。神の御心を伝えるデボラの預言を信じ、それによって救われた旧約の民を、ハインリヒはメヒティルトの著作の読者の模範とした。こうして彼は読者に、彼女の著作が読者自らにとって有益なものである、と理解させたのである。

『聖ヒルデガルト伝』においても、メヒティルトの作品に付された序言においても一種の予型論が用いられている。すなわち、この二人の女性神秘家はいわば新しきデボラである。神が新たな慈愛をこの女性たちに示されたにとどまらず、それ以上のものが示されている。つまり、キリスト教世界において赦しを通して女性が経験する恩寵は、旧約の内にいる女性のそれに勝るものがあるというのである。

（1）宇　宙

ビンゲンのヒルデガルトによる三つの預言的著作、『道を知れ』、『生の功徳の書』（Liber vitae meritorum）、『神の御業の書』（Liber divinorum operum）[18]のうち、ここでは紙幅の関係上、第一番目の、そして最も有名な作品しか扱うことができない。ヒルデガルトには自然療法からも注目される著作があることから、ドイツで最初の女医と見なされてもいる。しかし、一一四一年から一一五〇年の間に書き記された『道を知れ』の幻視の中で彼女は、宇宙と人類史との相互統合の構想を明らかにしている。宇宙は、彼女の理解によれば、最初からキリスト論的に構築されており、自然の諸要素は救済史上の各々の状態を映し出している。

幼少時からヒルデガルトは、幻視を見る才を備えていたが、経験を通して、自分の見ている光景は他人と共有されていないことを知る。その時から彼女は、現実と自分に現れる色彩鮮やかな画像とを区別することをしだいに学んでいった。『道を知れ』の中で彼女は、自らが見た宇宙と救済史の幻視を、あらゆる色彩のニュアンスに至るまで非常に厳密に叙述しており、読者はあたかも、高窓にはめ込まれた多彩なステンドグラスで一連の物語を描いている、ゴシック式カテドラルの中を通り抜けていくかのような印象を受ける――もっとも当時はまだステンドグラスは稀にしか存在しなかったのであるから、それが彼女の幻視に影響を与えたという事実はないであろう――。三五枚の挿絵を用いて『道を知れ』の幻視の表出を試みているルーペルツベルク写本が、中世の細密画本の最も重要な作品に数えられることは確かであるが、これらの細密画ですら雄弁なヒルデガルトの幻視の叙述には到底及ばない。他の作品の場合と同じようにこの作品においてもヒルデガルトは、ボナヴェントゥラ（Bonaventura 一二一七／二一―七四年）やダンテ（Dante Alighieri 一二六五―一三二一年）と同様に、プトレマイオス（Ptolemaios 二世紀）の天動説――これは当時、彼女が使いうる唯一の〈天文学的〉学説であった――を用いる。彼女には自らの宇宙論的形而上学を図解する必要があった。『道を知れ』の中で彼女は宇宙を、キリスト教以前の神話的なモチーフである卵の形象で説明する。この形象でヒルデガルトは、宇宙の中に貯えられている発展力を示すと同時に、被造物が愛情深く包まれ、保護されていることをも表現しようとした。地球《テラ》は、いわば卵黄のように、宇宙の豊穣の中心を成している。なぜなら地球《テラ》は、あらゆる被造物のうちで最も尊いものとして、人間を生み出したからだ。この幻視を解釈する際にヒルデガルトは、太陽とその上方の三つの惑星との相互作用のうちに創造の三位一体的構造を看取するにとどまらず、御言葉の受肉の玄義を「正義の太陽」として見ている。つまり彼女は、受肉を神の創造の計画の中に定められていたものと理解しており、同時代人のドイツのルペルトゥス（Rupert von Deutz 一〇七四頃―一一二九年）と同様に、後にフランシスコ会の神学においてさらなる発展を見せ、スコトゥス（Johannes Duns Scotus 一二六五／六六―一三〇八年）が標榜することで周知された「絶対的受肉」、すなわち人間の堕罪の有無にかかわらず御言葉の受肉は生起するという見解の先駆者となっているのである[19]。これを一例とする神秘主義的手法によるヒルデガルトの神学的問題に対する見解の表明は、他にも多数ある。

(2) 人間

人間学的見解を述べる際にヒルデガルトは、人間と自然物の間で類比的な表現を駆使する。身体における霊魂の作用を彼女は木における樹液のそれに対比している[20]。樹液がすみずみに至るまで木を満たしているように、霊魂も身体の中でその諸力を伸ばしているのである。木になる実を成熟させる太陽は人間学的比喩で表せば神の恩寵であり、木を養う雨は聖霊の息吹である。それが人間の堕罪により乱され、キリストの贖いの業によって回復されなければならないにしても、人間に内在する本性的・有機的なるもの、および霊的なるものは宇宙の諸力と調和しているのである。後の時代の言葉で言う「大宇宙《マクロコスモス》と小宇宙《ミクロコスモス》の対応」というこの思惟は、ビンゲンのヒルデガルトにおいて『道を知れ』ならびにその後の諸著作で十全に展開されている。風、光、空気といった自然的・宇宙的な諸現象は人間を決定づけるのではなく、試練の領域に置くという仕方で、人間の本性に影響を与えるのである。

(3) 救済史

自らの生きる時代を顧慮しつつ、歴史が否定的な契機のもとに展開されていると考えることは、今昔に関わらず人間の常である。だがヒルデガルトは、これをどこまでも救済史的観点から解釈しようとする。すなわち歴史とは、創造の当初から創造の究極目的へと向けて神が導くものであり、人間が神とともに為す行為と神から離反して為す行為の集積でありながら――神からの離反すらありながらも――、終末的な完成に向かうものである。『道を知れ』は鋭い時代批判と堕落した人間の挙動への警告に満ち満ちているが、その歴史解釈は全体としては、非常に楽天的《オプティミスティック》なものである。『道を知れ』で叙述され解釈されている幻視は、旧約聖書の諸段階、御言葉の受肉による大いなる転換、教会の時代を経て、「黙示録」に見られる終末的完成に至るという、救済を目的とした歴史過程を露わにしている。会堂《シナゴーグ》と教会《エクレーシア》とを比喩的に表現する二人の女性の姿の中に、ヒルデガルトは歴史のなかの諸段階が完成に向けて具体化されていくさまを見ている。彼女の幻視の中で、人間の姿、とりわけ女性の姿は、形而上学的・歴史的真実が象徴的・比喩的に圧縮されたものとして、大きな役割を演じている。会堂《シナゴーグ》を表わす女性の姿はその心臓にアブラハムを、胸にモーゼを、そしてその胎内に旧約の預言者たちを庇護している。受肉による時代転換以前の偉大な人物、神を信頼して信仰に生きるアブラハム、彼を通して神の律法が人間の心に植えつけられたモーゼ、および到来しつつある救い主を暗示している預言者たちは、会堂《シナゴーグ》に教会《エクレーシア》との一定の類似性を与えている。このような形でヒルデガルトは、当時支持されていた旧約と新約の対応という思惟を表わしているのである。

しかし、この教会《エクレーシア》の叙述に入るまえにヒルデガルトは三位一体の幻視をまず明かす。この幻視においては人間の形姿が永遠の御言葉を示す。

> 次いで私は見た。きわめて晴朗な光を、その中にはサファイア色の人間の姿を。その姿の全体は際立って美しい紅蓮の炎で照り輝いていた。そして晴朗な光は紅蓮の炎の全体を、紅蓮の炎は晴朗な光の全体を、また同じこの晴朗な光と紅蓮の炎はあの人間の全体を染め上げていた。かくして〔光と炎と人間の全体は〕可

能性の唯一の力のうちに存在する唯一の光として存在していたのである。[21]

宇宙の幻視の中で自然と人類史がキリスト論的解釈によって統合されていたように、ヒルデガルトの三位一体の幻視では、時間的なるものが永遠なるものと結びつけられ、永遠なるものの中に繋留されている。いわば彼女は、ダンテの『神曲』（La Divina Commedia）にある有名な三位一体の幻視――そこでは人間の顔が永遠の御言葉を象徴する――を先見しているのである。

ヒルデガルトの作品におけるこの三位一体の幻視が、会堂《シナゴーグ》と教会《エクレーシア》の比喩である二人の女性の姿の叙述の間にあることは意味のないことではない。「新しき花嫁」として会堂《シナゴーグ》の位置についた教会《エクレーシア》を、ヒルデガルトは受肉の玄義の比喩のうちに書き記している。すなわち、洗礼において教会《エクレーシア》は、その子どもたちを聖霊の力から生むのである。会堂《シナゴーグ》の姿から見て取れるように、各々の時代区分、すなわち自然法の時代（ノアの時代）、モーゼの律法の時代、さらに預言者たち各々の時代は、教会《エクレーシア》の場合には暗示されていない。これは決して救済史の停止を意味するものではなく、受肉以後の歴史が受肉以前のそれと同質性をもって進行していくことを示す。会堂《シナゴーグ》の下部の色は黒であるが、それは会堂《シナゴーグ》が神との契約を破棄することを意味している。一方で教会《エクレーシア》の姿の下部は未完のままであることをヒルデガルトは見る。それは終末の時代の受難と困難の暗示である。教会《エクレーシア》は時代の混乱を通り抜け――時にはそれに捕えられるが、秘跡の構造の中で教会《エクレーシア》は無傷のままにとどまる――人間を世界史の破滅を通して神の国へと導く、神の国を待ち望むものとしてヒルデガルトに示される。その裏切りにもかかわらず神から見捨てられることのない会堂《シナゴーグ》と教会《エクレーシア》との終末論的一致のうちに、ヒルデガルトにとっての人類史の完成がある。

それゆえヒルデガルトは、その「幻視のシステム」（das System der Visionen）[22]の中で、直線的な目的への志向性において人類史全体を解釈しているのではない。実際、彼女は旧約の時代のうちにも進歩を見出しつつ、鋭い時代批判をもって教会史における堕落の正体を暴いているからである。堕落の諸状況の中で彼女は、改悛と使徒の時代への回帰を決意するよう刺戟する。ヒルデガルトは、自身の属する修道会の設立者ベネディクトゥス（Benedictus 四八〇頃―五四七／五六〇年）に至るまでを上昇――彼女の言葉で言えば「曙から太陽が昇るまでの光の展開」――と見、それから彼女の生ける時代を下降と見ているが、歴史の終末の前、未来にもう一度正義の時代、使徒の黄金時代の回帰が生じることを見、これを告げるのである(23)。この偉大なベネディクト会女子修道院長の神秘主義は、自己自身の人格と神との関係とを、人類の救済の道について自らが見た幻視の背後に全く隠してしまっている。それでもなお、幻視の中で証言された神秘体験は、ミサ・典礼と聖務日課を通して形成された生《レーベン》の体験と個人的・人格的《ペルゼーンリッヒ》な神との体験なのである。

三　メヒティルトの神秘主義

マクデブルクのメヒティルトの人となりと作品は、ヒルデガルトに似ながらも全く異なっている。彼女はマグデブルクのベギン共同体でほぼ四〇年間生活し、自分の内的な神との愛の体験を伝えることで、また教区付および修道会に属する聖職者の倫理的堕落を悲嘆することで衆目を驚かし、敵対視されたあと、晩年になって、当時最高頂にあったヘルフタにあるシトー会の女子修道院に入った。この女子修道院でも、ラテン語の知識こそ乏しかったが、自由学芸、聖書や教父の伝統を学ぶことが奨励されており、この哲学・神学的教養のある女性たちの団体に入ることで、メヒティルトはこの女性たちに教えを乞われてかつてない喜びを味わったことであろう。

こうしてメヒティルトはその晩年になってもなお、ヘルフタの二人の重要な女性神秘家、ハッケボルンのメヒティルト（Mechthild von Hackeborn 一二四一／四二―九八／九九年）[24]と大ゲルトルート（Gertrud die Große 一二五六―一三〇一／〇二年）[25]に影響を与えることになったのである。彼女はヘルフタで、六巻からなっていた自著『神性の流れる光』にさらに第七巻目を加えた。

（1）その作品

メヒティルトの場合は、ヒルデガルトのような厳密な幻視のシェーマとその解釈は見られない。彼女の作品の形式には散文と韻文が交えられ、そこには叙事詩的、叙情詩的、さらに劇的な要素すら含まれている。形式と同様に内容も多様であり、神との愛《ミンネ》また神秘体験のあとの孤独という彼女の内的体験の叙述のうちには、神と自分の魂の対話、自分の魂と女性の姿の愛《フラウ・ミンネ》（Frau Minne）といった寓意的人物との対話、祈祷、聖書の内容を孕む幻視、信仰の玄義についての考察、聖人の生涯の幻視、教訓的罵詈、時代批判、黙示的・終末論的幻視、道徳的指針、格言までが含まれる。[26]

ヒルデガルトの幻視の記述は、先述のように中世のカテドラルの中を通り抜けていくかの印象を与えるのに対して、メヒティルトのそれを読むと――彼女が実際に批判的なことばを投げかけている封建領主の居住する城を背景に――木組み建築の家々、修道院、教会と礼拝堂、さらには市庁舎前広場や宿坊などが点在した中世の街中を歩いているような心持ちとなる。メヒティルトの作品に見られる敬虔さの表出形式の多くは現代人には馴染みのないものではあるが、時間を超越した直接性をもって記述されたその文章は、読者をしてあたかも彼女の家に出入りしていると感じさせるほどの力を持っている。[27]とはいえ、彼女は自らの内的体験を言語で表現しえないことに懊悩してもいる。第六巻にあるように、肉体の目で見、肉体の耳で聞き、肉体の口で話すことは、神に求愛している魂に開かれている真理に比すれば、太陽に対するろうそくの光のようなものなのである。[28]

(2) 神との愛

メヒティルトは神と自分の魂との愛の関係を、男性と女性との愛の形で比喩的に叙述している。感覚的でない事柄も感覚的な形式でしか言い表しえないことから、彼女はこの比喩を必要としたのである。[29]このような神秘体験の場合に、人間の魂は常に女性の役割を演じているため、女性をこの愛の関係の中で用いることは当を得ている。しかし、比喩として使われている男女間の愛の関係とは異なり、メヒティルトがきわめて主観的に体験し叙述する神と人間の魂との愛の関係には全く排他性はない。他の人々が自分と同様の神との愛の体験が得られるようにと、彼女は書き著すのである。

彼女が神とのこうした関係を官能的な表現で叙述することができるのは(メヒティルトの文章はその大胆さにおいて他の追従を許さない)、旧約聖書の「雅歌」の寓意的解釈の伝統による。しかし、メヒティルトは決して「雅歌」の解釈をしているのではない。そこに歌われている神と魂との愛の関係を、彼女は実体験している。つまりは神との愛の関係の主観的多様性を、彼女自身が味わっているのである。自らの魂をして「雅歌」に登場する花嫁に助言を求めさせるという文学的虚構すらも、メヒティルトは用いている。[30]彼女の用いるイメージ世界は同時代の文化に依拠するが、当時の貴族の詩・愛の歌《ミンネザング》(Minnesang)の厳格な形式にさほど則ることなく――もっともこの詩型にも彼女は影響を与えた――、むしろ通俗的な歌謡や短詩、またお伽話の語り口など、下層階級の文学形式が散見される。[31]

人間の魂に神の光が降り注ぐ、あるいは神の気息を魂が吸い込むといったイメージとともに、メヒティルトは中世の女性神秘家一般に見られるように、新プラトン主義的な思考範疇に従っている[32]。神を愛する人間の魂に渇く神について語るとき、魂の自己放棄について語るとき、そして愛の死について語るとき[33]、メヒティルトが教義的な言語から遠ざかっていることは、神秘体験のあり方に典型的な逆説性から説明がつく。第一巻第二二章でメヒティルトはそのような逆説を、彼女にとってあらゆる神秘体験の原型であるマリアの形で幾度も述べている。マリアを通して神秘体験がキリスト教的救済史に支えられていることが啓示されているのである。メヒティルトは、お告げに接したマリア（ルカ一・二八―三八）を「愛の奇跡の母《ミンネヴンダー》」（Mutter des Minnewunders）[34]と呼びながら、マリアおよび神から愛されている魂が、最も強烈な神体験の中で自己無化し、神の光の中で盲目になり、しかし盲目となりつつ清けく見透し、死が長いほど至福のうちに生きる等々、と言う[35]。マリアのごとき魂が神との愛の中で懐胎するとする点では――教父たちの見解により近いのではあるが――、メヒティルトは「魂における神の子の誕生」というマイスター・エックハルトの主要テーマを先取りしているのである[36]。

メヒティルトは、〔そこへと〕神の光が降り注ぐもの、あるいはその奔流、そうしたものであるがゆえに流れ出る光の体験の原型として、マリアにおける御言葉の受肉を書き記す。マリアにおける永遠の御言葉を人間本性としているため、メヒティルトはこのような恩寵を受けたマリアを女神と呼び[37]、神に満たされた人間の魂を神自らに「あらゆる被造物の女神」（aller Kreaturen Göttin）[38]と呼ばせることを躊躇しないが、これは神話的にではなく、神秘主義的に理解すべきものである。神を愛する魂にとって左記は、もはや掟ではなく、自己の本性となっている。

Du solt minnen das nicht.
Du solt vliehen das iht.[39]

汝「無」を愛すべし。汝「有」を避けるべし。

神の愛に満ち足りた者にとっては、他者に同じ道を差し示す以外の何事も、もはや関心事となりえないのである。

（3） 聖なる別離

神と魂との合一と対をなす重要なテーマは、メヒティルトの場合、この世に生きるかぎりでは儚い仕方でしかありえない神秘体験の後の「孤独の体験」である。これは沈みゆく愛《ミンネ》・神からの疎外というテーマである。すでに指摘されていることだが、ヨーロッパ精神史においては、「宗教的疎外」というテーマが「社会的疎外」のそれに先んじており、前者なくして後者はほとんど考えられない。[40] その神秘主義的な逆説の中でメヒティルトは、自らの魂が神から疎外されてもなお、それ以前の神への接近を想起しており、神との距離を甘受し、さらにはそれを神に感謝しうるまでに至っている。これにより彼女は、自らの至福を無視してまでも他人のために贖うというパウロの思想（コロ一・五四）を、自らのものとしているのである。[41]

ここにメヒティルトにとって、改革に尽力すべき場が与えられている。世俗からの疎外にまして、神からの離反という疎外の中に、彼女は明瞭に自らが心を砕くべき場を見出すのである。もはや「建物を支えることのできない崩れた柱」と表現するに留まらず、「悪臭を放つ雄山羊」といった無遠慮な比喩で呼ばれている腐敗した聖職者階級に、[42] 彼女はダンテの『神曲』の「地獄篇」（Inferno）を彷彿とさせる洞見を理解させようとする。彼女は、自身に固有の苦悩に、彼女自身に因るわけではない、共同体の秩序における堕落の贖罪という意味を与えているのである。

結び

この二人の女性神秘家は、その作風が著しく異なるにも関わらず、社会との繋がり、また社会に対して持つ義務感という点ではきわめて似通っている。ヒルデガルトもメヒティルトも宗教的自己実現のためにのみ生きたのではない。彼女たちの神秘体験は、脱魂状態においてさえも、改革を必要とした当時の社会に責任を感じないでいるほどには、周囲の世界から彼女たちを引き離すことはなかったのである。むしろここにも我々は、神秘体験の逆説的現象を看取することができる。すなわち、神秘体験が深ければ深いほど、人間はそこからの要求を強く受け止め、社会に対する責任意識を強くするのである。

註

（1） Anton Ph. Brück (Hg.), *Hildegard von Bingen: 1179-1979—Festschrift zum 800. Todestag der Heiligen*, Mainz 1979.
（補註）「西ドイツ」という表現を原文のまま活かした。

（2） Werner Lauter, Hinweise auf Hildegard von Bingen in Japan, *ibid*., S. 433-438. ラウターにはさらに、シルヴァン・ブスケ（Sylvain Bousquet, MEP 一八七七—一九四三年）の『聖人物語』（一九二八年、発行所不詳）におけるヒルデガルトの人物像に関する記述（第九巻、一七四—一八九頁）、ならびに『カトリック大辞典』（上智大学・エンデルレ書店共編、一九四〇—五四年、富山書房）のヒルデガルトの項目（第四巻、三八九—三九〇頁）、『大辞典』（一九三五年、平凡社）第二一巻、六四六頁に見られるヒルデガルトについての三行の記述に注意を促している。また、*Encyclopedia Britannica* の日本語版所載のヒルデガルトについての項目（『ブリタニカ国際大百科事典』第五巻、一九七四年、五〇一頁）にも言及している。ラウターは、上智大学のクルムバッハ（Peter Krumbach）に対し、本論文のための情報提供について謝意を表している。なお、ラウターの言及を補うものとして、『ドイツ文学辞典』（日本独文学会編、一九五六年、河出書房）にヒルデガルト（六六三頁）およびメヒティルト（八八六頁）について記載されていること、また二五年前に拙著「聖女ヒルデガルトの神秘思想」（世紀編集室編『世紀』九〇号、一九五八年、二一—一一頁）が翻訳されていること、トーマス・インモス師（Thomas Immoos）の「ヒルデガルトの幻視」が近く世に出ることを付け加えておきたい。

（補註）トーマス・インモス「ヒルデガルトの幻視」尾崎健治訳、上智大学ソフィア編集室『ソフィア』一一九号、一九八一年、二五一—二六三頁。

（3）Charles Singer, *From Magic to Science. Essays on the Scientific Twilight*, London 1928, c. 6: The Vision of Hildegard of Bingen, pp. 201-239. チャールズ・シンガー『魔法から科学へ』山田坂仁訳、北隆館、一九五一年、平田寛・平田陽子訳、社会思想社、一九六九年。

（補註）平田寛・平田陽子訳では、第六章「ビンゲンのヒルデガルトの幻視」は二六一—三一六頁。なお山田坂仁訳の発行年は、一九四四年（昭和一九年）である。

（4）Cf. Heinrich Schipperges (Hg.), *Hildegard von Bingen. Geheimnis der Liebe. Bilder von des Menschen leibhaftiger Not und Seligkeit*, Freiburg 1958 (2. Aufl.), S. 192.

（5）Cf. Alois Dempf, *Sacrum Imperium. Geschichts- und Staatsphilosophie des Mittelalters und der Politischen Renaissance*, München 1962 (3. Aufl.), S. 262-268.

（6）Herbert Grundmann, Die Frauen und die Literatur im Mittelalter, in: *Archiv für Kulturgeschichte* 26 (1936), S. 129-161, esp. S.136.

（7）*Ibid.*, S.142. 神聖ローマ帝国皇帝オットー一世（Otto I〔オットー大帝 Otto der Große〕在位九六二—九七三年）やフリードリッヒ一世バルバロッサ（Friedrich I, Barbarossa 在位一一五五—九〇年）は、年輩になってからようやく読むことを習い始めた。

（8）Kurt Ruh, Beginenmystik - Hadewijch, Mechthild von Magdeburg, Marguerite Porete, in: *Zeitschrift für Deutsches Altertum und*

Deutsche Literatur CVI (1977), Heft 3, S. 265-277, esp. S. 266.

（9）K・ルーは、この宗教的な運動が広く女性たちの間に拡がっていることを示すために、宗教上の事柄を話す能力が、当時のブラバンドおよびバイエルンの女性たちの間に生じていたことに驚嘆したレーゲンスブルクのランプレヒト（Lamprecht von Regensburg 一二一五頃—一二五〇年以降）の著述を引用している。Cf. *ibid.*

（10）ルーペルツベルク写本の挿絵は、Hildegard von Bingen, *Wisse die Wege - Scivias.* Nach dem Originaltext des illuminierten Rupertsberger Kodex ins Deutsche übertragen und bearbeitet. Übers. Maura Böckeler OSB, Salzburg 1954 (= *Wisse die Wege*) に復刻されている。

（補註）ヒルデガルトの写本研究として、以下がある。Keiko Suzuki, *Bildgewordene Visionen oder Visionserzählungen: vergleichende Studie über die Visionsdarstellungen in der Rupertsberger "Scivias"-Handschrift und im Luccheser "Liber divinorum operum"- Codex der Hildegard von Bingen*, Bern 1998.

（11）Cf. Maura Böckeler, *op. cit.*, S. 90.

（12）Cf. Mechthild von Magdeburg, *Das fliessende Licht der Gottheit*, eingeführt von Margot Schmidt mit einer Studie von Hans Urs von Balthasar, Einsiedeln 1955 (=*Das fließende Licht der Gottheit*), S. 10.

（補註）本書の校訂版としては、Hans Neumann (Hg.), *Mechthild von Magdeburg, ›Das fließende Licht der Gottheit‹*, Bd. 1 Text, besorgt von Gisela Vollmann, München/Zürich 1990 (= Neumann) がある。またラテン語訳としては、*Sanctae Mechtildis virginis ordinis s. Benedicti Liber specialis gratiae, accedit sororis Mechtildis ejusdem ordinis Lux divinitatis*. Opus ad codicum fidem nunc primum integre editum solesmensium O.S.B. Monachorum cura, Pictavii 1887, S. 435-643. 中高ドイツ語による定評のある版としては、Gall Morel (Hg.), *Offenbarungen der Schwester Mechthild von Magdeburg, oder, Das fließende Licht der Gottheit*, Regensburg 1869, Reprint, Darmstadt 1980 (= Morel) がある。Schimdt はその後、以下の現代語訳を刊行した。Mechtildt von Magdeburg, *Das Fließende Licht der Gottheit*, hrsg., übers., eingeleitet und erl. von Margot Schmidt, Stuttgart-Bad Cannstatt 1995. 英訳としては、Mechthild of Magdeburg, *The Flowing Light of the Godhead*, tr. and intr. by Frank Tobin (The classics of Western spirituality, vol. 91), New York/Mahwah 1998 がある。邦訳では、植田兼義訳『神性の流れる光』（全訳、『キリスト教神秘主義著作集第4巻Ⅰ　中世の女性神秘家Ⅰ』教文館、一九九六年）、香田芳

樹訳『ドイツ神秘主義叢書1　神性の流れる光』（全訳、創文社、一九九九年）、『神性の流れる光』（内容目次および第一巻、上智大学中世思想研究所編訳・監修『中世思想原典集成15　女性の神秘家』平凡社、二〇〇二年、四二九―五七四頁）がある。以後、本テキストの出典箇所については、補註として、Neumann 版の巻・章・頁、および植田訳、香田訳の頁を入れる。補註なしの頁は、*Das fließende Licht der Gottheit*（註12参照）に所載されている Balthasar による解説である。なお、植田訳、香田訳とも刊行時までの文献目録を掲載している。双方に共通して掲載されている邦人による論文の一つに、以下がある。西谷啓治「マクデブルクのメヒティルド」『西谷啓治全集7　神と絶対無』創文社、一九八七年、一一九―一四八頁。

（13）Cf. Kurt Ruh, *loc. cit.*

（14）Cf. Heinrich Schipperges, *Mystische Texte der Gotteserfahrung. Hildegard von Bingen*, Olten/Freiburg 1978, S. 11.

（15）Cf. Hildegard von Bingen, *Briefwechsel*, nach den ältesten Handschriften übersetzt und nach den Quellen erläutert von Adelgundis Führkötter OSB, Salzburg 1965.

（16）Cf. *Das Leben der heiligen Hildegard von Bingen, berichtet von den Mönchen Gottfried u. Theoderich*, hrsg. u. übers. u. komm. von Adelgundis Führkötter OSB, Düsseldorf 1968, S.73-74.

（補註）以下の邦訳がある。井村宏監訳・解説、久保博嗣訳『聖女ヒルデガルトの生涯』荒地出版社、一九九八年、一八五―一八六頁。同書は次の英訳からの翻訳である。*The Life of the Saintly Hildegard, by Gottfried of Desibodenberg and Theoderic of Echternach*, Fr. Hugh Feiss, OSB. (tr.), Toronto 1996.

（17）Cf. *Das fließende Licht der Gottheit*, S. 47.

（18）ヒルデガルトの全著作は PL 197 に収められている。*Scivias* については註（10）を参照のこと。さらに、Hildegard von Bingen, *Der Mensch in der Verantwortung: Das Buch der Lebensverdienste (Liber vitae meritorum)*, nach den Quellen übersetzt und erläutert von Heinrich Schipperges, Salzburg 1972; id., *Welt und Mensch: Das Buch" De operatione Dei"*, aus dem Genter Kodex übersetzt und erläutert von Heinrich Schipperges, Salzburg 1965.

（補註）現在、ヒルデガルトの著作および書簡集の校訂版としては CCCM 所収のテキストがある。*Scivias* I-II, A. Führkötter, A. Carlevaris (eds.), CCCM 43, 1978; *Scivias* III, A. Führkötter, A. Carlevaris (eds.), CCCM 43A, 1978; *Liber vitae meritorum*, A. Carlevaris (ed.), CCCM 90, 1995; *Epistolarium* I, L. Van Acker (ed.), CCCM 91,1991; Epistolarium II, L. Van Acker (ed.), CCCM 91A, 1993; *Epistolarium* III, M. Klaes (ed.), CCCM 91B, 2001; *Liber divinorum operum*, A. Derolez, P. Dronke (eds.), CCCM 92, 1996; *Opera minora*, A. Feiss et al. (eds.), CCCM 226, 2007; *Opera minora* II, C. P. Evans et al. (eds), CCCM 226A, 2015. なお、邦訳としては以下がある。拙訳『スキヴィアス（道を知れ）』、上掲『中世思想原典集成15　女性の神秘家』平凡社、二〇〇二年、三一―三〇六頁（『スキヴィアス』第二部）、井村宏次監訳・聖ヒルデガルト研究会訳『聖ヒルデガルトの医学と自然学』ビイング・ネット・プレス、二〇〇二年（以下の英訳からの翻訳。P. Throop (tr.), *Hildegard von Bingen's Physica: The Complete English Translation of her Classic Work on Health and Healing*, Rochester, Vt.: Healing Arts Press 1998）、臼田夜半訳『聖ヒルデガルトの病因と治療』ポット出版、二〇一四年（以下の英訳からの翻訳。P. Throop (tr.), *Hildegard von Bingen's Causes and Cures: The Complete Translation of her Visionary Works on Theology, Natural Philosophy and Medicine*, Lulu Books 2006, 2008[2]）。本論文が執筆されてより今日に至るまで、欧米で出版されたヒルデガルトの著作の近代語訳は枚挙に暇がないが、ヒルデガルトが第二修道院として設立した Eibingen の Abtei der St. Hildegard の編集によるヒルデガルトの著作・伝記・書簡の新版独訳シリーズが、二〇〇〇年より順次刊行されていることを特筆しておく。

（19）Cf. Heinrich Schipperges, *Mystische Texte der Gotteserfahrung. Hildegard von Bingen*, Olten/Freiburg 1978, S 27.

（20）*Wisse die Wege*, Des Ersten Buches Vierte Schau: Die Seele und Ihr Zeit, S. 132-133.

（補註）PL 197, *Scivias*, Lib. I, Visio 4, 428B-C; CCCM 43, *Scivias*, Pars Prima, Visio Qvarta, c. 26: Similitudo de Arbore ad Animam, p. 84, l. 763-772.

（21）PL 197, 449f.

（補註）*Wisse die Wege*, Es beginnt des zweiten Buches Zweite Schau: Die Urquell des Lebens, S. 154; CCCM 43, Pars Secvnda, Visio Secvnda, p. 123, l. 12-21. 翻訳では拙訳を採用（上掲、九〇頁）。

（22）Alois Dempf, *op. cit.*, S. 263.

（23）Cf. Bertha Widmer, *Heilsordnung und Zeitgeschehen in der Mystik Hildegards von Bingen*, Basel/Stuttgart 1955, S. 197-218.　ヒルデガルトの黙示録的歴史観については、以下を参照。Maura Böckeler, *op. cit.*, S. 320-322.

(24) Cf. *Liber specialis gratiae,* in: *Revelationes Gertrudianae ac Mechthildianae* II, Paris 1877.

(25) Cf. *Legatus moralis abundantiae divinae pietatis,* in: *ibid.* I, Paris 1875.

(26) Cf. Wolfgang Mohr, Darbietungsformen der Mystik bei Mechthild von Magdeburg, in: H. Kuhn, K. Schier, *Märchen, Mythos, Dichtung, Festschrift für Friedrich von der Leyen*, München 1963, S. 375-399.

(27) Cf. Alois M. Haas, Mechthild von Magdeburg — Dichtung und Mystik, in: *Amsterdamer Beiträge zur älteren Germanistik* 1, 1972 (= Haas), S.105-156, esp. S. 124-127.

(28) *Das fließende Licht der Gottheit*, S. 254.

（補註） Neumann, VI, Kap. 36, S. 244; 植田訳二四一頁／香田訳二二一頁。

(29) Cf. Haas, S.127.

(30) Cf. Hans- Georg Kempfer, Allegorische Allegorese. Zur Bildlichkeit und Struktur mystischer Literatur, in: W. Haug (Hg.), *Formen und Funktionen der Allegorie*, Stuttgart 1979, S. 90-125, esp. S. 94.

(31) Wolfgang Mohr, loc. cit.

(32) Cf. Hans Neumann, Mechthild von Magdeburg und die mittelniederländische Frauenmystik, in: *Mediaeval German Studies, presented to F. Norman*, London 1965, S. 231-248, esp. S.236.

(33) Cf. Frances Gooday, Mechthild of Magdeburg and Hadewijch of Antwerp: A Comparison, in: *Ons geestelijk Erf* 48, 1974, S. 305-362, esp. S. 322.

(34) Morel, S. 436. Cf. Elisabeth Gössman, *Die Verkündigung an Maria im dogmatischen Verständnis des Mittelalters*, München 1957, S.185-190.

（補註） Neumann, I, Kap. 22, S. 18; 植田訳二四頁／香田訳一七頁。

(35) Morel, S. 11.

（補註） Neumann, I, Kap. 22, S. 16; 植田訳二三頁／香田訳一六頁。

(36) *Das fließende Licht der Gottheit*, S. 436.

(37) Morel, S. 58.

（補註）　Neumann, III, Kap. 1, S. 75; 植田訳七七頁／香田訳六六頁。

（38）　Morel, S. 70.

（補註）　Neumann, III, Kap. 9, S. 87; 植田訳八九頁／香田訳七八頁。

（39）　Morel, S. 17.

（補註）　Neumann, I, Kap. 35, S. 17; 植田訳三一頁／香田訳二三頁。本文中、拙訳。

（40）　Cf. Haas, S.116.

（41）　Cf. *Das fließende Licht der Gottheit*, S. 39.

（42）　Cf. Haas, S. 127.

文　献　表

文献情報

Gertrud Jaron Lewis, Frank Willaert, Marie- José, *Bibliographie zur deutschen Frauenmystik des Mittelalters,* Berlin 1989: B. Einzelne Mystikerinnen, I, Hildegard von Bingen, S. 66-145; II, Mechthild von Magdeburg, S. 164-183.

Hildegard von Bingen, Internationale Wissenshaftliche Bibliographie, unter Verwendung der Hildegard- Bibliographie von Werner Lauter, hrsg. v. Marc- Aeliko Aris, et, al., Mainz 1998.

右記二冊には、ゴスマン氏のヒルデガルト、メヒティルト、また女性神秘家全般に関わる著書・論文が多数紹介されている。なお、後者には、CCCM 43 *Scivias* I-II (1978) の編者であり、Eibingen の Abtei der St. Hildegard の修道女であった A. Führkötter の夥しい文献が紹介されている。またすでに邦訳されている以下の文献の原著の掲載もある。Barbara Newman, *Sister of Wisdom: St. Hildegard's Theology of the Feminine*, Berkeley/Los Angeles/London 1987（村本詔司訳『女性的なるものの神学――ヒルデガルト・フォン・ビンゲン』新水社、一九九九年）、Heinrich Schipperges, *Hildegard von Bingen*, München 1995（熊田陽一郎・戸口日出夫訳『ビンゲンのヒルデガルト――女性神秘家の生涯と思想』教文館、二〇〇二年）、Régine Pernould, *Hildegarde de Bingen, Consciens Inspireé du XXᵉ siécle*, Paris 1994（門脇輝夫訳『現代に響く声――ビンゲンのヒルデガルト――12世紀の預言者修道女』聖母文庫、二〇一二年）。

女性による神秘主義

Mary E. Waithe (ed.), *Medieval, Renaissance and Enlightenment Women Philosophers, A. D. 500-1600* (*A History of Women Philosophers,* Vol. 2), Boston 1989.

C. H. Beck, *Frauenmystik und Franziskanische Mystik der Frühzeit* (Kurt Ruh, *Geschichte der Abendländischen Mystik*, Bd. II), München 1993.

Peter Dinzelbacher, *Mittelalterliche Frauenmystik*, Paderborn/München/Wien/Zürich 1993.

Ulrike Stölting, *Christliche Frauenmystik im Mittelalter,* Mainz 2005.

Elizabeth Andersen, Henrike Lähneman and Anne Simeon (eds.), *A Companion to Mysticism and Devotion in Northern Germany in the Late Middle Ages*, Leiden/Boston 2014.

ヒルデガルト関係（一九九〇年代以降）

Gabriele Lautenschläger, *Hildegard von Bingen*, Stuttgart-Bad Cannstatt 1993.

Margot Schmidt (Hg.), *Tiefe des Gotteswissens Schönheit der Sprachgestalt bei Hildegard von Bingen: Internationales Symposium in der Katholischen Akademie Rabanus Maurus Wiesbaden- Naurod vom 9. bis 12. September 1994*, Stuttgart-Bad Cannstatt 1995.

Äbtissin Edeltraud Forster u. der Konvent der Benediktinerinnenabtei St. Hildegard, Eibingn (Hgg.), *Hildegard von Bingen. Prophetin durch die Zeiten. Zum 900. Geburstag*, Freiburg/Basel/Wien 1998.

Rainer Berndt (Hg.), *„Im Angesicht Gottes Suche der Mensch sich selbst“, Hildegard von Bingen (1098-1179)*, Berlin 2001.

Viki Ranff, *Wege zu Wissen und Weisheit: eine verborgene Philosophie bei Hildegard von Bingen*, Stuttgart/Bad Cannstatt 2001.

Michael Embach, *Die Schriften Hildegards von Bingen, Studien zu ihrer Überliferung und Rezeption im Mittelalter und in der Frühen Neuzeit*, Berlin 2003.

Tilo Altenburg, *Soziale Ordnungs vorstellungen bei Hildegard von Bingen*, Stuttgard 2007.

Maura Zátonyi, *Vidi et Intellexi, Die Schrifthermeneutik in der Visionstrilogie Hildegards von Bingen*, Münster 2012.
Beverly Mayne Kienzle, Debra L. Stoudt & George Ferzoco (eds.), *A Companion to Hildegard of Bingen*, Leiden/Boston 2014.
＊なお、本邦では下記がヒルデガルトへの関心を喚起した。種村季弘『ビンゲンのヒルデガルトの世界』青土社、一九九四年。

メヒティルト関係（一九九〇年代以降）

Bernard MacGinn (ed.), *Meister Eckhart and the Beguine Mystics: Hadewijch of Brabant, Mechthild of Magdeburg, and Marguerite Porete*, New York 1994.
Frank Tobin, Mechthild von Magdeburg, A Medieval Mystic in Modern Eyes, Columbia USA 1995.
Katharina Bochsler, *Ich han da inne ungehörtú ding gesehen: die Jenseitsvisionen Mechthilds von Magdeburg in der Tradition der mittelalterlichen Visionsliteratur*, Bern/Frnakfurt a.M./New York/Paris/ Wien 1997.
Elizabeth A. Andersen, *The Voices of Mechthild of Magdeburg*, Oxford/Bern/Berlin/Bruxelles/Frnakfurt a.M./New York/Paris/Wien 2000.
Helena Stadler, *Konfrontation und Nachfolge: die metaphorische und narrative Ausgestaltung der unio mystica im Fliessenden Licht der Gottheit von Mechthild von Magdeburg*, Bern/Berlin/ Bruxelles/ Frnakfurt a.M./ New York/Oxford/Wien 2001.
Theresia Heimerl, *Frauenmystik—Männermystik? Gemeinsamkeiten und Unterschiede in der Darstellung von Gottes- und Menschenbild bei Meister Eckhart, Heinrich Seuse, Marguerite Porete und Mechthild von Magdeburg*, Münster/Hamburg/London 2002.
Jörg Seelhorst, *Autoreferentialität und Transformation: zur Funktion mystischen Sprachens bei Mechthild von Magdeburg, Meister Eckhard und Heinrich Seuse*, Tübingen 2003.

五　ペトルス・アベラルドゥスにおける制度と学知

永嶋哲也

はじめに

現在の大学と呼ばれる制度を遡ると、古代アテネやアレクサンドリアにあった学院にまでは繋がっておらず、その発祥はむしろ西欧中世、つまり十二世紀のフランスはパリ、あるいはイタリアのボローニャであったというのは周知のことであろう。しかも時の権力者によって設立されたものではなく、いわば自然発生的に成立してゆき、権威を持つようになっていったこともしばしば指摘されることである。本稿で取り上げたいのは、その一つ、パリ大学の成立に影響を与えたであろう一人の中世知識人、ペトルス・アベラルドゥス（Petrus Abaelardus 一〇七九―一一四二年）の学問活動である。つまり大学という教育制度が誕生する直前のパリにおいて、大学の前身となる都市型学校で多くの学生を集めたと言われるアベラルドゥスが、教育制度が確立する以前の当時の制度のなかでどのような知的営みを行ったのか考察してみたい。

一　大学成立以前の学問的営み——アベラルドゥスの教育活動

アベラルドゥスが活躍した頃とその前後、つまり十一世紀末から十二世紀前半にかけての学校と、大学という制度が成立した後の学校との違いを表す表現として、しばしば次のようなことが言われる。大学が成立した後は大学が教師を招聘し大学を目指して学生が学びに来るのに対して、アベラルドゥスが活躍した頃の学校は高名な教師がたまたまいる学校に学生が集まり、その教師がいなくなると学生たちは別の学校に別の高名な教師を求めて移っていった、と。このような叙述が当時の知識人や学生、学校すべてに例外なく当てはまるわけではないだろうが、少なくともアベラルドゥス自身には当てはまっている。『災厄の記』(*Historia Calamitatum*)(1)に記されているように、彼自身学生として複数の教師を渡り歩いて「逍遥学派の徒」(peripateticorum emulator)(2)だったと表現しているし、教師としても所属を転々とし、その先々で多くの学生を集めたと報告している。

アベラルドゥスの行った講義が多くの学生を集めたというのはおそらく事実であろうし、おそらく逆に講義において多くの学生を集めなければならない状況にしばしばアベラルドゥスはあっただろう。そのような前提から容易に想定されることは、彼が置かれていたそういう状況は彼の知的な営みにも大きく影響を与えたのではないかということである。つまり、プラトン風の表現を使うならば「迎合の術」(κολακεία)、学生たちの知的好奇心をくすぐり彼らを喜ばせ惹きつけるような要素を彼は講義に取り入れていた、そしてその影響は著述にも及んでいるのではないかという想定である。実際、アベラルドゥスは学生を驚かせるような新奇な議論を展開し、それは保守的な考え方の人であれば眉をひそめるようなものだったから、だからクレルヴォーのベルナルドゥス

(Bernardus Claraevallenis 一〇九〇—一一五三年) のような人たちから攻撃されるに至ったに違いないという受け取り方は、中世哲学史を論じる場合には珍しくない。例えば、比較的最近に書かれた魅力的な概説書である『中世の覚醒』(3) においても同様である。そこにおいてアベラルドゥスの講義の様子が絶妙な語り口で描出されているので一部を引用してみたい。まず学生たちからの絶大な人気ぶりを次のように描いている。

冷え冷えとした日の光がしみわたるずっと前から、サント＝ジュヌヴィエーヴ山の修道院前の玉石を引いた通りには、彼らのヒーローが早朝の講義にやってくるのを待つ学生たちがひしめいていた。…(中略)…ほとんどの学生はラテン語を話しているが、同郷の仲間でかたまった者たちは、それぞれの出身地の言葉で喋っている。英語、ドイツ語、フラマン語、イタリア語、ノルマン語、フランス語などが聞こえてくる。(4)

と、そのとき、通りにざわめきが走った。とうとう、我らの師がやって来たのだ。アベラールは修道院の扉に向かって、ゆっくり歩を進めていた。年長の学生の一団が群衆を押しのけて、師の通り道をつくった。…(中略)…やがて、アベラールはエスコート役の弟子たちに導かれて、修道院の横手の入り口から大きな教室に入った。彼のあとから、一〇〇人余りの若者が教室になだれこみ、床に並べられた長椅子にわれさきにと席をとる。その間に、アベラールは一段高く設けられた演台に着く。修道院の戸口では、多数の学生がやむなく引き返している——ある者はぼやき、ある者は来週の講義にはもっと早く来るぞと自分に誓いながら。(5)

読者にイメージを喚起させるため、まるで映画のワンシーンが描出されるかのように語られている。そして、つめかけた学生たちに囲まれアベラルドゥスが次のように講義を始める……。

学生のおしゃべりを黙らせるとすぐに、アベラールは語り始めた。「さて、キリストを殺したユダヤ人たちは、その行為によって有罪とみなされるのだろうか」と。

一瞬の衝撃ののちに、教室のあちらこちらで小さな声があがり始めた。師の言動は常に予測不可能だったが、この質問は危険なほど常軌を逸しているように思われた(6)。

そしてこの概説書は、イエスを処刑した者たちが「いかなる罪も犯していない」とアベラルドゥスが結論したと述べ彼の議論の過激さを強調し(7)、さらに喧々諤々と白熱した議論に学生たちが夢中になっていく様が描かれる。

確かに、このような描写はわれわれが持っているアベラルドゥスに対するイメージと合致する。アベラルドゥス自身、自分がこの世の唯一の哲学者であるかのように錯覚するほどの名声を得たと述べているし(8)、ヘロイサ(Heloysa: エロイーズ Héloïse d'Argenteuil 一一〇〇頃―六四年)も彼の名声が数多の哲学者の中で随一だったと述べている(9)こと、また宗教的玄義についての理性的、哲学的説明を求める学生たちの要望に応えていたと言っている(10)ことなどにも合致しているように思われる。彼が必要以上に挑発的な仕方で議論を展開したというのも彼の著書からうかがい知れ、ここでの描写に合致している。

しかしこれは確かによくできた描写であるが、あくまで想像である。むしろわれわれが持っているイメージに合致する形で想像され、描写された一コマである。実際、講義は教室ではなくサント＝ジュヌヴィエーヴ教会の回廊で行われたし、学生も多くて六〇—七〇名くらいしか収容できなかっただろう。[11] それにアベラルドゥスは彼の著書の中で、イエスを処刑した者たちは無知ゆえにわれわれが言ったり行ったりすべきではないことをしていて、それが一種の罪であるとも認めているので、[12]「いかなる罪も犯していない」というのは不正確である。[13] それに、彼の議論の進め方が挑発的で過激だからといって、その過激さが都市型学校という制度に由来すると主張することを裏付けるような材料をわれわれは持っていない。

大学誕生直前の教育制度の中で彼がどのような学問的営みを行ったのかを考察するに際して、わかりやすいが図式的な説明に対してはすこし禁欲的になり、決してわかりやすくはないが地道な方向性をさぐってみたい。

二　方向付けられた自由学芸——カロリング期の学問論

多少、遠回りに感じられるかもしれないが、いったん視線をアベラルドゥスより数百年前にまで遡らせたい。そこにおいて、後の大学で基礎科目として定着する自由学芸（artes liberales）がどのように方向づけられたかということに関して歴史的な事情を確認したい。

一般に自由学芸の伝統は古代ギリシアにまで遡ることができると言われているが、実際のところ緩やかな意味でしか源流という表現はあてはまりそうではない。[14] また自由学芸の成立に関してしばしば指摘されるのは、古代末期、マルティアヌス・カペラ（Martianus Capella 五世紀活動）の重要性である。彼は『メルクリウスとフィロロギアの結婚』（*De nuptiis Mercurii et Philologiae*）[15] という寓意物語において花嫁フィロロギアの付き人として基礎学問の化身たち七人を配している。無論、この『メルクリウスとフィロロギアの結婚』の果たした役割が重要であるのは言うまでもないが、しかし古代末期に関して指摘されるべきなのはこの人物だけではない。カッシオドルス（Flavius Magnus Aurelius Cassiodorus Senator 四八五頃―五八五年頃）が言語系三科と数学系四科からなる基礎学問を導入し、その合計「七」を聖書からの引用で権威づけようとしたこと[16]は、自由学芸の成立においてマルティアヌス・カペラに勝るとも劣らない重要な意味を持っている。実際、そのカッシオドルスの路線は、カロリング期のアルクイヌス（Alcuinus 七三〇頃―八〇四年）により踏襲されることになる。アルクイヌスは、「知恵は家を建て、七本の柱を刻んで立てた」（箴九・一）の「七本の柱」という表現を自由学芸のことであると解説し[17]、聖なる学問を学び知恵の建物を建てるために必要な七本の柱として自由学芸を位置づけている。神学という専門科目へ進む前段階の基礎学問としての自由学芸という後の枠組みはここではっきりと打ち出される。

そもそもカロリング期にカール大帝（Charlemagne; Karl der Große フランク王 在位七六八―八一四年、神聖ローマ帝国皇帝 在位八〇〇―八一四年）は、おそらくフランク世界の統一と維持を目的に、教育制度を整備し、キリスト教聖職者の養成と再教育を行った。学識ある聖職者を育てることは、彼らによる一般信徒たちの教育を可能にし、さらには聖職者が宮廷において文書作成の行政官でもあったので、文書行政を促進することにもなる。アルクイヌスはカール大帝の要請により学校制度を整備するに際して自由学芸を重視した。そしてそのような目論見のもと教育制度を充実させるなら、自由七科のうちもっとも重視されるのは文書の読み書き、そして文書内容の正しい理解ということになる。つまり言葉の学、とくに文法学と論理学である。論理学と文法学を中心とした神学を学ぶための基礎としての自由学芸という学問制度の枠組みは、ここで出来上がったと言っても過言ではない。

三　理念的にうけとられた自由学芸――アベラルドゥスの受け止め方

（1）論理学――栄光と挫折の原因としての

さて、以上のような基本的な歴史事情を踏まえ、アベラルドゥスの知的営みの一端を明らかにすることを目指して、自由学芸に対するアベラルドゥスの関わり方を見ていきたい。その目的に際してまず指摘しておきたいのは、論理学と文法学を中心にした自由学芸を学んだのちに神学へと探求の場を移したアベラルドゥスは、直前に述べたアルクイヌスの敷いたレールの延長線上にいたと、そしてそのレールのさらに先には十二世紀末から続々誕生する大学の制度があったということである。

ここでアベラルドゥスの生涯に起こった主な出来事を一覧にして確認しておこう(18)。

一〇七九年　ル・パレにて誕生

一〇九二年　コンピエーニュのロスケリヌス（Roscelinus Compendiensis　一〇五〇頃―一一二〇／二五年）がソワッソン教会会議にて異端宣告を受ける

一〇九三頃―九九年頃　各地を渡り歩き論理学を学び、ロシュでロスケリヌスから教えを受ける

一一〇〇年頃　パリに至ってシャンポーのグイレルムス（Guillelmus Campellensis　一〇六〇以前―一一二二年）から学ぶ

一一〇二頃―〇五年頃　コルベーユ、次にムランで教室を開く

一一〇五頃—〇八年頃　故郷にいったん戻る

一一〇八—〇九年　パリに戻り修辞学をグイレルムスから学ぶ／普遍についてグイレルムスらと論戦を交わす

一一〇九—一二年　ムラン、次にサント＝ジュヌヴィエーヴ丘で教室を開く

一一一二年頃　再び故郷にいったん戻る

一一一三年　ランでランのアンセルムス（Anselmus Laudunensis　一〇五〇頃—一一一七年）から神学を学ぶ

一一一四—一六年　パリのノートルダム司教座聖堂付属学校にて教える／ヘロイサとの恋愛、結婚

一一一八年頃　傷害事件、そしてサン＝ドニの修道院入り

一一一八頃—二一年頃　修道院にて神学などを教える

一一二一年　四月、ソワッソン教会会議で『〈スンミ・ボニ〉神学』（*Theologia ' Summi boni'*）が断罪される

一一二一年　サン＝ドニ修道院から逃避

一一二二—二七年　パラクレ礼拝堂を設立し、そこで学生たちと共同生活を営む

一一二七年　サン＝ジルダ修道院の修道院長に就任

一一三二—三三年　パリに戻りサント＝ジュヌヴィエーヴ丘で再び教えはじめる

一一三七年　サント＝ジュヌヴィエーヴ丘を離れる

一一四〇年　サンス教会会議で断罪される　のちにクリュニー修道院へ

一一四二年　　　　四月二一日、死去

アベラルドゥスは論理学について「わたしは論理学の故に世間から憎まれている」(odiosum me mundo reddidit logica) と晩年に述べ[19]、また『災厄の記』においても神学の講義に際して「世俗の学の教育」(secularium artium disciplina) つまり論理学の講義を「いわば一種の餌として用いた」(quasi hamum quendam fabricaui) と述べている[20]。今さらここで繰り返すまでもなく、彼の栄光も苦難も多くはこの論理学から来ており、論理学は彼にとって特別な位置を占める学科であった。

しかし、論理学が特別な位置を占めていたというのはアベラルドゥス個人だけにあてはまるのではなく当時の学問状況一般にもあてはまることであっただろう。すなわち、彼は哲学諸学科の中から特に論理学を選んだと述べているが[21]、当時もっとも重要な位置を占める学問が(神学を除けば)論理学で、学んでいくにあたって将来もっとも有望だったのが論理学だったからなのではないだろうか。例えばアベラルドゥスが活躍したころのパリ近郊の学問状況を伝えてくれる貴重な資料であるソールズベリーのヨハネス (Johannes Saresberiensis 一一一五―一一八〇年) による『メタロギコン』(*Metalogicon*) を読んでみても、当時、基礎学問として特に論理学が重視されていたことがわかる[22]。

実際、十二世紀は「ボエティウスの世紀」(Aetas Boethiana) と呼ばれているほど[23]ボエティウス (Anicius Manlius Severinus Boethius 四八〇頃―五二五／五二六年) が熱心に読まれた時代だったが、そのボエティウスが伝えた古代哲学の大部分がアリストテレス (Aristoteles 前三八四―三二二年) のオルガノンであったこともあって、アルクイヌスの時代とアベラルドゥスの時代を比べた場合、特に論理学において大きな進展があった。論理的な基礎訓練をしっかり受けていることが、神学のような学問を展開するのに有利に働くということにアベラルドゥスを含め当時の人々が自覚的だったがために論理学は有り難がられて熱心に学ばれ、また危険視もされたと言えよう。

（2）文法学と四科

次に、すでに述べた事柄を振り返って先ほどの一覧と照らし合わせてみよう。ルーベンスタインによる概説書で舞台として設定されている時期は一一三六年であり、ソールズベリーのヨハネスがアベラルドゥスの元で学んだ時期と同じである。当時五七歳。つまり彼は修道院長をつとめるブルターニュのサン＝ジルダ修道院を離れ、パリに舞い戻ってからサント＝ジュヌヴィエーヴ教会で教えていたのであるが、『災厄の記』が書かれたのは一一三二—三三年頃、サント＝ジュヌヴィエーヴに戻るすこし前であろう。つまり五〇代前半の頃である。それに対して、論理学の講義を「いわば一種の餌として」用いた時期、宗教的玄義についての理性的、哲学的説明を求める学生たちの要望に応えていた時期は一一一八年から一一二一年くらいで、彼が四〇歳前後の頃である。その間におよそ二〇年弱の隔たりがある。その間、ソワッソン教会会議での断罪やパラクレ礼拝堂の設立、サン＝ジルダ修道院での暗殺未遂など実際、さまざまな事件が彼の身に起こっている。単なる憶測の域を出ないが、晩年、サント＝ジュヌヴィエーヴ丘に戻って講義をしていたアベラルドゥスは『災厄の記』で（多少、偽悪的に）描かれているアベラルドゥスとは、つまりルーベンスタインが描き出しているようなアベラルドゥスとは、学問姿勢や態度が違っていたのではないだろうか。

さらに遡って、ヘロイサとの恋愛の末、暴漢に襲われ失意のはてに修道院に入るのが一一一八年頃。四〇歳少し前である。彼がこの世の唯一の哲学者であるかのような錯覚をするほどの名声を得たと言っているのが一一一四年から一一一六年の間頃、つまり三〇代中頃のことであり、神学を学び始めたのが一一一三年頃で三〇代前半、修辞学を学び始めたのも一一〇八年から一一〇九年で三〇歳になるかならないかの頃である。論理学を学ぶために各地を渡り歩いたのが一〇九〇年代の中頃から末にかけてである。この一〇代の若い時期にロスケリヌスから教えを受けているが、おそらくそのときに文法学についてもアベラルドゥスは彼から学んだだろう。というのは、アベラルドゥスは論理学の議論の中に文法学の用語や概念を導入してしばしば議論を行うが、それはまさにロスケリヌスらが属した学派（vocales と呼ばれた人々）の傾向でもあったからである。[24]

文法学という点では、『文法学』（*Grammatica*）著作を記したとアベラルドゥス自身が『キリスト教神学』（*Theologia christiana*）の中で証言しているが、[25]現存していない。[26]おそらく執筆されたのは一一二〇年から一一二四年の間くらいであろうと推察されており、[27]年齢としては四〇代前半であった。一〇代の頃に学んだ文法学についての著作がそこで書かれたということは、おそらく彼が神学を論じるために再び集中的に文法学を学び直したと理解してよいだろう。また、後述することであるが、同時期に彼は『修辞学』（*Rethorica*）という著作も執筆を予定していた。これも、三〇歳の頃に学んだ修辞学を、おそらくこの頃に集中的に学び直したと理解できるであろう。アベラルドゥスは世俗の学問を究めた後に神学へと進み、その後、世俗の学問を顧みなかったと理解するのは、いささか不適切だと言わざるを得ない。

それでは他の自由学芸科目つまり数学系の四科についてはどうであろうか。しばしば指摘されるのは、ソワッソン教会会議においてシャルトルのティエリ（Theodoricus Carnotensis 一一五〇頃没）とおぼしき人物から擁護発言があったと『災厄の記』に書かれていることである。[28]そこから、アベラルドゥスの遍歴時代（一〇九三頃—

九九年)、つまり彼が一四―二〇歳のころにティエリから四科について学んだのではないかという推測がなされることがある。[30] さらに十二世紀成立の写本[31]に書き込まれている逸話に、アベラルドゥスがシャルトルのティエリから「数学系諸学科」(quaedam mathematicae lectiones)「四科」(quadriuium)を学んだが習得できなかったということが述べられている。[32] さらにそこでは、ティエリのもとへ行くように命じたのがロスケリヌスであったとあるので、先のような推測に合致するのであるが、しかしアベラルドゥスよりも年下、そうでなくてもせいぜい同い年くらいであろうと推測されているティエリが、アベラルドゥス遍歴の時期にすでにロスケリヌスも一目を置く教師として名声を博していたというのは可能性としてかなり低かろう。くだんの逸話には彼に関する明らかの事実誤認も含まれ、[33] 歴史的な資料としては信用性がない。

しかし、もしティエリのもとで学んだとしたら、サン＝ドニ修道院に入った後というのは難しかっただろう。三〇歳前後に修辞学を学び、三〇代半ばで神学を学んだように、四〇歳直前の頃サン＝ドニに入る前のどこかで「四科」を学んだが、残念ながら習得できず、それゆえ『災厄の記』でも言及されなかったと見るのが妥当であろう。

(3) 修辞学――自由学芸への向き合い方を象徴するものとして

さて、言語系三科の話題に舞い戻り修辞学への取り組みについて取り上げたい。上記、年表に示したとおりアベラルドゥスがグイレルムスのもとに修辞学を学ぶために舞い戻ったのが一一〇八年か一一〇九年頃、彼が二九歳か三〇歳の頃である。[34]『災厄の記』にその文脈で記されているのは、普遍について彼がグイレルムスと対立したということであり修辞学上の事柄ではない。いやむしろ、当時行われていた修辞学は、われわれが「修辞学」

という語で了解するような修辞学とは少々趣を異にするものだったと理解する方が適切であろう。[35]

当時の学者たちにとって修辞学の主要テキストはキケロー（Marcus Tullius Cicero 前一〇六—四三年）の『発想論』（*De inventione*）、キケローに帰されていた『ヘレンニウスに与える修辞学書』（*Rhetorica ad Herennium*）そしてボエティウスによる『様々なトポスについて』（*De topicis differentiis*）である。論理学的トポスと修辞学的トポスとを論じるこの書物を当時、熱心に註解したのは論理学者たちであった。[36]おそらく論理学を専門とするグイレルムスも『様々なトポスについて』を用いて、あるいは導入として用いて修辞学を講じていたのだろう。

のちにアベラルドゥスも『様々なトポスについて』の註解を行っている。[37]そして先述の『修辞学』執筆についての言及があるのはこの註解書の中である。部分的にしか現存していないこの註解書の中で実に彼は四度、修辞学について著作するつもりであることを述べている。[38]『発想論』の引用は一六箇所、『ヘレンニウスに与える修辞学書』の引用も一箇所だが行われている。時期としては、『修辞学』執筆予定について言及している『「様々なトポスについて」註解』（*Glossae super Topica*）の方が『文法学』よりも少し後に書かれてはいるが、『文法学』とほぼ同時期で一一二〇年から一一二四年の間くらいであろうと見られている。[39]刃傷沙汰の後、サン＝ドニ修道院に入ってそこで神学を講じ始めてから、つまり神学の理解をより深めるために文法学と修辞学を集中的に学び直したと解することができる。

実際、『発想論』や『ヘレンニウスに与える修辞学書』への言及が『〈スンミ・ボニ〉神学』や『キリスト教神学』、『〈スコラリウム〉神学』（*Theologia 'Scholarium'*）[40]においてなされている。[41]それに対して、それらの前後に書かれたと推察される論理学書の[42]『理解についての論考』（*Tractatus de intellectibus*）や『ポルフュリウス註解（ノストロルム・ペティティオニ・ソキオルム）』（*Glossulae super Porphyrium: Logica 'Nostrorum petitioni sociorum*'）、あるいは倫理学書の『哲学者とユダヤ教徒とキリスト教との対話』（*Dialogus inter philosophum, Judaeum, et Christianum*:『対話』〔*Collationes*〕）や『汝自身を知れ』（*Scito Te Ipsum*:『倫理学』〔*Ethica*〕）には『発想論』などの引用がほとんど見つからない。別所で筆者は、これら引用数の違いをアベラルドゥスが修辞学に関心を向けていた時期にもっぱら帰したのであるが(43)、各著作の執筆推定時期を丁寧に確認すれば、引用数の多寡の原因をもっぱら扱われた題材に帰するのが適当であろう。

では、引用回数などではなく内容に関わるような意味での影響関係はどうであろうか。率直に言って、それを判断することは現時点での筆者には手にあまる仕事である。修辞学の影響を受けているからこその議論、あるいは論述の形式の有無について論じる準備はない。しかし引用に関して、必ずしも内容的に必要とされて使われたとは思えない仕方で使われていると指摘することはできる。一例を『〈スコラリウム〉神学』から挙げてみよう。

哲学者たちは一なる神のみ知っていた。その一人であるキケローは『修辞学』第一巻で、次のような引用をしている「哲学を愛好する者は神々が存在しないと考えている(44)」と。つまり、むしろ神は一であって、神々と複数ではないということだろう(45)。

ここで用いられている文は『発想論』において論証（argumentatio）に必然的論証と説得的論証があると説明する文脈で用いられた単なる例文であるが、それに対してアベラルドゥスは修辞学的な事柄が問題となる文脈で引用したのではなく、神の三一性について認識可能性を神学的に論じる文脈でキケローの名前と『修辞学』という書名を用いている。おそらく彼は修辞学が、さらには自由学芸が神学の基礎として機能すべきだと考え、また実行も試みたのであろう。しかしそれに成功していると言うのは、少なくともこの箇所からは言えなさそうである。

だが実際、当時の西欧において修辞学は、崇拝されてはいても実践はあまりされていなかったということは以前からしばしば指摘されていたことで[46]、アベラルドゥスの『修辞学』引用が修辞学的文脈ではなかったとあげつらうのはいささか酷な批判であるかもしれない。先にもふれたように当時の学校で教授された修辞学は、われわれの知るような伝統的修辞学、アリストテレスからキケロー、クィンティリアヌス（Marcus Fabius Quintilianus 三五頃―一〇〇年頃）へとつながる修辞学とはかなり様子が異なっていた。つまり政治演説あるは法廷演説に重きの置かれた実践的なものではなく、論理学的な話題に隣接した理論的な修辞学が学校では扱われたであろう。古代ギリシア・ローマと違って、演説に長けた人材を必要とする政治・司法制度ではなく、複雑な身分制度を有する封建制度の中世社会においてむしろ求められ、発展した実践的修辞学は Ars Dictaminis と呼ばれる書簡作成の技術であった。

この Ars Dictaminis についてここで詳細に扱うことはできないが[47]、アベラルドゥスとの関連において一点だけ述べておきたい。イタリアはモンテ・カッシーノにおいて一〇八〇年代に誕生し、一一一〇年代から一一二〇年代にかけて発展したこの技術を[48]ヘロイサが一一三二―三七年ころにパラクレ（フランスのトロア近郊）で書いた書簡の中で駆使している[49]。そして彼女からの書簡に応答する書簡の中でアベラルドゥスも Ars Dictaminis の技法を用いている[50]。ヘロイサがどういう教育を受けて育ったか詳細は不明であるが、保護者である叔父フルベルトゥス（Fulbertus）は非常に教育熱心であったことをアベラルドゥスが証言している[51]。おそらく Ars Dictaminis という最新の学問は、むしろ教え子であるヘロイサが教師であるアベラルドゥスに教えたのであろう。

四　結語に代えて

さて、大学という教育制度が確立する直前という時期にアベラルドゥスがどのような学問活動を行ったのかについて、特に自由学芸への取り組みを通して見てきた。そこで浮かび上がってきた彼の姿はわれわれが抱いている印象といささか違っていたのではないだろうか。

例えば『災厄の記』のなかで彼が学習よりも天賦の才を頼るのが自分の流儀であると神学の先輩たちに啖呵を切る場面が描かれている。(52) それを読むわれわれは彼に対して傲岸不遜で、学問への努力も軽んじるような種類の人物だっただろうという印象さえ持ってしまう。しかも、上述した通り都市型学校や修道院内の非公式な私塾で学生たちに多大な人気を誇ったのだから、「迎合の術」を駆使する人物だったのではないかとさえ思ってしまう。

しかし、われわれが本稿で見たのは、常に学び続ける彼の姿である。故郷を離れて論理学を学び、喧嘩別れしたはずの師グイレルムスのもとを再訪して修辞学を学び、修道院に入った後に文法学と修辞学を学び直し、教え子のヘロイサから Ars Dictaminis を学び、そしてシャルトルのティエリから数学も学んだがこれは残念ながら習得できなかった。さらにそこには理念的というべき学習姿勢も見て取れる。その姿は現実や自己都合に理論、理屈を合わせるような、あるいは実用の明らかな知識のみを効率的に取り入れていくような実際家のそれではない。むしろ自由学芸が神学の基礎であるという理念に従い、その理念を自らの学問活動で現実のものにしようとしていたと見ることができる。アベラルドゥスはアルクイヌスの敷いたレールの延長線上で、大学の成立直前において、その理念を現実のものにしようと奮闘したのである。だが数学系四科は言うに及ばず修辞学や文法学においてさえその試みは成功したとは言い難い。唯一その理念のもと成功した論理学に関しては、その成功ゆえに危険とみなされ多くの人を敵に回してしまった。そこに垣間見えるのは、知というものに誠実であろうとして、ある意味不器用に振る舞ってしまう学者特有の姿のように筆者には思える。

註

(1) *Historia Calamitatum*, ed. J. Monfrin, Vrin 1959; *The Letter Collection of Peter Abelard and Heloise*, ed. David Luscombe, tr. Betty Radice & David Luscombe, Oxford Univ. P. 2013.『アベラールとエロイーズ――愛と修道の手紙』畠中尚志訳、岩波文庫、一九三九年、一九六四年改訳。『アベラールとエロイーズ　愛の往復書簡』沓掛良彦・横山安由美訳、岩波書店、二〇〇九年。

(2) Monfrin, *Historia Calamitatum*, l. 30; Luscombe, *Ep.* I, § 2. 畠中訳一三頁、沓掛訳八頁。

(3) リチャード・E・ルーベンスタイン『中世の覚醒――アリストテレス再発見から知の革命へ』小沢千重子訳、紀伊國屋書店、二〇〇八年 (Richard E. Rubenstein, *Aristotle's Children: How Christians, Muslims, and Jews Rediscovered Ancient Wisdom and Illuminated the Dark Ages*, Harcourt Inc., 2003)。

(4)『中世の覚醒』一四五―一四六頁。

(5)『中世の覚醒』一四八頁。

(6)『中世の覚醒』一四八―一四九頁。

(7)『中世の覚醒』一五五頁。

(8) Monfrin, *Historia Calamitatum*, ll. 254-255; Luscombe, *Ep.* I, § 14. 畠中訳、二一頁。

(9) Monfrin, *Ep.* II, p. 115, ll. 186-187; Luscombe, *Ep.* II, § 12. 畠中訳、八二頁。

(10) Monfrin, *Historia Calamitatum*, ll. 693-701; Luscombe *Ep.* I, § 35. 畠中訳、三七―三八頁。

(11) Michael T. Clanchy, *Abelard: A Medieval Life*, Blackwell, 1998, p. 91.

(12) *Scito Te Ipsum (Petri Abaelardi Opera Omnia IV*, ed. Rainer M. Ilgner [CCCM 190]), 2001, 45, 4; *Peter Abelard's Ethics*, ed. & tr. D. E. Luscombe, Oxford Univ. P. 1971, p. 66, ll. 31-34.

（13）説明を加える必要があろう。アベラルドゥスの議論は挑発的であると同時に論争的で、つまりいいように言い逃れができる構成になっている。彼は、罪を「本来的には」（proprie）「神に対する侮り」と「悪への同意」とした上で「無知も無信仰それ自体さえも罪ではない」と言い論敵を挑発する。*Ethics*, p. 54, l. 27 - p. 56, l. 1. しかし前注のとおり（彼にとって本来的な罪が云々される意図・同意の場面でなく）非本来的な行為の場面では「罪とわれわれは言う」と述べ、論敵に尻尾を摑ませないようにしている。彼の議論は聴講者を意識した「講義型」ではなく、むしろ論敵を意識した「論争型」である。

（14）参照、納富信留「古代ギリシア・ローマにおける『自由学芸』の教育」中世哲学会編『中世思想研究』五六号、二〇一四年九月、七〇―七九頁。

（15）マルティアヌス・カペラ自身の生没は不明、『メルクリウスとフィロロギアの結婚』も成立推定は、四一〇年から四二九年の間であろうとされている。詳しくは次を参照、水落健治「マルティアヌス・カペラ『メルクリウスとフィロロギアの結婚』」中世哲学会編『中世思想研究』五六号、一二三―一二九頁。

（16）カッシオドルス『綱要』第二巻序（田子多津子訳、上智大学中世思想研究所編訳・監修『中世思想原典集成５　後期ラテン教父』平凡社、一九九三年、三四七頁）。引用された聖書の箇所は、「詩編」第一九編一九四節、「箴言」第九章一節、「出エジプト記」第二五章三七節など。

（17）アルクイヌス『文法学』第一部（山崎裕子訳、上智大学中世思想研究所編訳・監修『中世思想原典集成６　カロリング・ルネサンス』平凡社、一九九二年、一二九頁）。

（18）主に次の研究に基づいて作成した。Clanchy, *op. cit.*; Constant J. Mews, 'On Dating the Works of Peter Abelard', in *Archives d'histoire doctrinale et littéraire du moyen âge*, 52 (1985), pp.73-134.

（19）*Confessio fidei ad Heloissam*, PL 178, 375C. 畠中訳、三六七頁。

（20）Monfrin, *Historia Calamitatum*, l. 672; Luscombe, *Ep.* I, § 34. 畠中訳、三七頁、沓掛訳、四四頁。

（21）Monfrin, *Historia Calamitatum*, ll. 25-26; Luscombe, *Ep.* I, § 2. 畠中訳、一三頁、沓掛訳、八頁。

（22）ソールズベリーのヨハネス『メタロギコン』（甚野尚志他訳、上智大学中世思想研究所編訳・監修『中世思想原典集成８　シャルトル学派』平凡社、二〇〇二年、五八一―八四四頁）。Ioannis Saresberiensis, *Metalogicon* (ed. J. B. Hall with K. S. B. Keats-Rohan [CCCM 98],1991).

（23）　Marie-Dominique Chenu, *La théologie au douzième siècle*, Vrin, 1957, pp. 142-158.

（24）　Cf. Constant J. Mews,'Nominalism and theology before Abaelard: New light on Roscelin of Compiègne', *Vivarium* 30 (1), 1992, pp. 4-33.

（25）　*Theologia Christiana*, IV 155 (*Petri Abaelardi opera theologica* II, ed. E. M. Buytaert [CCCM 12], 1969, p. 343).

（26）　Geyer は、『文法学』が実際には書かれておらず、そこで言及されているのは『「カテゴリー論」註解』（*Glossae super Categoriae*）のことではないだろうかと疑っている。*Beiträge zur Geschichte der Philosophie des Mittelalters*, Bd. 21, Heft 4, 1933, Peter Abaelards Philosophische Schriften, hrsg. u. untersucht v. Bernhard Geyer, Münster, pp. 618-619. しかし Mews は Geyer の見込み違いだと論じている。Mews, 'On Dating ...,' p. 93.

（27）　Mews は『文法学』が『〈スンミ・ボニ〉神学』（*Theologia 'Summi boni'*）の後、『キリスト教神学』（*Theologia Christiana*）の前に書かれたと論じている。Mews, 'On Dating ...', p. 92.

（28）　Monfrin, *Historia Calamitatum*, l. 878; Luscombe, *Ep*. I, § 43. 畠中訳、四四頁、沓掛訳、五三―五四頁。

（29）　『弁証学』（*Dialectica*）中で「算術学者による解答」（ab arithmeticis solutiones）を聞いたことがあると述べている。Petrus Abaelardus, *Dialectica*, ed. Lambert M. DeRijk, Assen, 2nd. edn., 1970, p.59, ll. 4-5. また『キリスト教神学』の中で、シャルトルのティエリとシャルトルのベルナルドゥス（Bernardus Carnotensis 一一二六年没）のことを示唆していると思われる人物について「知っている」（nouimus）と述べている。*Theologia Christiana*, IV, 80, p. 302. Cf. Constant J. Mews, 'In search of a name and its significance: A twelfth-century anecdote about Thierry and Peter Abaelard', *Traditio*, Vol. 44, Fordham University, 1988, pp. 171-200.

（30）　沓掛訳、第一書簡訳注（9）、二二一頁。

（31）　München, Bayerische Staatsbibliothek, Clm 14160.

（32）　Mews, 'In search of a name...', pp. 172-173.

（33）　同写本には、アベラルドゥスがイングランド生まれ（natione anglicus）と記されている。

（34）　Monfrin, *Historia Calamitatum*, ll.81-100; Luscombe, *Ep*. I, § 6. 畠中訳一五頁、沓掛訳一一―一二頁。

（35）　普遍を修辞学の文脈で議論することが当時は不自然でなかった。Karin Margareta Fredborg, 'Abelard on Rhetoric', in *Rhetoric and Renewal in the Latin West 1100-1540: Essays in Honour of John O. Ward (Disputatio)*, ed. Constant J. Mews, Cary J. Nederman,

Rodney M. Thomson, John O. Ward, Brepols Pub., 2003, pp. 55-80.

(36) Cf. Fredborg, 'Abelard on Rhetoric', p. 56.

(37) *Glossae super Topica*, in *Pietro Abelardo Scritti di Logica*, ed. Mario Dal Pra, Firenze 1954, pp. 205-330; Abelard, *Super topica glossae*, Fredborg, 'Abelard on Rhetoric', pp. 1-80.

(38) 明白に "Rethorica" という仕方で言及されているのは Dal Pra, pp. 263, ll. 24-25/ Fredborg, §2 と Dal Pra, p.267, ll.15-16/ Fredborg, §3. 3 との二箇所。暗に言及されているのも Dal Pra, p. 242, ll. 28-29: "in tractu argumenti disputabimus" と Dal Pra, p. 257, l. 9 / Fredborg, §1. 1: "hoc loco prelibare nos convenit" との二箇所。

(39) Cf. Mews, 'On Dating…', p. 91.

(40) *Theologia 'Scholarium', Petri Abaelardi opera theologica III*, ed. E. M. Buytaert et C. J. Mews (CCCM 13), 1987.

(41) 『〈スンミ・ボニ〉神学』でのキケロー『発想論』の引用は五箇所、『キリスト教神学』での『発想論』の引用が七箇所、『ヘレンニウスに与える修辞学書』が一箇所、『〈スコラリウム〉神学』では『発想論』が六箇所である。

(42) 『キリスト教神学』は一一二一―二六年、『〈スコラリウム〉神学』は一一三三―三七年、『理解についての論考』と『イサゴーゲー』註解』が一一二〇―二四年、『対話』が一一二五―二六年、『倫理学』が一一三八―三九年と推察されている。Cf. Mews, 'On Dating …', pp. 89-96; pp. 104-126.

(43) 拙論「エロイーズ書翰に見る中世修辞学としての書翰作文術」中世哲学会編『中世思想研究』五六号、二〇一四年九月、九〇―一〇一頁。

(44) Cicero, *De inventione*, I, xxix, 46. 片山英男訳『発想論』(『キケロー選集6 修辞学I』所収)岩波書店、二〇〇〇年、三八頁。

(45) *Theologia 'Scholarium'*, I, 97, pp. 356-357.

(46) 例えば、チャールズ・H・ハスキンズ『十二世紀ルネサンス』別宮貞徳・朝倉文市訳、みすず書房、一九九七年、一一一―一一三頁。

(47) 前掲拙論「エロイーズ書翰に見る中世修辞学としての書翰作文術」九五―九七頁、参照。

(48) James J. Murphy, *Rhetoric in the Middle Ages: A History of Rhetorical Theory from Saint Augustine to the Renaissance*, University of California Press, 1981, pp. 200-220.

(49) Peter Dronke, *Women Writers of the Middle Ages*, Cambridge Univ. P., 1984, pp. 107-139.

(50) 前掲拙論「エロイーズ書翰に見る中世修辞学としての書翰作文術」九七—一〇〇頁、参照。

(51) Monfrin, *Historia Calamitatum*, ll. 282-284; Luscombe, *Ep*.I, § 16. 畠中訳一三頁、沓掛訳一三頁。

(52) Monfrin, *Historia Calamitatum*, ll. 207-209; Luscombe, *Ep*.I, § 11. 畠中訳一〇頁、沓掛訳一八頁。

六　トマス・アクィナス『対異教徒大全』の意図と構造

山本芳久

序　問題意識

イスラーム世界を経由して到来したギリシア的な知の伝統は、ラテン・キリスト教世界に、大幅な知の地殻変動を引き起こした。そこにおいて実現したのは、従来は利用できなかったテキストが利用可能になり、知の総体が有機的に拡大する、というポジティブな事態のみではなかった。一連の知の伝播は、単に、出来上がった知的成果の導入という事態であっただけではなく、むしろ、知的な問題の導入という事態でもあった。

当時の知的世界の中核部分を構成していたキリスト教神学においては、聖書伝来の知とグレコ・アラブ的な知の伝統をどのように関係づけるのか、または関係づけないのか、「理性」と「信仰」の関係、または「自然」と「超自然」の関係にどのような仕方で折り合いをつけるのかという新たな問題が、教会政治的な次元や修道会同士の対立などを孕みこみながら、新たに生まれてくることとなった。

本稿が目指すのは、イスラーム世界からラテン世界への哲学的な知の伝播に関する歴史的経緯の詳細の紹介でもなければ、イスラーム哲学において議論された個別的な諸問題をラテン世界の神学者たちがどのように受容し変容させたかということの概念史的な詳細の分析でもない。そうではなく、十三世紀を代表する神学者の一人であるトマス・アクィナス（Thomas Aquinas 一二二五頃—七四年）の知的営みに焦点を絞りつつ、彼がどのような態度でイスラーム哲学と対峙したか、という、受容の姿勢に関わる問題を、テキストに基づきつつ、綿密に分析していきたい。

トマスとイスラーム哲学との関係については、哲学史上または世界史上の概説的な説明においてその重要性が喧伝されている一方では、トマス哲学の具体的な内実に関する個別研究において、イスラーム哲学との具体的な影響関係や連続性・非連続性の詳細が論じられることは、存外少ないものとなっている。

現在、このような欠落に関する見直しが、世界的規模で急速に進行中であるが、[1] 我が国においては、いまだ、そのような観点からの研究はほとんど為されていないというのが現状である。[2] 本稿においては、そのような状況を打開するための一助として、トマスの主著の一つである『対異教徒大全』（*Summa Contra Gentiles*）の意図と構造を、ギリシア的・イスラーム的知の受容の様態に着目しつつ、分析していきたい。

一　宣教目的説の批判

『対異教徒大全』については、スペインにおいてイスラーム教徒に布教するためのドミニコ会士のためのマニュアルとして執筆されたという理解が従来根強く存在していた。このような伝統的解釈が依拠してきたのは、ペトルス・マルシリウス（Petrus Marsilius 十三世紀末生）の『アラゴン国王ヤコブス一世年代記』（*Chronica gestorum invictissimi domini Iacobi primi Aragonia regis*, 一三一三年）に記されている以下のような証言である。

不信仰者たちの回心を熱心に欲しつつ、〔ドミニコ会前総長であるペニャフォルトのライムンドゥス（一一七五頃―一二七五年）は〕自らと同じ修道会に属する卓越した聖書学博士にて神学教授であるアクィノのトマス修道士――彼はこの世界のすべての聖職者のなかで、アルベルトゥス修道士に次いで最も偉大な哲学者であると見なされている――に、不信仰者たちの諸々の誤謬に対する（contra infidelium errores）何らかの著作を書くように要請した。それによって暗闇の霧が取り去られ、真実の太陽の教えが、信じることを望まない者たち〔「望む者たち」という異読あり〕に開示されるためにである。当の教授は、かくも偉大なる師父の謙遜な懇請が求めていたことを為し遂げ、異教徒に対する（contra gentiles）と題されている大全を作り上げた。それは、その領域において、比類なきものであったと信じられている(3)。

このテクストを主要な典拠としつつ、『対異教徒大全』を、ムスリム相手の宣教的・護教的な著作として位置づけるのが伝統的な解釈であったが(4)、この解釈には、様々な難点がある。

第一に、『対異教徒大全』は、『哲学大全』という別名を付されてきたほどに豊かな哲学的議論に充ち満ちており、その内実は、「初学者のための入門書」とトマス本人によって規定されている『神学大全』と比べてより高度で難解なものであり、その全体を宣教のマニュアルというジャンルに収めることは困難であるという難点がある。

また、第二に、『対異教徒大全』は、たしかに、様々な誤謬に対する論駁に満ちている著作ではあるが、誤謬が指摘される相手は、イスラーム教徒に限定されてはおらず、ユダヤ教徒、古代キリスト教の異端者、古代ギリシアの哲学者など、かなり多岐にわたっているという点も、イスラーム教徒相手の宣教的・護教的な著作という位置づけを困難にするものである。

第三に、イスラームに対するトマスの知識は、偏見に満ちた通り一遍のものであり、既にラテン語に訳されていたクルアーンに直接触れた形跡も見受けられない。ドミニコ会は、論争相手の言語や思考形態を熟知したうえで批判することを重視しており、(5) そのような基準から見ると、『対異教徒大全』は、異教徒に対するドミニコ会の宣教マニュアルとしての基準を満たしているとはとうてい言えない。

そもそも、同書においてイスラームという宗教が明示的に批判されている箇所はそれほど多くないが、最もまとまった批判は、第一巻第六章「信仰に属することがらに同意することは、理性を超えているとはいえ、軽率なことではないということ」という箇所において見出される。同章の末尾において、トマスは次のように述べている。

諸々の誤謬を有する宗派を創設した人々は、〔キリスト教と〕正反対の道を歩んでいた。そのことは、マホメット（Mahumeto）において明らかである。彼は、肉的な快楽――肉的な情欲がそういった〔快楽への〕欲望へと駆り立てる――の約束によって、人々を誘惑した。彼は、肉的な快楽に対して手綱を緩めることによって、その約束に見合った掟を伝えたのであるが、それは肉的な人々によってたやすく従われることとなった。
真理の証明としては、誰であれほどほどに賢い者によって自然的な才覚に基づいて容易に認識されうることよりほかに彼は何ももたらさなかった。さらに、彼は、教示した真なることがらに、多数の作り話と非常に誤った教えを混ぜ入れた。

超自然的な仕方で為された徴――それによってのみ神的な霊感にふさわしい証言が為される――を彼はもたらしもしなかった。だが、神的なもの以外ではありえない可視的なはたらきこそ、不可視な仕方で霊感を与えられた〔キリストのような〕真理の教師を証し立てるのである。ところが、〔マホメットは〕武器の力において自分は遣わされたと語ったのであるが、そんな徴であれば、強盗や暴君にだって欠けてはいないのである。

さらに、はじめから彼を信じたのは、神的なことがらや人間のことがらに熟達した何らかの知者たちではなく、あらゆる神的な教えに完全に無知な砂漠をさまよう野獣的人間たち（homines bestiales）であり、彼は、これらの群衆を通じて、他の者たちを、武器の暴力によって、自らの法へと強制したのである。

しかも、先行する預言者たちの託宣も、彼に証言を与えてはいない。それどころか、彼は、ほとんどすべての旧約新約の教えを、作り話じみた語り口によって損なっているのであるが、そのことは、彼の法を吟味する人には明らかなことである。それゆえ、彼は、ずるがしこい考慮に基づいて、自らの追随者たちに対して、旧約新約の書物を読むことを許さなかったのであるが、それは、それら〔の書物〕によって〔自らの〕虚偽を証明されないがためだったのである。

このようにして、彼の言葉に信を置く人々は軽率な仕方で信じているということは明らかである。(6)

これは、イスラームの創設者であるムハンマド（Muhammad 五七〇頃―六三二年）に対する実に激烈な批判であるが、批判の典拠になるはずのクルアーンからの具体的な引用は完全に欠けている。また、トマスは明示してはいないが、この批判は、十二世紀——トマスの一世紀前——のペトルス・ウェネラビリス（Petrus Venerabilis 一〇九二頃—一一五六年）による『諸々の異端とサラセン人またはイシュマエル人たちの悪魔的で欺瞞的な宗派に対する簡潔なる小提要』（*Summula quaedam brevis contra haereses et sectam diabolicae fraudis Saracenorum sive Ismaëlitarum*）を典拠としている。[7] 自らが属するドミニコ会を一つの中心として進展していたイスラームに対する同時代の研究をトマスが参照した形跡は全く見受けられないのである。[8]

このテクストは、トマス・アクィナスという一人物が、イスラームに対してどのような認識を有していたかという歴史的な事実を明らかにするためのテキストとしてはそれなりに興味深いものではある。だが、イスラームという宗教を正確に理解し、そのうえでキリスト教信仰の正当性を弁証するという目的を達成するための手段という観点から見るならば、実におおざっぱで偏見に満ちた一面的で不十分なものであると言わざるをえないであろう。[9]

もしも、『対異教徒大全』という著作が、イスラーム教徒という異教徒を論駁するとか、イスラーム教徒にキリスト教を宣教するという目的に主眼をおいて執筆された書物であるとすれば、それは、現代的な観点から見て、一面的な偏見に基づいたものと判断せざるをえないのみではなく、執筆当時の知的水準から見ても、けっして、最高度の知的達成の一つと言えるようなものではないとみなさざるをえなくなってしまうのである。

だが、上述のように、ムハンマドに対するこの批判は、「信仰に属することがらに同意することは、理性を超えているとはいえ、軽率なことではないということ」という章のなかに含まれている。その章で明らかにされているのは、キリストの教えに同意することが、「理性を超えているとはいえ、軽率なことではない」ということである。キリストは、旧約聖書によって証された存在であり、超自然的な仕方で徴を与え、肉的欲望を抑制するという実行困難な道を説きつつも、人々を自らの教えへと惹きつけた人物として捉えられている。そのような文脈のなかで、一つの引き立て役として、ムハンマドの宣教の在り方が、キリストと対照的なものとして批判的に取り上げられている。ムハンマドやイスラームを批判するということ自体が自己目的化されている文脈ではないのである。

細部にまで目配りのきいた緻密で体系的な議論をバランスよく展開することを基本的な特徴としているトマスが、このような荒削りなムハンマド批判を開陳しているということは、この著作がムハンマドやイスラームを批判することを意図しているということを明示しているどころか、むしろ、イスラーム教を正確に認識したうえで精緻に批判しようとする意図がトマスにおいて不在であることを指し示していると解釈せざるをえないのである。

それでは、イスラーム教徒への宣教目的ではないとするならば、『対異教徒大全』の意図と構造を、より積極的に、どのような仕方で理解することができるのであろうか。次節以下において、同書の構造と内容について、よりマクロな紹介から始めて、よりミクロなテキスト分析へと進んでいきながら、そのことを明らかにしていきたい。

二　「至福（beatitudo）」についての論考の構造

『対異教徒大全』は全四巻から構成されているが、その全体構造は、おおよそ、次のようになっている。

まず、第一巻の冒頭に、著作全体の「序論」が置かれている（一―九章）。そして、第一巻の一〇章から第三巻の末尾まで――すなわち著作の大部分――は、「理性の自然本性的な光によって認識可能な神的真理について」論じられている。それに対して、最後の第四巻においては、「啓示の超自然的な光によって認識可能な神的真理について」論じられている。啓示によらずに、人間が生まれながらに有している自然的な理性によって論じられうることがらに多大な紙数が割かれているのが本書の最大の特徴の一つであり、だからこそ、『哲学大全』と呼び慣わされてもきたのである。

簡略に言うと、第一巻においては、「神にそれ自体としてあてはまることがらについて、または、神の本性の完全性について」論じられている。第二巻においては、「諸々の被造物の神からの発出について」論じられ、第三巻においては、「目的としての神に対する諸々の被造物の秩序づけについて」論じられている。第四巻においては、人間の救済に関わる、固有な意味で神学的な事柄――三位一体・受肉・復活――について論じられている。

このような全体構造を踏まえながら、以下、至福直観（visio beatifica）――顔と顔を合わせて神を観ること――こそが人間の究極目的であるという究極的な幸福（至福）に関わる部分に焦点をあてながら、『対異教徒大全』におけるトマスの議論の特徴を浮き彫りにしていきたい。

人間の究極目的についての論考は、『対異教徒大全』の第三巻の二五章から六三章まで続いている。本節においては、この箇所について、そこにおいて説かれている教説や内容を詳細に分析するというよりは、むしろ、トマスの論述の構造や方法論に着目しながら、考察を進めていきたい。まず、この部分のおおよその構成を、以下において、いささか詳細に説明したい。

冒頭の二五章は、「神を知性認識することがあらゆる知性的実体の目的であること」と題されている。

次の二六章は、「幸福は意志のはたらきのうちに存するか」と題され、「知性」ではなく「意志」のはたらきのうちに幸福が存するという見解が批判される。

　続いて、二七章は「人間の幸福は肉的快楽のうちに存するか」と題され、その可能性が否定される。以下、同様の仕方で、「名誉（二八章）」「栄光（二九章）」「富（三〇章）」「世俗的権力（三一章）」「身体の善（三二章）」「感覚（三三章）」「倫理的徳のはたらき（三四章）」「賢慮のはたらき（三五章）」「技術のはたらき（三六章）」のうちに究極的な幸福があることが立て続けに否定されていく。

　次に、三七章は、「人間の究極的な幸福は神の観想のうちに存すること」と題され、神を知性認識することのうちに人間の至福が存することがあらためて肯定される。

　だが、だからといって、どのような神認識であっても人間を至福へと導くわけではない。そのことを明らかにするために、三八章においては「人間の幸福は、多くの人びとによって一般的な仕方で所有される神認識のうちには存しないということ」が論じられ、三九章においては「人間の幸福は、論証によって所有される神認識のうちには存しないということ」が示されている。そして、四〇章においては、「人間の幸福は信仰による神認識のうちには存しないこと」が明らかにされている。さらに、四一章においては、「人間はこの世において理論的諸学〔自然学・数学・形而上学〕の研究と探究によって離存的諸実体（substantia separata）〔能動知性および天使〕を知性認識することができるか」ということが問われ、その可能性が否定されている。(10)

　引き続き、次の章からは、具体的な論敵が挙げられ、その至福論が批判的に吟味される。まず、四二章は、「〔アフロディシアスの〕アレクサンドロス（Alexandros 二〇〇年頃）が措定したようには、この世において離存的諸実体を知性認識することはできないということ」と題され、アレクサンドロスの知性観に基づいた幸福概念が批判される。次に、四三章は、「アヴェロエス（Averroes〔Ibn Rushd〕一一二六―九八年）が措定したようには、この世において離存的諸実体を知性認識することはできないということ」と題され、アヴェロエスの知性観に基づいた幸福概念が批判される。そして、四四章においては、「前述の〔四二・四三章の〕諸見解が想定しているような離存的諸実体の認識のうちに人間の究極的な幸福が存するのではないこと」が示され、四五章においては、「この世において離存的諸実体を知性認識することはできないこと」が明らかにされる。

続いて、四六章においては、「魂はこの世において自己自身によって自己自身を知性認識することはできないこと」が論じられ、四七章においては、「この世において神を本質によって（per essentiam）認識することはできないこと」が示され、この世においては、自己認識も神認識も十全なものではありえないことが明らかにされる。そして、至福についての論考の一つのクライマックスである四八章において、「人間の究極的な幸福はこの世には存しないこと」が明示される。

続いて、被造的な知性——人間や天使の知性——が神の本質を認識するためには、自らの力のみではなく、神の側からのはたらきかけを必要とすることが順を追って明らかにされていく。まず、四九章において、「離存的諸実体〔すなわち天使〕は、自らの本質によって神を認識することに基づいて神を本質によって観ることはできないこと」が示される。次に、五〇章において、「離存的諸実体が神について有する自然的な認識においてはその自然本性的欲求が休らうことはないこと」が示される。すなわち、離存的諸実体が、神の側からの超自然的なはたらきかけ——恩寵（gratia）——の助けを借りずに自らの力のみによって遂行する神認識によっては、この世界の第一原因であり根源である神を認識したいという自らが生まれながらに有する欲求——自然本性的欲求——が満たされることはないことが示される。そして、五一章において、「神はどのような仕方で本質によって観られるか〔神の本質はどのような仕方で観られるか〕」ということが明らかにされたうえで、五二章において、

「どのような被造的実体も、自らの自然本性的な力によって、神を本質によって観るところまで到達することはできないこと」が確言される。五三章において、「被造的知性〔人間と天使の知性〕は本質によって神を観ることのために神的な光の何らかの流入を必要とすること」が明らかにされる。

五四章においては、神の直視による至福の獲得可能性に対する異論の紹介とそれに対する論駁が為される。そのタイトルは、「神は本質によって観られることはできないということが証明されるように思われる諸々の根拠とその解決」となっている。

以下、五五章から六三章までにおいては、神を直視している至福者たちの在り方について詳述される。五五章は、「被造知性は神の実体を把握しないということ」と題されている。「把握する（comprehendere）」とは、ものを完全に理解するということ、ものが理解可能であるその限りを尽くして理解することを意味している。それゆえ、この章において明らかにされるのは、神を直視している至福者であっても、神を完全に理解することはできない、いや、むしろ、神の本質を直視することによって初めてありありと顕わとなる、神の真の超越性というものがあるという事実である(11)。

五六章においては、「いかなる被造知性も、神を観ることによって、神のうちにおいて観られることが可能なすべてのものを観るのではないということ」が語られる。五七章においては、「どのような段階のものであれ、あらゆる知性は、神の直視に分け与ることができるということ」が語られる。五八章においては、「一つ〔の知性〕は他〔の知性〕よりもより完全に神を観るということ」について語られ、五九章においては、「神を観ている者たちは、どのような仕方で、すべてのものを観ているか」が明らかにされ、六〇章においては、「神を観ている者たちは神のうちにおいてすべてのものを同時に観るということ」が肯定される。そして、六一章において、

「神の直視によって人は永遠の命に分け与るものになるということ」が述べられ、六二章において、「神を直視する者たちは神を永久に直視するのであること」が明らかにされ、六三章において、「究極的な幸福において、人間のあらゆる欲求がいかなる仕方で満たされるか」が説明されて、至福についての論考が閉じられる。

以上、かなり詳細に、至福に関するトマスの論述をたどってきたが、この一連の議論において注目すべきことが三点ある。

まず、第一に、いささか読者を辟易させるほどまでに顕著なのは、論述の徹底的な否定的性格である。至福の内実を積極的に説明するのではなく、それが何でないかという否定的な説明に、多大な紙幅が割かれている。これは、いわば、否定神学ならぬ否定至福学とでも名づけるべき論述になっているのである。

だが、議論の構造全体を見れば分かるように、論述全体が最終的に否定的な性格のままに留まっているわけではない。否定神学が、神の卓越性を否定するどころか、人間の言葉では容易に捉えることができないほどの神の豊かさを裏側から指し示すための方策として、「神は善ではない」「神は悪ではない」といった否定的命題を積み重ねていくものであるのと同様に、『対異教徒大全』における否定至福学も、富や名誉や快楽といった現世的なものによっては満たしきることのできないほどの人間の欲求の過剰なまでの豊かさを裏側から指し示すものとなっているのである。

世界内的な諸事物——富・名誉・快楽など——が人間の完全な至福（beatitudo perfecta）の対象や構成要素となることが徹底的に否定されていく一連のプロセスは、一見、我々が生きているこの世界に対する極めて醒めた消極的な態度にほかならないように見えるが、それは、逆に言えば、この世界の内部にある何を獲得しても満たされることがないほどに豊かな人間精神の器の大きさを指し示している。人間の魂が「神を受け入れることができる（capax Dei）」というトマスがあらゆる箇所で繰り返している言葉や、「魂は或る意味においてすべてのものである（anima est quodammodo omnia）」という頻繁に引用されるアリストテレス（Aristoteles 前三八四―三二二年）の言葉は、そのような人間精神の根源的な可能性を指し示しているものなのである。[12]

第二に顕著なのは、幸福に関する考え方が、きわめて主知主義的な性格の強いものとなっていることである。人間精神の最高能力である「知性（intellectus）」を最高度に活動させることによって現実化する観想活動においてこそ人間の最高度の自己実現が達成され、最高の幸福が実現するというこうした主知主義的な幸福観は、もともとアリストテレスに由来するものである。至福に関するトマスの一連の論述は、このようなアリストテレスの幸福観をキリスト教的な仕方で変奏するという仕方で遂行されていることが注目に値する。[13]

アリストテレスの幸福論の基盤にある彼の知性論は、『霊魂論』第三巻（第四章・第五章）で為されている「能動知性（νοῦς ποιητικός）」についての刺激的でありつつも曖昧な言明ゆえに、多大な解釈の揺れを生み出してきた。それは、古代末期の注釈者（アレクサンドロス、テミスティオス〔Themistios 三一七頃―三八八年頃〕）を経て、とりわけイスラーム世界において、新プラトン主義とも結びつきながら、多様な解釈を産んできた。[14]

そのあまりにも複雑な詳細は、本稿において取り扱うことはできないが、その勘所が何かと言えば、人間の知性認識活動が本来的な仕方で可能になるためには、人間に内在する能力のみでは不十分であり、人間の外部に存在する「能動知性」の助けが必要である、という能動知性外在説の圧倒的な影響下に、知性論・幸福論が展開していったという事実である。

なぜそうした考え方が生まれていったのかといえば、心身合成体としての感覚的な存在である人間に内在的な能力のみでは、感覚的認識に還元できない知的認識活動を十全な仕方で説明することはできず、知性認識を可能にする外的な原因を導入することが必要であるとされ、それが「神的なもの（θεῖον）」である「外的な知性（νοῦς θύραθεν）」の問題として形成されていったのである。(15)

それに対して、人間の知性認識を成立させる可能根拠である能動知性は人間自身のうちに内在するとトマスは考えるので、能動知性外在説を唱えたアレクサンドロスとアヴェロエスの知性観とそれに基づいた幸福観――外在的な能動知性と人間との結合（〔ラ〕coniunctio,〔ア〕ittiṣāl）によって幸福が実現するという幸福観――を四二章から四五章において批判しているのである。

ここにおけるトマスの論述は、『対異教徒大全』第二巻において既に為された、イスラーム世界の哲学者たちの知性論に対する批判的考察に基づいているが、そこにおいても、本節において分析している第三巻における論述においても、論述の形式として着目すべきことがある。それは、トマスによる「正しい」見解が最初から確立されていて、それと照らし合わせながら「誤った」見解が論駁されていく、という構造になってはいない、という事実である。むしろ、アリストテレスからはじまり、アフロディシアスのアレクサンドロスを経由してアヴェロエスに到るグレコ・アラブ的な諸見解と対話し、その問題点をあぶり出し、克服するという弁証論的な吟味のプロセスのなかで、トマス自身の見解が次第に明確な形を取って分節化されてくるという構造になっている。(16) アリストテレスのテクストに孕みこまれている諸問題が、様々な注釈者たちの互いに緊張関係のうちにある解釈に対する吟味を伴いつつ展開されることによって、トマス自身の解釈の特徴が際立たせられるとともに、それが唯一の読解の可能性ではなく、他の読みの可能性もありうるし実際にあったことが同時に示されていくのである。

『対異教徒大全』という著作が、そのタイトルに違わず、「異教徒」と対峙する著作であるということが言えるとするならば、同時代の「異教徒」――イスラーム教徒――に対する直接的な宣教という文脈においてであるよりは、むしろ、このような仕方におけるグレコ・アラブ的な知的伝統の継受と改変――いやむしろ継受のただなかにおける改変――という文脈においてなのである。

そして、第三に、知性論的伝統との対話による批判的摂取と変奏というこのような論述の構造は、『対異教徒大全』という著作の性質についても、多くのことを示唆している。『対異教徒大全』においては、それぞれのテーマについての論述の分量は、事柄自体の重要性に応じて配分されているというよりは、むしろ、アリストテレス解釈者たちのあいだで活発な議論の対象となっていた問題、そして、神について決定的な仕方で誤った考えを導いてしまいがちな問題に対峙するという、問題解決的・論駁的な観点が重視され、そのような観点から見た重要性に応じて、それぞれの問題にふさわしい紙幅が割かれている。(17)伝統的なキリスト教信仰に脅威を与えつつあった、イスラーム世界を経由して入ってきたギリシア的知が孕んでいた脅威に関連する諸問題――能動知性の単一性の問題や世界の永遠性の問題など――に、アンバランスなまでに多くの紙数が割かれているのである。(18)

もう一つの大全である『神学大全』が、包括的・網羅的で入門的・要約的な性格の強い驚くべきほどの緊密な体系性とバランス感覚を備えた神学書であるのに対して、『対異教徒大全』は、特定の論点にこだわって、論争的な仕方で立ち入った議論を展開している書物なのである。『神学大全』の六分の一程度の分量しかない書物であるにもかかわらず、特定の問題に過剰なまでの紙数を割いているため、キリスト教神学の総体を論じる書物としては、『神学大全』と比べると、偏頗なものとなっている。(19)グレコ・アラブ的な知の継承と、そこに孕まれている諸問題の解決ということが本書の中心的な課題であることが、このような事実からも裏づけることができる。

次節においては、本節において明らかになった『対異教徒大全』という著作の基本性格と、至福についての論考の全体構造を前提にしながら、よりミクロな視点から分析することによって、『対異教徒大全』という著作の論述の構造を浮き彫りにするとともに、『対異教徒大全』におけるグレコ・アラブ的な知の伝統の批判的摂取の特徴を分析していきたい。

三　グレコ・アラブ的な知の伝統の批判的摂取

前節において概観した至福についての論考――否定至福学――のなかで述べられていたように、トマスによると、どのような知的修練を重ねても、人間はこの世において世界の第一根源である神の本質を認識することはできない。

だが、もしもそうであるのであれば、幸福に対する人間の欲求は最終的に挫折せざるをえないのであり、人間の知的探究や倫理的な修練は結局は無意味だということになってしまうのではないだろうか。

トマスはこの問題を深刻に受けとめながら、次のように述べている。


幸福は知性的な本性の善であり、完全で真なる幸福は、そこにおいて完全な知性的本性が見出されるところのものにおいて、すなわち離存的諸実体〔つまり天使〕においては見出されるが、他方、人間においては、何らかの分有という仕方によって、不完全な幸福が見出される、と言う人がいるかもしれない。というのも、何らかの探究によらずには、〔人間は〕真理を十全に知性認識することへと到ることはできないからである。そして、〔四五章において〕既に述べたことから明らかなように、本性に基づいて最も可知的であるものに対して〔人間は〕徹底的に非力だからである。それゆえ、幸福は、その完全な特質に基づいて人間に現存することはできない。とはいえ、〔人間は〕この世においても、幸福になにがしか分け与るのである。そして、これが幸福についてのアリストテレスの見解であったと思われる。それゆえ、彼は、『ニコマコス倫理学』第一巻において、不運が幸福を取り去ってしまうかどうかを探究している箇所において、この世において最も永続的なものである徳のはたらきのうちに幸福があるということを示してから、そのような〔徳に基づいた幸福という〕完全性がこの世において現存するところの人々は、人間として至福だと結論づけているのであるが(20)、それは、いわば、端的に幸福へと到達しているのではなく、人間並みの仕方で到達している、ということなのである(21)。

トマスは、このテクストにおいて、アリストテレスの幸福観を、以下のような仕方で解釈している。すなわち、アリストテレスは、人間の境遇の根源的な不安定性と知的能力の有限性に基づいて、倫理的徳の獲得に基づいた実践的な幸福にも理論的諸学の学びによる知的徳の獲得に基づいた観想的な幸福にも不可避の限界を見てとった。その結果、一種の諦観とも言えるような仕方で、アリストテレスは、不完全な人間に可能なかぎりでの不完全な幸福を可能な範囲で実現することを説いた。これがこのテクストに表現されているトマスのアリストテレス解釈である。

それに対して、グレコ・アラブ世界におけるアリストテレスの後継者たちの多くは、現世における離存的諸実体との「結合（coniunctio）」という方策を編み出すことによって、そのような諦観から脱却することを試みた、とトマスは見なしつつ、同じ章の少し後のテクストにおいて次のように述べている。

これらのそしてこれらと類似の論拠に基づいて、アレクサンドロスとアヴェロエスは、人間の究極的な幸福は理論的な諸学〔自然学・数学・形而上学〕による人間的な認識のうちにはなく、離存的実体との結合――この世において人間にとってそれが可能だと彼らは信じていた――によるのだと主張したのである。それに対して、アリストテレスは、この世において、理論的諸学よりほかに人間の認識はないことを見てとっていたので、人間は完全な幸福を獲得することはなく、自らに固有の仕方で（suo modo）〔幸福を獲得する〕と主張したのである。(22)

このテクストにおいては、トマスは、「アリストテレス主義者」であるアレクサンドロスとアヴェロエスの立場からも、アリストテレス自身の立場からも、距離を置いている。哲学史上においては、「アリストテレス主義者」として規定されることの多いトマスではあるが、右記の一連のテキストにおいては、トマスは、アリストテレスおよびその注釈者たちの伝統から、はっきりと距離を取ろうとしているのである。(23)

離存的実体との結合による幸福の達成という方途は、一見望ましいようにも見えるが、トマスによると、それは幻想にすぎない。感覚的事物の認識から出発せざるをえない人間の認識が、現世において、非感覚的な離存的実体との完全な結合に至るということは原理的にありえないし、万が一ありえたとしても、そのようなことを達成しうる人物は、きわめて稀である。だが、幸福を目指す人間の欲求は万人に共通の自然本性的なものであり、きわめて困難で稀であるそのようなものが、自然本性的欲求の固有な対象であるとはみなすことができないのである。(24)

こうして、完全な幸福の達成を諦めたアリストテレスも、離存的実体との結合という道によってそのような諦観を回避しようとしたアレクサンドロスやアヴェロエスも、完全な幸福を同定するさいに、高度な知性を有していたにもかかわらず、視野の広さを失い、行き場のない隘路に陥ってしまったと捉えつつ、トマスは引き続いて次のように述べている。


　ここにおいて、これらの輝かしき才能が、ここかしこで、どれだけ深刻な隘路に陥ってしまったかということが十分に明らかである。

　上述の諸々の証明に基づいて、この世の後に人間が、不可死の仕方で存在して真の幸福に到達することができると措定するならば、我々はこれらの隘路から解放されるであろう。その境遇においては、〔人間の〕魂は、離存的諸実体〔つまり天使たち〕が知性認識するような仕方で知性認識するであろう。そのことは、本書の第二巻において既に示されたとおりである。

　それゆえ、人間の究極的な幸福は、離存的諸実体が神を認識しているような仕方で、この世の後に人間精神が持つ神の認識のうちにあるであろう。だからこそ、主は、「マタイ福音書」第五章（一二節）において、「天における報酬」を我々に約束しているのであり、「マタイ福音書」第二二章（三〇節）においては、「聖なる者たちは天使たちのようになるであろう」と〔主は〕言っているのであるが、「マタイ福音書」第一八章（一〇節）において言われているように、天使たちは「天において神を常に観ている」のである。[25]

　このテクストにおいて興味深いのは、信仰と理性の関係についての独自の洞察が潜在している点である。[26]
信仰というものは主観的で硬直的かつ無根拠な思いこみにすぎないという、現代において往々にして抱かれている通念がある。信仰というものは、自らの主観的な信念を防衛するために、事実や理性の声に対して目や耳を閉ざす視野狭窄的な態度につながりやすいという見方とも言える。

ところが、興味深いことに、このテクストにおいては、聖書のメッセージに基づいた信仰が、まさにそれと対極的な観点で捉えられている。理性の視野狭窄的な態度に起因する探究のアポリア――隘路（angustia）――からの解放を信仰が与えるという観点である。(27)

だが、ここで気をつけなければならないのは、トマスは、このテクストにおいて、「信仰」という言葉を明示的に持ち出してはいないという事実である。「上述の諸々の証明に基づいて、この世の後に人間が、不可死の仕方で存在して真の幸福に到達することができると措定するならば」という言葉からも明らかなように、トマスは、いまだ、「三位一体」や「キリストの受肉」といった、理性のみによっては導出することができない信仰固有の事柄を取り扱っているのではない。あくまでも理性によって十分に措定することが可能な範囲での宗教的な事柄――来世の存在――を述べているのである。

トマスが「上述の諸々の証明」と述べていることを非常に単純化して述べると、それは、「すべての人間は自然本性的に幸福を欲する」「すべての人間は自然本性的に知ることを欲する」「自然の欲求が無駄であることはありえない」というアリストテレス哲学の根本命題の組み合わせに基づいている。

人間は知的な幸福への欲求を自然本性的な仕方で有している。ところが、そうした欲求は、現世において完全な仕方で満たされることはできない。だが、自然本性的な欲求が無駄であることはありえない。それゆえ、知的幸福への自然本性的な欲求が無駄にならないためには、「この世の後に人間が、不可死の仕方で存在して真の幸福に到達することができる」と「措定する（pono）」以外にない。このような仕方で、一見キリスト教の教えを前提にしているだけにも思われるトマスの論理は、アリストテレス自身の論理を発展的に変奏するという仕方で、あくまでも理性的に構成されている。アリストテレスの論理を変奏することによって、トマスは、アリストテレスの立場から離れ去っているのではなく、むしろ、アリストテレスの論のなかに潜在していた可能性を新たな仕方で明示的に取り出しているのである。トマスは、アリストテレスをアリストテレスに基づいて変奏している、と言うこともできよう。

右記のテクストでトマスが「上述の諸々の証明に基づいて（secundum probationes praemissas）」と述べている句が、どのような仕方で前後とつながっているのか、曖昧な点があるが、「この世の後に人間が、不可死の仕方で存在して真の幸福に到達することができる」ということが諸々の証明によって既に明らかにされている、と読むことはできないであろう。なぜならば、この章においても、それに先立つ多くの章においても、そのようなことが証明されている部分はなく、そこにおいては、全体として、完全な幸福が何でないかという否定的な命題の積み重ねが行われているのみなのだからである。

それゆえ、このテクストは、「〔この世において完全な幸福に達することができないという〕上述の諸々の証明に基づいて、〔幸福への自然本性的な欲求が無駄になることを回避するために〕この世の後に人間が、不可死の仕方で存在して真の幸福に到達することができると〔仮に〕措定するならば」と解釈すべきなのである。天国の存在やそこにおける至福の実現というような事柄が、理性によって論証可能な事柄に属するとトマスは考えてはいないのである。

じっさい、このテクストにおいて、トマスは、聖書に基づいて、「人間の究極的な幸福は、離存的諸実体が神を認識しているような仕方で、この世の後に人間精神が持つ神の認識のうちにある」と主張しているのではない。

むしろ、「人間の究極的な幸福」が可能になるための唯一の残された論理的可能性として、「この世の後に人間精神が持つ神の認識」という選択肢が理性的に提示されたうえで、最後に、「だからこそ主も述べている」という仕方で、聖書の言葉が、理性的な哲学的論理と響き合う仕方で引用される、という構造になっているのである。

この箇所のみではなく、『対異教徒大全』――とりわけ「理性の自然本性的な光によって認識可能な神的真理について」論じられている第一巻から第三巻――においては、聖書によって語られていることを前提にして、それを正当化するために理性的な考察を行う、という構造になってはいない。そうではなく、あらゆる方向性の検討を経た理性的思索の結果が、聖書の言葉によっても確証される、という構造になっている。まず理性的な議論が展開され、最後に聖書が引用され、議論の重なりが示されるのである。

もちろん、理性的な議論を展開しているトマスは、神学者であるかぎり、最初から、自らの信仰によってインスピレーションを与えられながら思索を展開している。だが、だからといって、「信仰」が「理性」に対して上から答えを与えるというような仕方で議論は進められていない。「信仰」は、確定的な答えを与えるというよりは、むしろ、探究の視野を現世に限定しようとしがちな「理性」に対して、現世に限定しないで問題をより広い視野で考えなおすための手がかりを与えるものとして機能しているのである。

だが、ここで、一つ疑問が浮かんでくる。それは、人間の欲求は、結局最終的に完全に満たされることはないものだ、という諦めに基づいた人間観を、トマスの議論は本当に打ち負かしえているのか、という疑問である。

この問題を解決するための手がかりは、啓示に基づいた信仰に固有な事柄を取り扱っている『対異教徒大全』第四部の五四章「神が受肉するのはふさわしいこと（conveniens）であったということ」におけるトマスの次の発言のうちに見出すことができる。

神の受肉は、至福へと向かおうとしている人間にとって（homini ad beatitudinem tendenti）最も効果的な助けであった。

〔本書の〕第三部において、人間の完全な至福は神を直接的に観ることのうちにあるということが示された。ところが、知性が可知的なものに結びつけられるような仕方で、人間知性が直接的に神の本質に結びつけられるところにまで到達するというようなこの状態にまで人間が到達することは、〔人間と神の〕本性の巨大な距離のゆえに、けっしてできないと誰かに思われることが可能であった。そうして、人間は、絶望によって妨げられて（ipsa desperatione detentus）、至福の探究に関して、なまぬるく不熱心になってしまったことであろう（circa inquisitionem beatitudinis homo tepesceret）。

ところが、神が人間本性を自らにペルソナにおいて結びつけることを意志したということによって、人間が、神を直接的に観ることによって、知性を通じて神に結びつけられるということが、最も明瞭な仕方で人間たちに示されているのである。それゆえ、人間の至福に対する希望を鼓舞するために、神が人間本性を摂取するということは、最もふさわしいこと（convenientissimum）であった。だからこそ、キリストの受肉のあと、人間は天上的な至福をよりいっそう熱望し始めたのである。だからこそ、キリスト御自身が、「ヨハネ福音書」第一〇章（一〇節）において、「私が来たのは彼らが命を持つためにであり、それもより豊かに持つためにである」と述べているのである。[28]

このテクストにおいて、まず注目に値するのは、トマスがとりわけそのキリスト論において多用する「ふさわしさ（convenientia）」の論理である。[29] それは、必然的な仕方で理性的に論証することができない事柄について、探究することを諦めるのでもなければ、盲目的な信念に基づいて強引に決断するのでもない、第三の選択肢として、トマスのテクストの様々な箇所で使用される論理である。必然的な仕方で完全に論証することはできないにしても、だからといって、論理的な考察を断念するのでもなく、様々な角度からの蓋然的な論拠を積み重ね組み合わせることによって、どのような方向性で考えることがよりふさわしくもっともなことであるのかということをあぶりだし、浮き彫りにしていこうとする思考形態として機能するのが、「ふさわしさ」の論理なのであり、それは、必然性（necessarium）の論理と区別されて使用されている。

キリストが単なる人間ではなく受肉した神であるということが、理性に基づいた必然的な論証の対象になるとは、トマスは考えていない。だが、だからといって、神が受肉するということは、理性に反することとも捉えられていない。至福に対する自然本性的欲求の充足に対する諦念と絶望から人間精神を解放しうる希望の原理として、受肉という出来事の真実性を想定することが、理性的に考えて「最もふさわしいこと」であると述べているのである。

「ふさわしさ」の論理の活用によって、トマスは、歴史的な個別的・偶然的出来事には普遍性・必然性がないから学問の対象にはならないと考えたアリストテレス的な学問観を超え、キリストの受肉というような歴史的な出来事を神学という学問の中に組みこむことに成功しているのである。

右記のテクストに関して第二に着目すべきことは、「神の受肉」であるキリストの存在意義が、「罪の償い」とか「十字架の犠牲」というようないかにも「宗教的」な観点から捉えられているのではなく、知性論的な観点から哲学的な仕方で捉えられていることである。

キリストが受肉したということは、「神的本性」と「人間本性」が、分離せず融合もしない仕方で緊密に結合し一致する（いわゆる「位格的《ペルソナ》一致」）という出来事が実現したということを意味する。そして、それは、キリスト以外の普通の人間とは関係のない特殊な出来事であるどころか、人間本性の中核的な構成要素である知性が神と緊密に結合し一致することが可能であるという普遍的な希望を与える出来事なのである。そういう観点から、キリストの存在意義が、知性論的な観点から哲学的な仕方で捉えられているのである。

第三に着目すべきことは、「知性が可知的なものに結びつけられるような仕方で、人間知性が直接的に神の本質に結びつけられる」という言明である。トマスは明示的に述べてはいないが、実は、この発想は、アヴェロエスに由来している。アヴェロエスにおいては、「神」ではなく離在的な「能動知性」が、このような仕方で人間と「直接的に」結びつけられうると捉えられているのである(30)。

トマスは、初期の著作においては、アヴィセンナやアヴェロエスの著作からの引用を頻繁にかつ明示的な仕方で為している。だが、これらの哲学者たちの教説に対する疑義がラテン世界で強まるにつれて、ちょうど『対異教徒大全』を執筆する頃から、彼らの教説に依拠している場合でも、明示的にその名前を挙げることが少なくなっていく(31)。トマスは、『対異教徒大全』のなかでアヴェロエスの知性観を明示的に批判しているが、実は、アヴェロエスの名前を明示的に挙げることはせずに、しかしながら、アヴェロエスの理論に依拠しつつ、それを換骨奪胎する仕方で、至福についての自らの理論のなかに組みこんでもいるのである。

既に述べたように、至福についてのトマスの論考は、アリストテレスをアリストテレスに基づいて変奏する、という構造になっている。そのさい、アリストテレスの注釈者（Commentator）であるアヴェロエスの思考様態を批判している当のトマス自身が、換骨奪胎しつつ、それを批判的に同化してもいるのである。

アリストテレスの注釈者のテクストを批判的に同化し、アリストテレスのテクスト自体を変奏しながらも、トマスはアリストテレスの精神から逸脱してしまうのではない。アリストテレスのテクストの孕んでいるポテンシャルが初めて本来的な仕方で生きてくるような仕方で、トマスは、神の直視による至福の達成という観点を打ち出しているのである。

『対異教徒大全』という著作の真骨頂は、こうした仕方における、グレコ・アラブ的な哲学の伝統との批判的対話に基づいた改変的摂取のうちに見出すことができる。キリスト教の教えによってインスピレーションを受けつつも、それをはじめから独断的な仕方で打ち出すことなく、人間すべてに共通する自然的理性の次元に基づいて丹念に議論を進めることによって、そのような批判的摂取が可能になっているのである。

結論

『対異教徒大全』の意図が護教論的・宣教的なマニュアルの作成ではないとするならば[32]、同書の意図をどのような仕方でより積極的に捉えなおすことができるであろうか[33]。

近代的な『対異教徒大全』研究の開拓者の一人であるゴーティエは、宣教のマニュアルという伝統的な解釈に初めて本格的な疑義を唱えた論考のなかにおいて、次のように述べている。

『対異教徒大全』ほど、著作がより少なく歴史的であったのは稀である。著作が、自らを断固として非時間的な地平へと位置づけるために、より完全に歴史から逃れたことはほとんどない。『対異教徒大全』は、その名宛人ゆえに歴史の埒外にある。その名宛人は、その時代の時事的事柄に身を浸した人々ではなかった。アジアの異教徒や、スペインやアフリカのユダヤ人やムーア人やロンバルディアのカタリ派を改宗させるための準備をしていた宣教師たちではなかった。[34]

このテクストにおいて、ゴーティエは、『対異教徒大全』の想定された読者が、異教徒・異端者への宣教という「時事的事柄」に従事する人々であったという伝統的な解釈をはっきりと否定している。そのうえで、彼は、『対異教徒大全』の名宛人は、歴史的な偶発事から解放されて永遠的真理（verités éternelles）を探究している思弁的神学者たちであると述べ、「永遠的な要求に答えているからこそ、『対異教徒大全』は永久にアクチュアルなのである」[35]と結論づけている。

本稿において述べてきたように、宣教のマニュアルという伝統的な見解は、『対異教徒大全』という著作の内的構造という観点からも、当時の時代的状況やドミニコ会の宣教方針との合致という観点からも、根拠薄弱なものである。ゴーティエの見解は、時事的問題への対応という観点から『対異教徒大全』を理解しようとする従来の見解と比べると、はるかに見るべきものがある。また、トマス自身が、『対異教徒大全』の序文において述べていることとも響き合うものがある。トマスは、『対異教徒大全』第一巻の第二章「この著作における著者の意図は何であるか」において、次のように述べている。

あらゆる人間的活動のなかで、知恵の探究（studium sapientiae）は、より完全、より高貴、より有益で、より喜ばしいものである。

それがより完全であるのは、人間は、知恵の探究に専念するかぎりにおいて、真の至福の何らかの部分を既に有しているからである。だからこそ知者は、「知恵のうちに留まる者は幸いだ」（「集会の書」一四・二二）と述べているのである。

それがより高貴であるのは、これによって人間は、「万物を知恵において創造した」（「詩篇」一〇三・二四）神への類似に特に近づくからである。そして、類似は愛の原因であるから、知恵の探究は、友愛によって〔人間を〕神へととりわけ結びつけるものだからである。だからこそ、「知恵は人間にとって限りなき宝であり、それを用いる者は神の友愛に分けあずかる者となる」（「知恵の書」七・一四）と言われているのである。

それがより有益であるのは、知恵を通じて我々は不死の王国に到達するからである。「知恵への欲求は永遠の王国へ導く」（「知恵の書」六・二一）のである。

それがより喜ばしいものであるのは、「知恵との対話は苦さを含まず、また知恵との交わりは倦怠をもたらさず、ただ悦びと歓喜を与える」（「知恵の書」八・一六）からである。

「著者の意図」と題されたこのテクストにおいては、論理的な探究が為されているというよりは、聖書の言葉をちりばめながら、熱烈な知恵の讃歌が歌い上げられている。「知恵の探究」という営みにおいて、哲学的伝統と聖書の伝統との接合点が見出されている。

トマスは、『対異教徒大全』において、アリストテレスとその注釈者たちによって形成され展開されてきた哲学的な知恵の探究の伝統を受け継ぎつつ、彼らの探究の成果の問題点を徹底的にあぶり出し、批判する。トマスは、古代ギリシアからイスラーム世界を経て伝承されてきた「哲学」を、自己完結した教説として受容しているのではなく、「知恵の探究」「知恵の愛」という哲学の原点に立ち戻りつつ、聖書的な知恵の伝統と統合している。トマスは、神学・哲学の個別的な諸問題に関して真理と誤謬を弁別していくのみではなく、そうした営みを永遠的な知恵の探究というより積極的な文脈のなかに位置づけなおしている。真理と誤謬を弁別していく作業は、冷たい論理的な理性による批判的な営みであるのみではなく、知恵に対する熱烈な愛を原動力としつつ、同時に、その知恵に対するより熱烈な愛を深めていくことを目的ともしている。

『対異教徒大全』という著作は、全体として、真理と誤謬の双方を含んだ哲学的・神学的な知恵の探究の総体に対する讃歌となっている。誤謬は、真理に対して、内容としては何も付け加えることはないかもしれない。だが、誤謬の存在は、対話的な仕方で実現していく人間の真理認識の不可欠な構成要素であり、結果としては誤りに陥っているとしても、そのような誤り自体が、真理に対する愛に基づいて初めて生じてきうるものでもある。

このような仕方における知恵の讃美は、「護教的（apologetic）」という表現が連想させる防衛的または攻撃的な態度とは根本的な次元においてそぐわない姿勢であると言えよう。

『対異教徒大全』においては、「真理」と「誤謬」との対立が、防衛や攻撃という護教的・宣教的次元を超えて、「知恵の探究」の喜びという文脈のなかへと置きなおされている。『対異教徒大全』は、哲学的伝統と聖書的・キリスト教的伝統を「知恵の探究の喜び」という観点から統合しつつ、読者を、そのような知恵の探究へと招き入れようとしている著作なのである。『対異教徒大全』の名宛人は、歴史的な偶発事から解放されて永遠的真理を探究している思弁的神学者であるというゴーティエの解釈は、トマスが序文において展開しているこのような永遠的な知恵の讃歌という特徴を的確に捉えたものと評価できよう。

だが、ゴーティエは、歴史的状況から離れた「永遠的真理」の存在を、あまりにも安直に前提にしすぎているのではないかという疑問も払拭できない[36]。ゴーティエの卓見を基本的なところで受け継ぎつつも、十三世紀という時代状況に『対異教徒大全』を位置づけなおす歴史的な観点も必要であろう。

当座の宣教目的のためのマニュアルといった狭い意味での時局的・実践的な次元に還元するのでもなければ、「永遠的真理」といった逆の極端な次元に祭り上げてしまうのでもなく、よりバランスの取れた仕方で『対異教徒大全』という著作を理解するための鍵は、「自然理性（ratio naturalis）」という概念のうちに見出すことができる[37]。

繰り返し述べてきたように、「超自然の次元」や「啓示の次元」を最初から持ち出してくるのではなく、「自然の次元」すなわち人間が生まれながらに有している理性の次元で議論を進めているところに、『対異教徒大全』という著作の最大の特徴の一つを見出すことができる。

「超自然の次元」や「啓示の次元」ではなく、「自然の次元」で議論を進めるという言明を目にすると、現代人の多くは、存在するかどうか分からない不確かな「超自然」や「啓示」といったものではなく、確固とした手応えを持って存在する「自然（natura）」という自明な原理に基づいて議論をすすめるという、まさに自然な――あたりまえの――作業が行われているという印象を持つであろう。

その印象は必ずしも間違いではないが、忘れてはならないことは、そのような「自然の次元」という観念自体が、十二世紀から十三世紀にかけてのいわゆるアリストテレス革命によって生み出された――控えめに言っても再発明された――ものであったという事実である。「自然」や「自然理性」に基づいて神学的な議論を進めるという発想は、けっしてあたりまえのものではなかったのである。トマスこそ、まさに、そのような「自然の次元」の自律性という新機軸を、キリスト教神学の枠組のなかで、初めて本格的な仕方で確立した人物なのである。

それゆえ、『対異教徒大全』は、「異教徒」を変化させる——すなわち改宗させる——ことを目的としているというよりは、キリスト教徒が自らを変化させる——グレコ・アラブ的な異教世界において発展を遂げてきた「自然理性」に基づいてキリスト教的真理を捉えなおす——ことを目的としている。

そして、「自然理性」に基づいたキリスト教の自己理解の変容は、そのような変容のツールであった「自然理性」そのものがどのようなものでありどのような可能性と限界を担ったものであるのかという理解をあらためて与えるという意味において、「自然理性」そのものをも変容させていく。人間の「自然本性」に基づいた至福の探究が、「受肉」や「神の直視」といったキリスト教的・超自然的な教えに対して開かれたものでありうることを明らかにするとともに、だからといって人間の「自然本性」からそのような教えが必然的に導出されるわけではないことをも自覚させていく。「信仰」と「理性」の関係について考察するさいに重要なのは、「信仰」も「理性」も自己完結したものではなく、つねに未完成のものとして新たな発展の可能性に開かれているということなのである。

「自然理性」に基づいた厚みのある哲学的伝統との出会いのなかでキリスト教の自己理解が変容し、そして、同時に、そのような変容を可能にさせた「自然理性」自体が、自らの新たな展開可能性を自覚していく。そのような自然理性の自己超越的な変容の営みにおいて、キリスト教の教説が阻害要因となるどころか、むしろ促進要因になる、という観点がトマスのうちには見出される。

そして、そのような仕方でキリスト教信仰が理性との相互促進的な関係を構築していくことができるものだという事実自体、アプリオリな仕方でドグマ的に宣言されているのではなく、トマスの知的営みそのものにおいて、そのような可能性が——その不可能性を危惧しアリストテレスを学ぶことを禁じようとした保守的神学者たちに抗して——あらためて成功裡に具体的な仕方で開示されているのである。

このような知的探究の営みにおいて、トマスにとって問題になっていたのは、イスラーム世界の哲学者であって、イスラーム教徒一般ではなかった。しかも、誤解を恐れずに言えば、トマスにとっては、「イスラーム哲学」などというものは存在していなかった。それは、「イスラーム世界において展開した哲学」ではあっても、「イスラーム的な哲学」ではなかった[38]。アヴェロエスやアヴィセンナといった哲学者たちは、イスラーム世界で活躍した哲学者、または、イスラーム教徒でもあった哲学者という位置づけであって、彼らの「イスラーム性」といったものは、トマスにおいて、ほとんど問題になっていない[39]。

アヴェロエスやアヴィセンナは、「イスラーム教徒」として、「キリスト教徒」であるトマス自身から区別され批判されていたというよりは、むしろ、自らと同じ哲学者の共同体に属する者として、トマスによって、学びの対象としても、批判の対象としても、位置づけられていた[40]。トマスと彼らとの出会いは、キリスト教徒とイスラーム教徒の出会いではなく、ヘレニズムの影響下に成立したイスラーム世界の哲学的営みと、伝統的なキリスト教神学をその影響下に革新しようとした哲学的神学者との出会いにほかならなかったのである[41]。

それゆえ、アヴィセンナやアヴェロエスの誤謬がトマスによって批判されるとき、それは、イスラーム教徒やイスラームという宗教の誤謬として、キリスト教神学固有の立場から批判されているというよりは、むしろ、自らと同じ哲学者の共同体に属する先人たちの誤謬として、いわば、peer review の対象となっているのである。

上述のように、一見歴史を超越した普遍的なもののようにも見える「自然理性」自体が、実は歴史的な産物という側面を有するものでもあった。トマスは、グレコ・アラブ的な哲学の伝統のなかに具体化されたそのような「自然理性」を、ラテン・キリスト教世界における知の伝統のなかに位置づけなおしながら摂取同化している。

そのさい、彼は、アリストテレスのテクストに対する注釈という仕方で具体化されてきた「自然理性」による探究の成果から、実に多くのことを学び取りつつ、同時に、それを批判的に掘り崩しもしている。(42)

そのような意味において、『対異教徒大全』におけるトマスの知的営みは、グレコ・アラブ的な知の伝統――異教的世界を中心に展開してきた哲学的な知の伝統――との対峙のなかで、「自然理性」とキリスト教的な知恵の双方を再定義しようとした営みとして解釈することができよう。(43) それは、グレコ・アラブ的な知の伝統の受容と批判のなかで、理性と信仰を包みこむ総合的な知恵を再構築する作業であったのである。(44)

註

(1) その一つの中心は、Marquette University の Richard C. Taylor 教授を中心に進められている Aquinas and 'the Arabs' Project である。

(2) イスラーム哲学と西洋中世哲学を同一の土俵のもとに論じようとするささやかな試みとして、以下の拙論を参照されたい。山本芳久「イスラーム哲学――ラテン・キリスト教世界との交錯」、神崎繁・熊野純彦・鈴木泉編『西洋哲学史 Ⅱ』所収、講談社選書メチエ、二〇一一年、二一一―二八〇頁。同「アヴェロエス『決定的論考』における「法」と「哲学」の調和」、東京大学大学院国際社会科学専攻編『国際社会科学』第六〇輯（二〇一〇年）、二一―三八頁。

(3) ラテン語の原文は、以下のものに依拠した。Cf. R.-A. Gauthier, "Introduction historique," in Saint Thomas D'Aquin, *Contra Gentiles*, trans. R. Bernier and M. Corvez, Vol.1, Paris: P. Lethielleux, 1962, pp. 7-123, especially, p. 61. なお、〔 〕内は引用者による補いである。以下同様。

(4) 護教論的・宣教的意図を強調する解釈の流れにも、様々な枝分かれがある。それは、トマスが念頭に置いている「異教徒」または「不信仰者」を具体的にどのような相手と考えるのか――ムスリムに限定するのかしないのか――ということ、および、トマスが想定している読者を誰と考えるのか――「異教徒」「不信仰者」なのか、彼らに宣教しようとしているキリスト教の聖職者なのか――ということの組み合わせによって生じてくる様々な枝分かれである。Cf. M. D. Chenu, *Toward Understanding*

Saint Thomas, translated with authorized corrections and bibliographical additions by A. M. Landry and D. Hughes, Chicago: H. Regnery, 1964, pp. 288-296, especially, p. 288.

（5） Cf. Mark D. Jordan, *Rewritten Theology: Aquinas after his Readers*, Oxford: Blackwell, 2006, p. 94.

（6） *S.C.G.*, I, c. 6, n. 41.（以下、『対異教徒大全（*Summa Contra Gentiles*）』からの引用に関しては、慣例に従い、*S.C.G.*, I, c. 6, n. 41 のように表記するが、それは、同書第Ⅰ巻第六章四一節を意味している。）なお、テキストは、マリエッティ版を使用した。

（7） 同書にトマスがどのような仕方で依拠しているかということに関わるテキストの詳細は、マリエッティ版の注釈において詳しく分析されている。Cf. Thomas Aquinas, *Liber de Veritate Catholicae Fidei contra errores Infidelium seu Summa Contra Gentiles*, II, Marietti, 1961, pp. 9-10. なお、ペトルス・ウェネラビリスのイスラーム観については、以下の研究を参照されたい。矢内義顕「ペトルス・ウェネラビリス『サラセン人の異端大要』」、早稲田商学同攻會編『文化論集』二三（二〇〇三年）、一三三―四六頁。

（8） Cf. Mark D. Jordan, *op. cit.*, 2006, p. 93.

（9） トマスのムハンマド観については、以下の研究を参照されたい。Cf. J. Waltz, "Muhammad and the Muslims in St Thomas Aquinas," in Mona Siddiqui, *The Routledge Reader in Christian-Muslim Relations*, London: Routledge, 2013, pp. 112-121.

（10） 「離存的実体」とは、「〔質料・物質と〕結合した実体（substantia coniuncta）」とは異なり、質料（materia）から独立して存在する実体のことである。具体的には、離存的な知性――その代表的なものが能動知性――のみではなく、「天使（angelus）」を指す。トマスは、離存的実体についての独立した論考を残している。トマス・アクィナス「離存的実体について（天使論）」（八木雄二・矢玉俊彦訳、上智大学中世思想研究所編訳監修『中世思想原典集成14　トマス・アクィナス』所収、平凡社、一九九三年、五八五―七一七頁）を参照されたい。

（11） このような経緯については、拙著『トマス・アクィナスにおける人格《ペルソナ》の存在論』（知泉書館、二〇一二年）の第Ⅱ部第四章「神認識における人格《ペルソナ》の自立性と関係性――神の把握不可能性の含意するもの」（一〇一―一一九頁）を参照されたい。

（12） このような経緯については、前掲拙著第Ⅱ部「存在充足としての認識活動」（七九―一三六頁）を参照されたい。

（13） 「変奏」の詳細については、次節において分析する。なお、神の直視（至福直観）において人間のすべての能力・可能態が現実態へともたらされることによって至福が実現するということの詳細については、以下の研究を参照されたい。William J. Hoye, *Actualitas omnium actuum: Man's Beatific Vision of God as Apprehended by Thomas Aquinas*, Meisenheim (am Glan): Hain,

1975.

（14） イスラーム世界における知性論の詳細については、次の研究を参照されたい。Herbert A. Davidson, *Alfarabi, Avicenna, and Averroes, on Intellect: Their Cosmologies, Theories of the Active Intellect, and Theories of Human Intellect*, Oxford University Press, 1992.

（15） このような経緯の詳細については、前掲拙稿「イスラーム哲学――ラテン・キリスト教世界との交錯」を参照されたい。

（16） Cf. Thomas S. Hibbs, *Dialectic and Narrative in Aquinas: An Interpretation of the Summa Contra Gentiles*, Notre Dame: University of Notre Dame Press, 1995, p. 80.

（17） *Ibid.*, p. 37.

（18） 離在的な能動知性の単一性という教説は、アリストテレス解釈として哲学的に不適切であるのみではなく、倫理的な賞罰や、キリスト教的な人間観――個人の魂の救済や破滅――を根源的な次元で破壊するものとして、トマスによって、深刻な脅威として受けとめられていた。トマスは、この問題に対峙するために、『知性の単一性について――アヴェロエス主義者たちに対する論駁』（水田英実訳、上智大学中世思想研究所編訳監修『中世思想原典集成14 トマス・アクィナス』所収、平凡社、一九九三年、五〇三―五八三頁）という著作を著している。『対異教徒大全』においても、第二巻七六章「能動知性は離在的な実体ではなく、魂に属する何かであるということ」において、次のように述べている。「人間に固有なはたらきは知性認識することである。そして、その第一の原理・根源（principium）は能動知性である。能動知性は可知的形象を作り出すが、可能知性は何らかの仕方でその形象を受動し、現実態にあるものとされ、意志を動かす。それゆえ、もしも能動知性が人間の外にある何らかの実体であるとすれば、人間のはたらき全体が外的な原理・根源に依存するものとなる。それゆえ、人間は自らをはたらきへと動かすものではなくなり、むしろ他のものからはたらかされるものとなってしまうであろう。そして、このような仕方で、自らの諸々のはたらきの主人ではなくなってしまうであろう。また、称賛にも非難にも値しなくなってしまうであろう。そして、倫理学の全体と社会政治的交流が滅んでしまうであろう。だが、このことは不適切（inconveniens）である。それゆえ、能動知性は人間から離在した実体ではない」(S.C.G., III, c. 76. 傍点は引用者による)。なお、この部分に関しては、以下の邦訳があるが、参考にしつつ、訳しなおした。川添信介『トマス・アクィナスの心身問題――『対異教徒大全』第二巻より』知泉書館、二〇〇九年、二二三頁。

（19）そもそもこの書物は、特定分野の知の総体を要約的・体系的に述べるという意味での「大全」ではないとも言える。実際、多くの初期の写本に残されている本書のタイトルは、『対異教徒大全』ではなく、『カトリック信仰の真理についての書――不信仰者たちの諸々の誤りに抗して（*Liber de Veritate Catholicae Fidei contra errores Infidelium*）』となっている。後者のタイトルにおいては、「大全」ではなく「書（liber）」という、体系的・網羅的であることを要しないより一般的な名称が用いられていることが注目される。

（20）トマスが要約的に紹介しているアリストテレスのテクストは以下のものである。「完全な徳に基づいて活動し、しかも外的な善を時おりにではなく、全生涯にわたって十分に兼ね備えている人を、幸福な人と呼んで何の差し支えがあろうか。もとよりわれわれは、その人がそのようにして生きてゆき、それにふさわしい死に方をする、ということもつけ加えるべきであろう。というのも、未来はわれわれにとって不透明であるが、現にわれわれは幸福を究極目標であり、あらゆる点でまったく完全なものと見なしているからである。もしそうだとすれば、われわれは生きている人たちのうちで、以上述べられた諸条件がそなわっており、かつまた未来においてもそなわるような人たちを至福な人々と呼ぶべきであろう。ただしその場合の至福とは、むろん人間としてのそれである（μακαρίους δ᾽ ἀνθρώπους）。」（『ニコマコス倫理学』第一巻第一〇章 1101a14-21、朴一功訳、京都大学学術出版会、二〇〇二年、四四―四五頁。傍点とギリシア語の挿入は引用者による。）

（21）*S.C.G.*, III, c. 48, n. 2254. 傍点は引用者による。

（22）*S.C.G.*, III, c. 48, n. 2260.

（23）トマスが単純な意味で「アリストテレス主義者」と規定しうるわけではなく、一見アリストテレスに基づいているように見える文脈においても、アリストテレスの立場を換骨奪胎していることが多いことを説得的に明らかにした論考として、以下のものを参照されたい。Mark D. Jordan, "Thomas's Alleged Aristotelianism or Aristotle among the Authorities," in *Rewritten Theology: Aquinas after his Readers*, Oxford: Blackwell, 2006, pp. 60-88. また、トマスをむしろ「アウグスティヌス主義者」として捉えなおそうとする近年の論考として、次の論文集を参照されたい。Michael Dauphinais, Barry David, & Matthew Levering eds., *Aquinas the Augustinian*, Washington, D.C.: Catholic University of America Press, 2007.

（24）*S.C.G.*, III, c. 44.

（25）*S.C.G.*, III, c. 48, n. 2261-2262.

（26）トマスにおける「信仰」と「理性」の関係については、以下の拙稿を参照されたい。山本芳久「信仰の知的性格について――トマス・アクィナスの創造論を手がかりに」、上智大学中世思想研究所編『中世における信仰と知』所収、知泉書館、二〇一三年、二九三―三一六頁。

（27）Cf. Jan Aertsen, *Nature and Creature: Thomas Aquinas's Way of Thought*, translated from the Dutch by Herbert Donald Morton, Leiden: E.J. Brill, 1988, pp. 213-218.

（28）*S.C.G.*, IV, c. 48, n. 3923.

（29）「ふさわしさ（convenientia）」の論理についての詳細な研究としては、以下のものを参照されたい。Gilbert Narcisse, *Les raisons de Dieu : Argument de convenance et esthétique théologique selon saint Thomas d'Aquin et Hans Urs von Balthasar*, Fribourg : Éditions universitaires, 1997.

（30）Cf. Richard C. Taylor, "Arabic / Islamic Philosophy in Thomas Aquinas's Conception of the Beatific Vision in *In IV Sent.* D. 49, Q. 2. A. 1," *The Thomist* 76 (2012), pp. 509-550.

（31）Cf. Albert Judy, "Avicenna's《Metaphysics》in the *Summa contra Gentiles*," *Angelicum* 52 (1975), pp. 340-384, especially, p. 380.

（32）イスラーム世界の哲学者たちの幸福観や知性観は、イスラームの世界観を代表するものではなかった。いや、むしろ、イスラーム世界において、本稿で述べたような知性観や幸福観を提示する哲学者は、いかがわしい存在と見なされがちであった。逆に言えば、イスラーム世界の哲学者の思想を批判しても、イスラーム教と対峙する意味でのキリスト教を擁護したり宣教したりすることに直接的にはつながりえなかった。このような意味においても、『対異教徒大全』を護教論的・宣教的なマニュアルと解することには困難がある。

（33）「宣教のマニュアル」という捉え方が、とりわけ、トマスの専門家ではない周辺領域の研究者のあいだでいまだに存続していることも事実である。このような捉え方を歴史家のヴォースは「存続している神話」と呼び、批判している。Cf. Robin Vose, *Dominicans, Muslims and Jews in the Medieval Crown of Aragon*, Cambridge University Press, 2009, p. 53.

（34）R.-A. Gauthier, "Introduction historique," in Saint Thomas D ' Aquin, *Contra Gentiles*, trans. R. Bernier and M. Corvez, Vol.1, Paris: P. Lethielleux, 1962, p. 121.

（35）*Ibid.*, p.123.

（36）ゴーティエは、伝統的解釈を維持しようとする多くの論者との論争を行った結果として、次第により微妙な表現をとるようになった。『対異教徒大全』の意図は「直接的で限定された宣教」ではなく、「普遍的な宣教という射程を有する知恵〔の探究〕」であったと彼は最終的に述べている。永遠的な知恵を探究しているからこそ、キリスト教的な真理の宣教にも長期的に有効なものでありえている、という理解である。現在のところ最も優れたトマスの評伝的研究を著したトレルも、バランスの取れた見解としてこのゴーティエの見解に賛意を示している。Cf. René-Antoine Gauthier, *Saint Thomas d'Aquin: Somme contre les gentils. Introduction*, Paris: Editions universitaires, 1993, p.181; Jean-Pierre Torrell, *Initiation à Saint Thomas d'Aquin : sa personne et son œuvre*, 3e éd., Éditions universitaires Fribourg, 2008, p.156.

（37）『対異教徒大全』を理解するための鍵として「自然理性」に着目した優れた論考として、次の論文を参照されたい。Cf. Rudi A. Te Velde, “Natural Reason in the *Summa contra Gentiles*,” *Medieval Philosophy and Theology* 4 (1994), pp. 42-70.

（38）それに対して、イスラーム世界における哲学の営みの「イスラーム性」を強調する仕方で捉えなおそうとする営みとして、以下のものを参照されたい。Cf. Seyyed Hossein Nasr, *Islamic Philosophy from its Origin to the Present: Philosophy in the Land of Prophecy*, Albany: State University of New York Press, 2006.

（39）たとえば、イスラーム世界における知的営みの中心であったイスラーム法学については、トマスはほとんど関心を示しておらず、また、そもそも、翻訳自体がほとんど存在していなかった。そのことが、法学者でもあったアヴェロエスについてのラテン世界における理解にもたらした一面性については、以下の拙稿を参照されたい。山本芳久「アヴェロエス『決定的論考』における「法」と「哲学」の調和」、東京大学大学院総合文化研究科国際社会科学専攻編『国際社会科学』六〇輯（二〇一〇年）、二一―三八頁。

（40）Cf. Charles Burnett, “Arabic into Latin: The Reception of Arabic Philosophy into Western Europe,” in Peter Adamson and Richard C. Taylor eds., *The Cambridge Companion to Arabic Philosophy*, Cambridge University Press, 2005, pp. 370-404.「それら〔イスラーム世界から伝わってきたテキスト〕がアラビア語であったり、イスラーム教徒の土地に由来していたという事実は、問題を引き起こしはしなかった。それらは、端的に、入手可能な最もよいテキストであったのであり、アヴェロエスは、アリストテレスの諸々の著作についての最も頼りになる包括的な注釈を提供していたのである。誤りがあったとしても、それらは哲学者一般の誤りなのであって、ラテンの哲学者と区別されたアラブの哲学者の誤りではなかったのである」(p. 375)。

(41)　Cf. Louis Gardet, "La connaissance que Thomas d ' Aquin put avoir du monde islamique," in G. Verbeke and D. Verhelst eds., *Aquinas and Problems of his Time*, Leuven University Press, 1976, pp. 139-149, especially, p. 149.

(42)　Cf. Rudi A. Te Velde, *op. cit.*, pp. 42-70, especially, pp. 53-57.

(43)　Cf. Helmut Hoping, *Weisheit als Wissen des Ursprungs: Philosophie und Theologie in der "Summa contra gentiles" des Thomas von Aquin*, Freiburg: Herder, 1997, S.62-70.

(44)　最後に、我が国における『対異教徒大全』の意図に関する先行研究について、簡単に整理しておきたい。

まず、稲垣良典は、一九七九年に出版された『トマス・アクィナス』（勁草書房）において、次のように述べている。「トマスがこれ（『対異教徒大全』）を書いたのは当時スペイン、アラゴン王国で、イスラーム教徒の間で布教に従事していたドミニコ会員にハンドブックを提供するためであった」（一八―一九頁）。これは、まさに、「存続している神話」に基づいた解釈であって、現在の研究水準からは、支持することができない。

それに対して、一九九二年に出版された『トマス＝アクィナス』（清水書院）においては、世界的な規模での研究の進展に対応しながら大幅に解釈を変更し、以下のように述べている。

「あきらかに『対異教徒大全』は異教徒たち自身に読ませる――かれらを説得し、かれらに回心をうながすことを期待して――ために書かれた書物ではないし、またイスラム教徒たちの間で宣教する修道士たちが、これら異教徒の疑問や異論に即座に答えられるように準備された手引き書でもない。……当時ラテン‐キリスト教世界をぐるりと取り囲む形をとっていたイスラム教勢力は高度の文化と学問を背後にひかえていたのであって、それとの対決は十字軍のような軍事的闘争で事済むものではなく、より根本的に哲学のレヴェルにおける対話を必要とするものであった。……全体として、『対異教徒大全』はキリスト教の信仰の真理を解明し、異論を反駁するという護教的色彩の強い体系的な神学的著作である、と見るのが正しいであろう」（一一七―一一八頁）。

この記述から読み取れるのは、イスラーム教徒に対する宣教のための「ハンドブック」という評価に関する、一九七九年の著作とは正反対と言えるまでの見解の変化である。

一九九二年の著作における『対異教徒大全』の位置づけには、全体として首肯しうる点が多く、本稿の趣旨と重なる部分もあるが、哲学という根本的なレベルにおけるイスラーム世界との対話という観点が、ラテン世界の神学者の思想形態の内的な変容というレベルを超えた、両世界の実践的な対話を意味しているのだとすれば、宣教マニュアルという伝統的見解の或る種の残滓として、疑問を感じさせる面もある。

稲垣による評伝の決定版（一九九二年）の翌年に刊行された上智大学中世思想研究所編『中世思想原典集成14 トマス・アクィナス』（平凡社、一九九三年）の「総序」において、山本耕平は、相変わらずの「神話」を反復しつつ、「スペインに派遣された宣教師たちにイスラーム教とユダヤ教の学者との論争を助けるために著された『対異教徒大全』」と述べているが（一五頁）、「異教徒（gentiles）」という言葉が使用されることはなかったユダヤ人が論駁の対象に含まれてしまっていることも含め、支持することはできない。（トマスのユダヤ人観については、下記の拙稿を参照されたい。山本芳久「信仰・理性・伝統――トマス・アクィナスのユダヤ人観を手がかりに」、京都ユダヤ思想学会編『京都ユダヤ思想』第五号、二〇一五年、七七―九五頁）。

それに対して、クラウス・リーゼンフーバーは、『中世思想史』（村井則夫訳、平凡社ライブラリー、二〇〇三年）において、ただ一言で、「信仰の哲学的な基礎づけである『対異教徒大全』」（三三一頁）とまとめている。それ以上詳しい説明は与えられていないが、哲学史記述の一こまとしての記述としては、簡にして要を得た卓見であると言えよう。

『対異教徒大全』についての数少ない邦訳（抄訳）の一つを近年刊行した川添信介の「解説」においては、「著作全体のこのような構成がどのような意味をもつのかについては、この著作がそもそもどのような意図のもとに執筆されたのかという問題とともに、ここで深く立ち入ることはしない」と述べられ、議論に踏み込むことは避けられている（川添信介『トマス・アクィナスの心身問題――『対異教徒大全』第二巻より』知泉書館、二〇〇九年、xviii）。

七　中世末期、脱大学の知識人

——ニコラウス・クザーヌスを中心にして——

八巻和彦

本稿では、十三世紀初頭に西ヨーロッパで成立した高等教育機関としての大学・Universitasという制度がまだ若かった中世末期において、大学における哲学と神学のあり方に対して失望しつつ独自の思想を紡ぎあげ、その結果、西ヨーロッパにおいて一定の影響を与えたニコラウス・クザーヌス（Nicolaus Cusanus 一四〇一—六四年）の思索を紹介する。そして、彼によって浮き彫りにされた「知の制度化」としての大学における学問研究の限界が、西ヨーロッパ近代の新たな思想形成にも小さくない影響を与えたことにも言及したい。

一　同時代におけるクザーヌスについての評価

今、記したような目的をもって本稿をまとめるに際しては、クザーヌスが生きていた当時、つまり十五世紀においていて、クザーヌスという人物がいかなる人として評価されていたのかをしっかりと把握しておく必要があるだろう。なぜならば、大学という制度を批判する人物が知的世界においていかなる重みをもっていたのかが明らかにならなければ、その人物による批判の重みもまた評価できないことになるからである。

ニコラウス・クザーヌスは、ドイツの西南部を流れるモーゼル河左岸の小さな村クースに生まれた。一五歳の時に故郷から一〇〇キロ程の距離にあるハイデルベルク大学に入学し、そこで一年を過ごした後、アルプスを越えてイタリアのパドヴァ大学に移り、そこでの六年間の勉学ののちに教会法博士となった(1)。

そして一四二五年には、故郷がその司教区に属するトリーア大司教の法律顧問となったが、同じ年にケルン大学に学籍登録をして、ハイメリクス・デ・カンポ（Heymericus de Campo 一三九五頃―一四六〇年）の下で哲学と神学を学んだ。このケルン時代に、彼は教会法の講義を担当したとも推測されており、さらに「コンスタンティヌス寄進状」が八世紀に偽造されたものであることを立証する等の学問的活動により、法律の分野での名声を高めた。また、師ハイメリクスと共にパリに赴いてライムンドゥス・ルルス（Raimundus Lullus 一二三二／三三―一三一五／一六年）の著作を自ら筆写する等、哲学と神学の研究をも深めた。さらに、ケルンの司教座聖堂の図書室を中心に各所の古写本を閲読することで、イタリアにも残っていなかった古典作家の写本を発見して、イタリアの人文主義者たちの間でも名声を博することになった。

このような多彩な活動を背景にしつつ、一四三二年からトリーア大司教区に関する訴訟の代理人として、折から開催中のバーゼル公会議に出席して、カトリック界全体に頭角を現すことになった。当初は公会議派に属していたクザーヌスであるが、バーゼル公会議における公会議派の主張が教会を分裂に導くものであるとの判断に基づき、この公会議内では少数派であった教皇派にあえて自らの所属を変えた。そしてそれ以降、教皇庁の置かれた困難な状況の打開のために多大な貢献をなした。そのために彼は教皇によって重用され続け、その結果、一四五〇年一月にはドイツの市民階級出身者としては極めて異例なことに、枢機卿に任命された。

この間、彼は『普遍的協和について』（De concordantia catholica 一四三三―三四年）、『覚知的無知について』（De docta ignorantia 一四四〇年)、『推測について』(De coniecturis 一四四〇年代の初め)、『覚知的無知の弁護』(Apologia doctae ignorantiae 一四四九年)等々の著作も公刊している。

歴史家として綿密なクザーヌス研究を展開したモイテンは、一四四〇年代後半以降のクザーヌスについて次のように描写している。「彼には学問や精神生活や信仰のうえでのサークルが存在した。…(中略)…アーヘンにはクザーヌス・サークルができたが、その中心には医者であるヨハンネス・スコープラント(Johannes Scoblant)がいた。スコープラントはルーヴァンの学者サークルに属していた人物であるが、クザーヌスの書いたばかりの数学論文を、写本をつくるために彼から送ってもらっていた。この写本は二五〇年後に有名な数学者であるジョン・ウォリス(John Wallis 一六一八―一七〇三年)の手に入ることとなった。そしてウォリスは、サイクロイド曲線についてのライプニッツとの文通において、この写本に依拠したのである。およそ当時のドイツで〔このクザーヌスのように〕、どこにおいても政治や学問や教会の権威者たちの間でこれほどまでに当然のごとく声望を得た人物は、そして、敵対者たちが彼を攻撃する際の鋭さのなかに――彼らが恐れている場合であっても――自ずと彼の存在の意味の大きさを認識していることが明らかになってしまうような人物は、確かにいなかったのである(2)」。

つまり、クザーヌスは当代一流の知識人であったとみなすことができるであろう。

二　クザーヌスの大学への関わり

前記のように、クザーヌスは一四一六年にハイデルベルク大学に入学した。今ではドイツ最古の大学の一つに数えられるこの大学も当時は若い大学であって、一三八六年に創設されてから三〇年しか経っていない、いわば出来たての大学であった。そもそもドイツ語圏に大学が設立されたのは、イギリス、フランス、イタリアなどに比較すると遅れていたのである。

他方、クザーヌスが一年後に留学したパドヴァ大学は一二二二年の創設であって、ヨーロッパの大学の中でも最古の大学の一つであり、当時でもすでに二〇〇年近くの伝統を、とりわけ法学と医学の分野でその伝統を誇る大学であった。従ってクザーヌスは、「ヨーロッパ中にその名を知られた教育施設に通うドイツ人の中のエリート集団に入っていた」ことになり、「パドヴァ大学で学ぶことによって、その修業者には諸侯やその他の為政者に仕官して輝かしい地位を得る資格が与えられたのである。博士号取得者にはもう一つの道として、大学教授の道を歩むことも開かれていた。とりわけ、仕官した場所に大学がある場合、この二つの経歴をある程度は両立させることができた。従って、例えばケルン大学の教員がケルンの教会や近隣諸侯の宮廷の職に就くこともできたのである(3)」。

クザーヌスの場合は、博士号取得後、前記のように、トリーアの大司教に仕官しつつケルン大学に在籍して哲学と神学を学んだが、ケルンでは法学の分野でも目覚ましい成果を上げた。しかし、ここに職を得ることはなかった。

このことと密接に関連しているであろうが、一四二八年一二月、ケルンに滞在中のクザーヌスは、新設のルーヴァン大学から教会法の教授としての招聘を受けた(4)。しかし、彼はこの招聘を断った。再度、一四三五年二月初めにも同じ大学から同じ招聘を受けたが、それも断っている(5)。

クザーヌスは、自らが学ぶということについては大学に大いに負っているのであるが、大学という場で教えたり研究するという状況には入らなかった。これは教会法の教授職への招聘だから断ったということなのであろうか、それとも違う理由があったのだろうか。この理由についてグローテンは以下のように推測している。「前もって定められた教科書の説明が主たる任務となる大学教員という職務が彼の性向に沿わなかったことは明らかである。また大学というものは彼の広範な精神的活動にとってけっしてふさわしい場でもなかった(6)」と。しかし、後に詳細に検討するように、クザーヌスが大学に職を求めなかったことの理由には、より積極的かつ本質的なものがあったはずである。

三　クザーヌスとヴェンクの応酬

すでに記したように、クザーヌスは一四四〇年二月に自らの故郷であるクースにおいて『覚知的無知について』をまとめ上げたが、その巻末に置かれている「ユリアヌス枢機卿への手紙」を読むと、この書物での思索において彼がとった方法がいかに同時代の哲学者たちのそれとは異なるものであるかについて、十分に意識的であることが分かる。その冒頭で彼は、この書物の核心は、長年にわたり様々な学説によって到達しようとして果たせなかったのだが、神からの助力によってようやく可能になったものである、と記した上で、その内容を「人間の仕方では知られうるだけの消滅しえない諸々の真なるものを超越することによって、把握されえないものを把握されえない仕方で〈覚知的無知〉において抱握するということであります(7)」と説明する。さらにこの書物の内容について以下のように付言する。「ところで、この深遠な事柄に関して、われわれ人間の天賦がなすべき努力はすべて、矛盾するものどもが一致するところのあの単純性（illa simplicitas, ubi contradictoria coincident）へと自らを高めることでなければなりません。第一巻の内容はこの事に関わっています。第二巻はそれ〔第一巻の内容〕からさらに宇宙についての若干のことを、哲学者たちに共通の方法を超えて導き出していますが、これは多くの人には奇異なものと見えるでしょう」[8]。このように、自らの思惟が既成の哲学説とは異なるものであることを明確に記しているのである。そしてこの点はクザーヌス哲学の骨格を形成するものであり、以後、終生にわたり維持されるばかりか、様々な形で彫琢され続けるものであった。

ところで、クザーヌスとほぼ同時代の人で、一四二六年の終わりごろにハイデルベルク大学に学籍登録をして以降、ハイデルベルク大学神学部にとどまり、教授として死去したヴェンク（Johannes Wenck 一三九六頃―一四六〇年）という講壇哲学者にして講壇神学者がいた。この人物が、『覚知的無知について』の刊行からそれほど経たない時期に[9]、これに対する論駁書としての『無知の書物について』（De ignota litteratura）を書いて、クザーヌスの理論には異端の嫌疑があると主張していた。クザーヌスはこの書物をおそらく一四四九年まで知らずにいたが、この年にこれを知った彼は『覚知的無知の弁護』（Apologia doctae ignorantiae〔以下『弁護』〕）を執筆して、ヴェンクに対して論駁したのである[10]。

以下、この論争の経緯を具体的に見ることにする。ヴェンクは上掲の著書において、次のようにクザーヌスの学説には異端とされた者たちの主張との共通点があると記している。

この〈docta ignorantia〉の説がいかなる精神から出てきたかと言うと、久しく以前からヴァルドー派、エックハルトの一派、そしてウィクリフの一派が言ってきていることである[11]。

この命題〔万物は神と一致する。これは神が、それにはより大きいとかより小さいとかということはあり得ない絶対的最大者であることから明らかである。従って何ものも神には対立しない、等々のクザーヌスの主張〕(12)は、マイスター・エックハルトがハンガリーの后、オーストリア王の妹の為にまとめた彼の俗語の本の中でほのめかしているものである(13)。

よく見てほしい、このような極めて単純で極めて隔絶した docta ignorantia の説には何という多くの悪が溢れて出ていることか！　そのゆえにこそ、シュトラスブルクの司教ヨハンネスが主の紀元一三一七年の聖母マリアの被昇天の祝日の前の安息日に、彼の都市のベガルディン派〔ベギン会〕とそれに従う尼僧たちを裁判にかけたのである。つまり彼らは、神は現に存在する万物であり、自分たちは神と区別のない本性によって神であると主張したからである(14)。

上の三つの引用のうちの後の二者に記されているヴェンクによるクザーヌスの「docta ignorantia の説」についての理解から明らかなように、ヴェンクは――意識的にか無意識的にかは不明であるが(15)――この学説を誤解あるいは曲解した上で、自分の論駁を記していることが分かる。

さらにヴェンクは、クザーヌスが『覚知的無知について』の巻末に置いた「ユリアヌス枢機卿への手紙」にも批判の目を向けている。

〔この著者は主張している〕かくも深くて把握されえないものを把握されえない仕方で抱握するべく、自らを、矛盾するものが一致するあの単純性へと上げることへと、われわれ人間の天賦の全てが努めるのだと。この点に自分の小冊子の第一巻の内容が関わっている、と彼は言う。…（中略）…このような類の主張はあらゆる学問の根本を取り去ることになる。〔アリストテレスの〕『形而上学』第四巻には明確にこう言われている。同じものが存在しかつ存在しないことは不可能であると。しかしこの人は、アリストテレスのこの文言にほとんど留意していないのである。なぜなら彼は、自分がたえず同じ基礎から出発して、哲学者たちに共通の方法を超えて、多くの人には奇異にみえるものを引き出した、と認めているからである。[16]

さすがに講壇哲学と講壇神学の中枢にいた人物ではある。ヴェンクの批判の照準は、われわれが先に、クザーヌスが同時代の「学としての哲学」に明確に距離を置こうとしている姿勢の現れであろうとして引用した文章に対して正確に向けられている。ヴェンクは自らの批判を行いやすくする為に、クザーヌスの二つの原文を一つの文章にまとめた上で、クザーヌスが力を込めて説いた「把握されえないものを把握されえない仕方で抱握する」(incomprehensibilia incomprehensibiliter amplecti) という主張と、「反対対立の合致」(coincidentia oppositorum) および「矛盾対立の合致」(coincidentia contradictoriorum) という説は、矛盾律に背反するので学問の根本を取り去るものだ、と批判しているのである。[17]

このようなヴェンクの批判に対して、クザーヌスは『弁護』の中で、この批判を紹介した弟子に対して以下のように答えている。[18]

もし彼〔ヴェンク〕が、「いかなるものも存在するか存在しないかである」という原理に含まれている学問の基礎とあらゆる推論が〔〈覚知的無知〉によって〕取り去られると言うのであれば，彼は十分に理解していない。なぜなら彼は，〈覚知的無知〉が精神の眼と知解可能性に関わって働くものであるということに気付いていないからである。彼は〔神の〕直視に導かれる熟慮〔〈覚知的無知〉のこと〕からまったく離れているのであり，彼の証言は幻に由来するのである。…（中略）…論理的探求およびいかなる哲学的探求もけっして直視にまで到達することはないのだ。[19]

以上の応酬によって，クザーヌスとヴェンクの間には，問題となる思惟・認識においてレベルの相違が存在していることが明らかであり，クザーヌスは伝統的哲学の探求が自分の探求のもとめているレベルに達するものではないことを明言しているのである。

この点に関わってもう一つのヴェンクによる批判を紹介したい。

彼〔クザーヌス〕の無知の教説の第三の命題は以下の通り。「諸存在者の真理としての諸々のレス〔もの〕の何性は，その純粋性においては到達不可能である。なぜなら知性認識は限りなく純粋化されうるし洗練されうるからである」。今，上で述べたように，諸々のレスの真理は，似像と類似においてわれわれの知性認識によって把握されるのである（veritas rerum a nostro intellectu in imagine et similitudine concipitur）。なぜなら『霊魂論』第三巻[20]によれば，可能的知性は知解可能な諸表象の場だからである。また既に先に述べたように，レスをその存在する通りに純粋性において見ることは途上の生には存在せず，天国に存在するのである。ところが，この〈docta ignorantia〉の人は，あらゆる類似から離れて，レスをその純粋性においいて知解しようとするのである。しかし、諸々のレスの何性つまり真理は、今ここでも知解可能なのである(Intelligibilis tamen adhuc est quidditas sive veritas rerum)。なぜなら、何かが存在するということは知性の対象であるので〔『霊魂論』第三巻によれば〕、それゆえに、この事実〔何性が知解可能であること〕には本性的に知性の働きかけが存在しているのである。そして、もしそれ〔何性つまり真理〕が到達不可能であるとすれば、この知性の運動は最終目的なしに存在していることになる。従って運動の目的がないことになり、従ってそれは限りなくかつ理由なく運動することになる。このようなことは、知性の固有の働きを破壊することになるだろう(21)。

論旨がいささか錯綜したこのヴェンクの批判を整理すると明らかになることは、彼がクザーヌスの真理とは異なるレベルの認識内容をも「何性」・「真理」とみなしているということである。これに対してクザーヌスは、『弁護』で以下のように反駁している。

たとえそれ〔何性・真理〕が、彼の反論しているように、知解可能であるとしても、現実には、神〔の何性〕が最高に知解可能であるほどまで、また太陽〔の何性〕が最高に知解可能であるほどまで知解されることは、決してないのである。また、この論敵が引き出しているように、最大者における〈反対対立の合致〉から「誤りと欺瞞の害毒」つまり、諸学問の根本・すなわち第一原理の破壊が帰結するということもない。なぜならあの原理は、三段論法の推論を担う理性(ratio)に関しては第一原理であるが、知性直観を担う知性(intellectus)に関しては決して第一原理ではないからである(22)。

つまり、クザーヌスは純粋性において見られるレスをレスの「何性」・「真理」と考えた上で、それには知性は到達しえないとするのに対して、[23] ヴェンクは、純粋性においてレスを見ることはそもそもこの世界においては不可能であり、[24] レスについて似像と類似において知性によって捉えられるものが既に「何性」・「真理」なのだ、と主張しているのである。ここには、真理観をめぐっての二人の対立が、より鮮明に現れている。ヴェンクの真理観は、人間の知性の働きについての目的論的解釈に依拠して、知性は「真理」に到達しうると主張する点において、まさに伝統的であるのだが、クザーヌスはこの世界においても、もう一段高い真理の到来を求めているのである。[25] またヴェンクは、真理への到達・獲得という目的の為にクザーヌスにおいて重要な役割を果たしている、ratio（理性）と intellectus（知性）の区別の意味を認めていないように思われる。他方、クザーヌスにおいては、理性によって理性推論を行い、それを基盤にして知性を用いて〈覚知的無知〉ならびに〈反対対立の合致〉等の、理性推論の段階では容認されえない原理を容認しつつ、絶対的存在としての神・真理の到来を待ち望むという構造が想定されているのである。

中世一般においては ratio と intellectus は必ずしも常に明確に区別されていたわけではないので、この点でクザーヌスの用語法にはたしかに中世の伝統とは異なる点がある。フラッシュはこの新たな立場の源泉をプロクロス（Proklos 四一〇／四一二―四八五年）の学説のなかに見ているが、クザーヌスが自身も関わって招聘したビザンツの学者たちの一人であるアンブロージョ・トラヴェルサーリ（Ambrogio Traversari 一三八六―一四三九年）に依頼したプロクロスの新たな翻訳から得た可能性を指摘している。[26] 他方、ハイデルベルク大学の講壇にあるヴェンクは、ラテン中世の伝統そのものの中にいたということなのであろう。

四　ヴェンクによる講壇からのクザーヌス批判とクザーヌスによる真理探求の制度化批判

ヴェンクのクザーヌスに対する批判には、その論法において特徴がある。その第一は、彼がクザーヌスの文章をDisputatio（討論）に適するように（しばしば恣意的に）整理しては、それに対して自らの批判を付記するという、中世の大学におけるDisputatioの形式に則った論駁を展開しようとしていることである。第二の特徴は、論駁の根拠付け方にある。すなわち、既に上の引用でも明らかなように、くりかえしアリストテレス（Aristoteles前三八四―三二二年）の名前ならびにその著作を引き合いに出すことで、いわば権威に訴えているのである。

この特徴は、神学についてのヴェンクの以下の主張にも表れている。

彼〔クザーヌス〕の〈docta ignorantia〉の教説の第五の命題は以下の通り。「あの最大者は、現実に最大度に、あらゆる可能的なものでもある。しかし、それは、可能的なものに由来するものとしてそうであるのではなくて、最大度に現にそうであるのだ」。これは比例関係から以下のように証明される。つまり、「無限な線は有限な線から引き出されるものとしての三角形ではなくて、それは現実に、〔無限な〕線と同じものであるものとしての無限な三角形である。それゆえに、最大者における絶対的可能性は、あの現実に最大者以外のものではない」。そしてさらに彼は、「われわれに把握可能な全ての神学が、このかくも重要な原理から引き出される」と言う。この命題は聖書の総体によってわれわれに伝えられてきた神学の方法を全て破壊するものである。…（中略）…この〈docta ignorantia〉の書物の著者のやっていることは、実は次のようなことに他ならない。即ち彼はこの方法によって，自らも十分なる燃え上がりで献心し信仰においてさえ燃え上がっていると言いながら，結局は人々を神の礼拝と誠実で適度な献心から引き離すように導いているのであり，上で言及した神学の方法を提示しようとして，人々を神学の真なる方法から遠ざけているのである。もし神の力によって伝えられてきた聖書の神学の方法が取り除かれるならば，救い主自らがヨハネ福音書五章で示している証言[27]が消え去ることになるのだ[28]。

このような，いわば「制度化された伝統」という基地から〔ヴェンクの表現では「霊的な武器によって[29]」〕攻撃の舌鋒を繰り出すヴェンクに対して，クザーヌスは自らの考える，あるべき神学について以下のように記す。少し長いが引用する。

そうすると真の神学（vera theologia）は文字表現にはなじまないということになりますが，と私〔弟子〕は反論しました。すると彼〔クザーヌス〕は，書かれたり聞かれたりするいかなるものも真の神学からは遥かに劣ったものである，と明言されました。その上で，その真の神学は聖書の中に隠されているのである，と付け加えて，さらに言われました。なぜなら神学は神の王国に関して存在しているのである。この隠されたものが秘密の宝庫に存在するということを，われわれの師であるキリストが告知したのだ。それゆえにあらゆる探求がこれを目指しているはずである。つまり，聖書を探索するのだが，見出されるはずのものは隠されており，秘密なものとしてとどまっており，近づくことができない，ということを見出すことになるのである。そしてこれこそがまさに〈覚知的無知〉に他ならないのである，と言われました。さらに先生は言われました。「聖書という耕地をもっている現代の極めて多くの教授たちが、そこには神の王国の宝物が隠されていると聞いているはずなのに、彼らは〔それを〕もっているということだけで、自分のことを長者であるとみなしている。この『無知の書物』なる本の著者もこういう類の人物である。だが、この宝庫はいかなる知者の眼からも隠されたままであることを悟る人は、自分が貧しい者であると知ることを心から喜ぶのである。そして彼は、他の人々はそれを知らないが、自分は自らが貧しい者であることを知っている点において、先に言及した人々よりも豊かであることを悟り、そして、まさにこの貧しさを知っていることによって、彼はへりくだるのである。ところが、この無知な人物のように、自分のことを長者であると思いなすことで、言葉だけの虚しい学問に思い上がった上に、その序文において、自分が永遠なる知恵の解明を約束することに、ためらいを覚えることのない人もいるのだ(30)」。

この引用から明らかになることは、クザーヌスにとっての「真の神学」は、文字表現とは直接の関係がないものであるということである。その意味では、聖書という耕地を伝統として保持しているだけの神学教授たちは、「真の神学」からかけ離れていることになる。しかし同時に留意すべきことは、当然のことながらクザーヌスが「真の神学」が聖書と一切関係がないと言っているわけではないことである。それを研究することで、〈覚知的無知〉へと導かれ、また「へりくだる」態度へとつながる点において、それは有意義であると見なされているのである。

さらにクザーヌスは、大学において展開されている哲学とか神学のような学問を、功名心争いの場にすぎないと見ていた。

〔真の神学としての〕神秘神学はわれわれを安らぎと静けさに導くが、そこにはわれわれに許し与えられる不可視の神の観が存在するのである。ところが学問は、争いへと駆り立てられているものであるから、言葉の上での勝利を願望し、増長するものであって、われわれの平安としての神へと向かって急ぐものからは遥かに離れているのである。(31)

同じ『弁護』においてクザーヌスはさらに述べる。

〈反対対立の合致〉〔の方法〕を容認することが神秘神学への上昇の発端であるにもかかわらず、現代では、〈反対対立の合致〉を異端視するアリストテレス派が優勢である。この学派で育てられた人々にとっては〈反対対立の合致〉は全くつまらないもので、自分たちの企図するものとは反対のものであるかのようにみなされて、彼らからそれは排除されているのである。従って、彼らがアリストテレスを否定して高みへと上昇するのは、いわば宗派を替えることであって、ほとんど奇跡に近いことであろう。(32)

さらに次のような一節もある。

神学の研究に専心しているほとんどの人が、何らかの定められた伝承とそれの形式に関わり合っているのであって、彼らが自分にとっての権威者とみなす人々のように話す方法を知ると、自分のことを神学者と思い込むのである。しかし彼らは、一切の闇が存在することのないあの近づき得ない光について自分が無知であ

る、という認識は持っていないのである。(33)

さらに同書の末尾には以下のような言葉が記されている。

以上の思弁は、疑いもなくあらゆる哲学者達のいかなる理性推論の方法にも勝るであろう。確かに、慣れ親しんだものを捨て去ることは困難ではあるのだが。(34)

以上の引用から、真理を探求しているはずの一学者がいかに容易に本来の目的を忘れて、自己が属する集団の惰性に身を委せ易いものであるかを、クザーヌスが彼の弟子に向かって説いていることが分かる。大学(universitas)というギルドの内に身を置くことで満足している専門家へのクザーヌスによる批判は、実はヴェンクとの応酬をした一四四九年頃にはじめて生じたものではない。『覚知的無知について』に引き続いて著された『推測について』でもすでに明言されているものであり、(35)このような態度は、さらに彼の生涯の最期に至るまで続いたのである。これについては、本稿の最後で言及することにする。

五　Imitatio Socratis（ソクラテスに倣いて）

ヴェンクとクザーヌスとの応酬はこれで終わってはいなかった。クザーヌス自身は知らなかったようだが、ヴェンクは『覚知的無知の学派の見せかけについて』(De facie scolae doctae ignorantiae) という再反論を書いていたようだ。もはや遺されていないこの書物についてヴェンクが言及しているのは、彼がハイデルベルク大学での講義に用いた擬ディオニュシウス・アレオパギータ（Dionysius Areopagita 五〇〇年頃）の『天上位階論』（De coelesti hierarchia）の注釈に用いた写本への傍注においてである。[36] ハウプストが見出して紹介しているこの傍注の内容は、晩年に至るまでヴェンクが大学という制度の維持を第一の目的としていたことを明らかに示している。以下に、その傍注を訳出する。

「無知において上昇せよ」と『神秘神学』に記されているのであるから、この書物では「無知」とは非合理的な状態にあるという意味でのそれではなくて、知性的で神的な状態にあるという意味でのそれと理解されるのであり、また、知識の欠如のことを意味しているのではなくて、知識の卓越、超過、そして進歩を意味しているのである。私が『無知の書物』をもって否定しておいた『覚知的無知について』全三巻を書いた人物〔クザーヌス〕は、「無知」のこのような評価を知らなかったのだと思う。これ〔『無知の書物』〕を目にした彼は、前代未聞の誹謗をもって私を名指しで非難しながら『弁護』を書いた。この『弁護』に対して私は『覚知的無知の学派の見せかけについて』という書物を書いて、それ〔覚知的無知の学派〕がいかに全大学における学説を破壊するものであるかが理解されるようにしたのである。[37]

高齢のヴェンクは自分が『無知の書物について』のなかで展開したクザーヌス批判の内容をもはや覚えていなかったようだと、ハウプストはヴェンクの傍注を紹介したこの研究書のなかで記している。それに加えて、『覚知的無知について』第一巻においてクザーヌスがひんぱんに擬ディオニュシウスの名前と学説を挙げていること[38]

に、ヴェンクは気づいていないようである。ここには『弁護』のなかで、「とりわけ覚知的無知を〝隠棲する生〟と解釈するなど、子供じみた馬鹿げたことを書いておきながら、自分のことを知識あるものとみなしている、このかなり高齢な白髪の人物には驚かざるをえません[39]」と〔クザーヌスの〕弟子に言われてしまうのもむべなるかな、という姿があらわれているであろう。

つまりヴェンクにとっては、「真理がいずこにあるか」が問題なのではなく、自らが属する大学という制度への攻撃をはねのけて、それを維持することが、まずもって重要だったことになる。ここには、制度化された知のあり方の限界が典型的に露呈していると言えるだろう。

これに対してクザーヌスは、制度化された知の陥る危険性をできるだけ忌避しようと努めていた。それをわれわれは、授業料を取ることもなく、また未だ自らの学園を設立することもなく、アテナイのアゴラにおいてひたすら哲学的対話を展開していたソクラテスを、クザーヌスが自分の理想像としているらしいあり方に見出すことができると思う。

実は、すぐ前に引用した『弁護』における〔クザーヌスの弟子による〕ヴェンク批判の直前には、自著でソクラテスを引き合いに出したヴェンクが実際にはソクラテスについて何も知っていないので、「彼には、ソクラテスが法廷で自分を弁護した様子が記されているプラトン（Platon 前四二七―三四七年）の『ソクラテスの弁明』を読ませたいものだ。そうすれば彼は、自分の幻想がいかなる真理をも欠いたものであることを見出すことになるだろう[40]」とクザーヌスが述べたと記されているのである。

それればかりか、このヴェンクに対する論駁書が Apologia doctae ignorantiae というタイトルをもっていることがすでに十分にソクラテスを意識したものであるだろう。というのは、この書物の冒頭において以下のような設定がなされているからである。

先生〔クザーヌス〕はしばらく微笑んでから、私を愛情のこもった眼差しでみつめつつ次のように言われました。「友よ、狼狽するには及ばない。むしろ、多大の光を汝に与えて下さった創造主に感謝するがよい。それによって汝は、ソクラテスが彼の同時代の物知りたちを凌駕していたように、汝もこの人を〈知恵〉において凌駕しているのだから」。そこで私は、ソクラテスがいかなる点でアテナイ人を凌駕していたのかと尋ねました。すると彼は次のように答えて下さいました。「なぜなら彼は自分の無知を知っていたからである。ところが他の人々は、多くのことを知らないのにも関わらず、自分たちが何か重要なことを知っていると思い上がっていて、自分たちが無知であることを知らなかったのである。まさにこのことによって、ソクラテスはデルフォイの神託から自分が知恵あるものであることの証言を得たのである(41)」と。

また次の引用には、クザーヌス自身が〈ソクラテス的無知の知〉を実践しているような振る舞いが描かれている。

私は先生にお願いしました。敵対者〔ヴェンク〕が先生のことを、惨めで貧しく盲目で知性を欠いている人物だと、粗野な口調で不当にも軽蔑しているという事実に対して、何かおっしゃって下さるようにと。それに応じて先生は次のように言われました。「彼が知性の盲目について言っていることは全て私も認める」と。しかし先生は、自分が盲目であることを知っているという点において、敵対者を凌駕しているのだ、とも言われました。[42]

さらに、このように形式的にソクラテスを模範としていることに加えて、ソクラテスのいかなる点をクザーヌスは模範の根拠としているのであろうか。まず、『覚知的無知について』執筆の翌年である一四四一年年頭の説教二三で彼は、ソクラテスのことを、〈知恵〉について思索したが何も書き残さなかった第一級の哲学者の一人とみなして、以下のように述べている。

ピュタゴラスやソクラテスのような第一級の知者たちも、そしてキリストも、何も書き残さなかったと、アウグスティヌスが『福音書記者の用語索引』の中で言っているが、その理由は、〈知恵〉について書いたとしても、〈知恵〉について伝達することはできないと、彼らがみなしたからである。これ〔書き残すこと〕は〈知恵〉の卓越性をむしろ小さくして隠すことになるのである。…（中略）…われわれは膨大な書物に関わって苦労する必要はない。それらは人間によって産み出されたものであるのだから。もし必要があるならば、われわれは感覚的なものから知性的なものへと上昇し、外的なものから内的なものへと、また可視的なものから霊的なものへと、さらに神の指によって書き付けられた唯一の書物へと向き変わるべきなのだ。[43]

ここには、大学の講壇においてたくさんの書物に関わって苦労しながら、〈知恵〉についてあれこれと論じている大学教授への批判が読み取れるであろう。

さらに、一四五六年になされた説教二四二には以下のような一節がある。

最も知恵あるソクラテスが〈知恵〉から退くことがなく黄金を投げ捨てたように、それほどに、逸楽は言葉と〈知恵〉に敵対するのである。学と〈知恵〉を愛する人は、肉に関わる諸悪徳を愛することはない。なぜならそれらは互いに対立するものだからである(44)。

ここには、ソクラテスがソフィストとは異なり、授業料を取ることなく教えたことが述べられているのだが、それはとりもなおさずクザーヌスの時代の教授たちが大学の講壇で授業料を取ることの批判となっているであろう(45)。

また、翌年である一四五七年の説教二六二には次のような一節がある。

ソクラテスの中には〈知恵〉が大いに輝き出ていたのではないか。実際、彼が〈知恵〉そのものであるに違いないほどに、彼には〈知恵〉が現れていたのである――彼の謙遜に、正義に、優しさに、忍耐強さに、そして真理の為に死をかけたことに。それゆえにこそ彼は、その死の時まで彼を見放すことのない弟子達を持ったのではないか――『ファイドン』に描かれているように(46)。

ここには、大学の講壇においては師弟間であってもたえず争いがあったことが批判されているのであろう。

こうしてクザーヌスは、ソクラテスという、制度にからめとられることなく真理の探求を続けた人物に、自らの理想的人間像を見出していたと言えるであろう。

六　クザーヌスにおけるソクラテス的理想像としてのイディオータ

『弁護』におけるヴェンクに対する論駁を経て、制度化された知の府としての大学に対するクザーヌスの批判は、さらに徹底化され具体化されるに至る。それが翌一四五〇年の夏の二カ月ほどの間に執筆された一連の対話篇『イディオータ（idiota）篇』（無学者考）四部作である。"idiota"というラテン語は、（知者に対して）「愚か者」、（聖職者に対して）「在俗者」、（専門家に対して）「素人」というような多様な意味を持っており、実際にこの対話篇においても、多様な役割を担う存在として描かれているので、以下では「イディオータ」と表記して用いることにしたい。

　さて、この対話は以下のような時と所で行われたと設定されている。『イディオータ――〈知恵〉について』（Idiota de sapientia）第一巻の始まりでは、（西暦・キリスト降誕一五〇〇年の）記念祭の為にほとんど全世界からたくさんの信仰深い民衆が集まってきているローマにおいて、[47] 極めて裕福な知識人でもある弁論家が、貧しいイディオータと広場で出会った時に、イディオータの方から話しかける。[48] さらに『イディオータ――〈知恵〉について』第二巻では、[49] この対話の結果、不安にかられた弁論家が、後日イディオータに教えを請おうと彼を捜し、彼が「永遠の神殿」近くの、とある地下室に引きこもって棲んでいるのをようやく見出して対話が始まる。さらに『イディオータ――〈精神に〉ついて』（Idiota de mente）の始まりは、以下のように設定されている。精神の不滅性への確信を深める為に世界中を旅して諸々の知者のもとを訪ねてきたアリストテレス派の一哲学者が、ローマ市内の或る橋で，ローマに到着しつつある巡礼の群を眺めて驚異の念に打たれているところに，弁論家が話しかける。すると哲学者は「自分は未だに，この無知な民衆が信仰によって到達しているほどには，自分の探求しているものに完全にかつ明晰な理解をもって到達してはいないのです」[50]と述懐する。そこで弁論家が，イディオータのところに話を聞きに行ってみようと哲学者を誘ったというのである[51]。

すでに明らかなようにこのイディオータは，弁論家および哲学者とは対照的に，貧しく，無学で，地下室に棲み，木さじを作る一介の職人として描かれており，その存在の〈低さ〉が強調されている[52]。その彼に対して，当時のイタリアのヒューマニズムを体現する弁論家が[53]「見すぼらしくて全く無学なイディオータよ」[54]と呼びかける。しかしイディオータは弁論家に向かって，〈知恵〉は書物の学問の中には存在しない，弁論家は権威に縛られていると率直に指摘する。これに対して弁論家は，学問研究なしにもたまたま何かを知ることがあるとしても，むつかしいことや重要なことは知ることができない，知識は積み重ねによって増大したのだからと，典型的に学者の立場から反論する。それに対してイディオータは以下のように宣言する。「私はあなたに申し上げます。〈知恵〉は野外で巷に呼ばわっているのです。また〈知恵〉はいと高い所に住まわっているので，それの叫びがここに存在しているのです」[55]。弁論家はいささか呆れ気味に，君は無学者なのにどうやら自分のことを知恵ある者とみなしているようだと応答する。それに対してイディオータが答えて言う。「私は自分が無学者であることを承知している。それゆえにいっそう謙遜になる。この点において私の方が〔あなたより〕知恵ある者ということになるのでしょう」。すると弁論家は「君は無学者なのに，どうして自分の無知の知へと導かれることができたのか」と，いまだ知識としての〈ソクラテスの無知の知〉について尋ね，さらにイディオータに教えを請おうとする。これに対してイディオータは，「あなたが好奇心による探求を捨てた心構えになっていることが確認できれば、私は大いなることを解き明かすことができるのですが[56]」と応じることで、完全に二人の立場は逆転することになる。

ここには、弁論家という制度の中に安住している知識人に対する批判と、ソクラテス的理想をさらに徹底した形で実践している存在としてのイディオータの称揚が叙述されているのである。

また『イディオータ――〈精神〉について』では、アリストテレス主義を奉じる哲学者が対話の相手であるが、この哲学者は弁論家ほど直截にイディオータから批判されることはない。その理由は、彼が魂の不滅性の確信を深める為に〔おそらくアリストテレス主義の当時の中心地のパリ大学という制度から外に出て〕世界を旅してローマに到った存在であって、クザーヌスの論敵ヴェンクのように講壇にしがみついているわけではないからであろう。この哲学者の真摯な探求の姿勢が分かった後にイディオータは、興味深いことに哲学者に対して、「哲学者」（philosophus）ではなくて、あえて「知恵を愛する者」（amator sapientiae）という用語を用いて呼びかけているのである[57]。これはギリシア語の philosophos の本来の意味をラテン語で表記したものであるが、ここにはクザーヌスが〈哲学〉（philosophia）をアウグスティヌス（Aurelius Augustinus 三五四―四三〇年）にならって[58]、スコラ哲学とは異なる位相で捉え直そうと試みていることが明示されているであろう。

それればかりか、実は「知恵を愛する者」と呼びかけられるにふさわしいのは、この哲学者であるよりもむしろイディオータ自身なのである。なぜならば、後者は前者に教えを授けるのみならず、この哲学者から、君の思想は、プラトン哲学とアリストテレス哲学等の全ての学説を調和させるものに他ならないとも言われる[59]と同時に、さらに神への信仰の篤い人物であって、クザーヌスにとっての真の知恵とは神に他ならないものであるから、まさにイディオータこそが正真正銘の「知恵を愛する者」であることになるからである。

もう一つ、目下のわれわれの課題と関わる視点からも、このイディオータは「知恵を愛する者」（amator sapientiae）という積極的な意義を有する存在として設定されていると思われる。既に言及したようにこのイディオータは徹底的にその社会的地位の低さが強調されているのみならず、彼はヴェンクのように「教授」（professor）としてのプロではなく、あくまでもアマチュア（amateur: 素人）に過ぎないということによって、むしろ彼は自由に真理としての知恵を探求できることになっているのである。

ここにも、〈イディオータ〉という存在を活用してのクザーヌスによる大学あるいは知の制度化に対する批判が表現されていると言えるだろう。つまり、アテナイのアゴラで問いかけるソクラテスどころか、ローマの片隅の、それも地下室に住まう一介の木さじ作りの職人としての〈イディオータ〉像を設定しているところに、前年の著作『弁護』の中に描写された〈ソクラテス〉像のいっそうの深化を読み取ることができるのではなかろうか。

七　クザーヌスの大学批判が語りかけるもの

ニコラウス・クザーヌスは、おそくとも一四五〇年には、自らがイディオータ（idiota）として、そしてその意味での「知恵を愛する者」（amator sapientiae）として生きることを決意したのであろう。すわなち、自分は知恵という神を愛するものとして生きるという決意であり、さらにそれは、職業的な知恵の探求者としてではなく、あくまでもその語義のとおりにアマチュアの探求者として生きるという決意である。そして実際にクザーヌスは、その生涯の最後までそのように生きたと言ってよいであろう。彼は、最晩年に枢機卿として教皇庁に滞在することを余儀なくされるなかで、教皇の依頼によって教皇庁改革の案をまとめ上げた。しかしそれが店ざらしにされていたことから、教皇ならびに西ヨーロッパ各地の貴族出身者から形成されている枢機卿団を正面から憤然として批判した上で、自分をこの枢機卿団から解放してほしい、自由にしてほしいと教皇に訴えたのである。(60) ローマから見てアルプスの向こうのドイツの田舎町出身のイディオータ（idiota 分からず屋）にして無骨者と、自他共に認めていたクザーヌスは、アテナイの無骨者ソクラテスこそが自分の模範にふさわしいと考えていたに違いない。(61) 最後に、ここに描出したクザーヌスの大学批判を前にするとき、われわれはこれを現代のわれわれ自身の立場に当てはめて考えることを忌避することができないであろう。

講壇哲学に対する低い評価は、クザーヌスによってなされたばかりではない。その後の時代のデカルト（René Descartes 一五九六―一六五〇年）を始めとして、(62) ホッブズ（Thomas Hobbes 一五八八―一六七九年）(63) も大学の学問に対して厳しい批判を下している。そればかりか、現代のわれわれが学ぶに値するとみなしている近代初期の哲学者たちは、前掲の二人に加えてジョン・ロック（John Locke 一六三二―一七〇四年）やライプニッツ（Gottfried Wilhelm Leibniz 一六四六―一七一六年）ら、いずれも当時の大学における教授ではなかった。その意味では、彼らはプロフェッショナルではなく、アマチュアであった。そのアマチュアが当時の講壇哲学に対してなした批判としての哲学的言説を、今日われわれが高く評価して教材に用いているのである。

つまり、カント（Immanuel Kant 一七二四―一八〇四年）によって基礎がおき直された講壇哲学を、われわれも二〇世紀から二一世紀にかけて担っているとも言えるのである。この点にはわれわれに反省を促すものが存在するはずだ。われわれの講壇に今もなお真の〈哲学〉が存在していると、われわれは確信をもって言えるだろうか。学としての哲学に従事するためには、たしかに専門的な能力が必要とされる。しかし、それが〈哲学をする〉ために必要とされる条件の全てを尽くしているのか、また、専門的な能力というものを定めている制度が〈哲学をする〉ことに相応しいものであるのだろうか、そもそも絶えざる自己吟味を必要とする〈哲学をする〉ことには、制度化がふさわしいものであるのだろうか。このような問いが胸中に浮かぶのを禁じえないのである。[64]

註

＊ クザーヌスの諸著作に関しては、*Nicolai de Cusa Opera Omnia, iussu et auctoritate Academiae Litterarum Heidelbergensis ad codicum fidem edita* (= *Op. Omn.*) を用い、節番号、頁、行はこれに従う。なお彼の活動記録としては、*Acta Cusana, Quellen zur Lebensgeschichte des Nikolaus von Kues*, im Auftag der Heidelberger Akademie der Wissenschaften (= *Acta Cusana*) があり、文書番号はこれに従った。

（1）以下の伝記的叙述は主として以下の書による。E. Meuthen, *Nikolaus von Kues 1401-1464, Skizze einer Biographie*, Münster, 1992[7]. この書物の日本語訳としては、酒井修訳『ニコラウス・クザーヌス』（法律文化社、一九七四年）がある。しかし、この訳書は原書の一九六四年版に依拠しているので、この小論における引用とは必ずしも一致しない箇所がある。

（2）Meuthen, *op. cit.*, S. 80f.（上掲書、一〇二頁）。

（3）M. Groten, Vom Studenten zum Kardinal – Lebensweg und Lebenswelt eines spätmittelalterlichen Intellektuellen, in: K. Yamaki (ed.), *Nicholas of Cusa, A Medieval Thinker for the Modern Age*, Richmond, Surrey, 2002, p. 113（M・グローテン「ニコラウス・クザーヌス　学生から枢機卿へ」、八巻・矢内編『境界に立つクザーヌス』知泉書館、二〇〇二年、五五頁）。

（4）Meuthen, *op. cit.*, S. 27.（上掲書、二九一頁）; *Acta Cusana*, Nr. 64.

（5）*Acta Cusana*, Nr. 232.

（6）Groten, *op. cit.*, S. 116.（上掲書、五九頁以下）。

（7）*De docta ignorantia* (= *De doct. ign.*), III, 12, (n. 263), p. 163, l. 6-11.

（8）*Ibid.*, l. 16-18.

（9）ハウプストは、一四四二年三月二六日から一四四三年の盛夏までの時期に執筆されたと推測している。Cf. R. Haubst, *Studien zu Nikolaus von Kues und Johannes Wenck*, Münster, 1955, S. 99.

（10）　この論争の発生の原因としては、単なる理論上の対立だけではなく、バーゼル公会議以来の両者の政治的立場をめぐる政治的かつ感情的対立が潜在しているという指摘もある（Haubst, *op. cit.*, S. 110-113）。即ち、ヴェンクが公会議派であり続けたのに対して、クザーヌスは公会議派から教皇派へと立場を変えたことに対して、前者が批判的感情をもっていたという判断である。この点についてはクザーヌス自身も、バーゼル公会議との関連に言及しながら、ヴェンクはハイデルベルク大学の教授たちから外れていて、バーゼル公会議の弾劾された派に参加していた、と『弁護』で記している。Cf. *Apologia doctae ignorantiae*（= *Apologia*）, n. 6, p. 5, l. 11-13.

（11）　Johannes Wenck, *De ignota litteratura*, n. 21, l. 1-3. なお、ヴェンクのテキストは、以下の Hopkins の著書に依拠する。Jasper Hopkins, *Nicholas of Cusa's Debate with John Wenck*, Minneapolis, 1981. また、クザーヌスとの対比箇所の指摘も同書に大幅に依拠している。

（12）　このような命題を実際にクザーヌスが記している訳ではない。

（13）　*Ibid.*, n. 24, l. 26.

（14）　*Ibid.*, n. 25, l. 15-21.

（15）　ヴェンクはクザーヌスのこの書物を入念に読むことをしなかったと見られる。Cf. Hopkins, *op. cit.*, p. 13f.

（16）　Wenck, *op. cit.*, n. 21, l. 21- 25; n. 21, l. 34 - n. 22, l. 4.

（17）　同様に、クザーヌスの主張は学問の根本を取り去ることになる、という批判は以下にもある。*Ibid.*, n. 29, l. 9-19.

（18）　この書物の論述形式は、いささか韜晦的な設定になっている。すなわち、クザーヌスを師とする或る弟子が、師クザーヌスにヴェンクの本に見出される、しばしば激情に駆られて記したかのような内容を挙げて師の答を求めたのに対して、クザーヌスがいかにゆとりをもってヴェンクの批判を一蹴したか、その経緯について、弟子が後日、他の弟子の為にまとめたものである、という複雑な設定である。つまり、この書物の内容に対してクザーヌス自身は直接責任を負う必要がないという形式が設定されている訳である。このような設定にした目的の一つは、後にみるように、クザーヌスが哲学におけるソクラテス（Sokrates 前四七〇／四六九―三九九年）の振る舞いを模倣するという意図のもとに、プラトン（Platon 前四二七―三四七年）の『饗宴』（Symposium）の論述形式（ソクラテスの弟子のアリストデモスがソクラテスに関わって直接に経験したことを、別の弟子であるアポロドイロスがアリストデモスから聞き、そのことをさらに別の友人に対して話して聞かせるという構造）に似せたということがあるだろう。もう一つ、いささか下世話な理由もあると思われる。というのは、先にハウプストの推測を紹介したように、ヴェンクとクザーヌスとの間には感情的な対立が存在していたであろうことである。それはバーゼル公会議における立場の相違のみならず、ハイデルベルク大学を巡ってのことである。クザーヌスは一四一六年に同大学に学籍登録したが、翌年にはパドヴァ大学に移っており、ヴェンクは一四二六年に同大学に学籍登録をし、さらに上述のように、その死の時まで同大学の神学部で教授をしていた。このことに関わって、まずヴェンクが自分の論駁書においてクザーヌスのことを、後者がハイデルベルク大学において教養学科に在籍しただけであったことを捉えて、「教養学士」（bacchalarius）という一番低い学位で侮蔑的に呼称したのである（Meuthen, *op. cit.*, S. 15）。これに対して、パドヴァ大学で教会法博士となっていたクザーヌスがいささか憤慨したであろうことは想像に難くない。そこでクザーヌスはヴェンクのことを、先にも挙げたように、「ヴェンクはハイデルベルク大学の教授たちから外れていて、バーゼル公会議の弾劾された派に参加していた」と記すのみならず、ヴェンクがクザーヌスよりも高齢であるのにもかかわらず、同大学に遅れて入学したことを捉えて、「かなり高齢な白髪の教授」と弟子に言わせることで（註38参照）、人格攻撃に近い応酬を展開しているからである。

(19) *Apologia*, n. 20, p.14, l. 12-17; n. 21, p. 14, l. 24f.

(20) Aristoteles, *De anima* III, c. 4, 429a15-17.

(21) Wenck, *op. cit.*, n. 28, l. 26-n. 29, l. 5.

(22) *Apologia*, n. 42, p. 28, 11-17.

(23) *De doct. ign.*, I, 3, (n. 10), p. 9, l. 24-26; *Idiota de mente* (= *De mente*), II, n. 58, 12f.; *Compendium*, I, n. 1, 7-9. つまり、クザーヌスは前期から後期まで、何性には到達し得ないという見解を持ち続けていたことになる。

(24) Wenck, *op. cit.*, n. 30, l. 28f.:「彼〔クザーヌス〕が〈類似を飛び越えて知解する〉という表現で考えているらしい神の至福直観は未来の状態のために保存されてきているからである」。

(25) 島田勝巳は、ヴェンクとクザーヌスとの何性をめぐる応酬について、クザーヌスの『覚知的無知について』における絶対的何性（quidditas absoluta）と縮限的何性（quidditas contracta）という区別を用いて整理している。島田勝巳「クザーヌスの認識論と存在論――『知ある無知』をめぐって」、『天理大学学報』第二二九輯、二〇一二年、一九―三〇頁、島田勝巳「『知ある無知』の争点とそのコンテクスト――ヴェンクとクザーヌスの論争をめぐって」、『天理大学おやさと研究所年報』第一八号、六三一八一頁。

（26）Kurt Flasch, *Nikolaus von Kues—Geschichte einer Entwicklung*, Frankfurt am Main, 1998, S. 152-155.

（27）ヨハ五・三九参照。

（28）Wenck , *op. cit.*, n. 31, l. 29-n. 32, l. 5; n. 32, l. 14- 20.

（29）*Ibid.*, n. 19, l. 19.

（30）*Apologia*, n. 5, p. 4, l. 1-19.

（31）*Ibid.*, n. 9, p. 7, l. 26-p. 8, l. 2. また、クザーヌスと親交のあったカルトゥジオ会のディオニュシウス（Dionysius Cartusianus 一四〇二／〇三―七一年）も、外にばかり眼を向けている大学の学者に対する批判を記している。Dionysius Cartusianus, *Difficultatum praecipuarum praecedentium librorum absolutiones breves ac necessariae*, V, 494a. 邦訳　八巻和彦訳『先行する諸著作における主要な困難についての必要最小限の解決』、上智大学中世思想研究所編訳・監修『中世思想原典集成16　ドイツ神秘主義』（本巻監修　木村直司）平凡社、二〇〇一年、九一一頁。

（32）*Apologia*, n. 7, p. 6, l. 7-12.

（33）*Ibid.*, n. 3, p. 2, l. 24-p. 3, l. 3.

（34）*Ibid.*, n. 55, p. 36, l. 8f.

（35）*De coniecturis* I, 8, n. 34, l. 10-15.

（36）Haubst, *op. cit.*, S. 102f.

（37）*Ibid.*, S. 102.

（38）*De doct. ign.*, I, c. 16-18; c. 24; c. 26.

（39）*Apologia*, n. 45, p. 31, l. 13- 15.

（40）*Ibid.*, l. 10- 12.

（41）*Ibid.*, n. 2, p. 2, l. 5-13.

（42）*Ibid.*, n. 51, p. 33, l. 27-p. 34, l. 3.

（43）*Sermo* XXIII, n.14, l. 15-20; n.15, l. 1-6. なお『福音書記者の用語索引』は *De concordantia Evangelistarum* の訳だが、この書

名はクザーヌスの誤記である。

（44） *Sermo* CCXVII, n.15, l. 31- 35.

（45） なお、クザーヌス自身がローマ教皇庁においていかに貧しく質素な枢機卿であったかが、同時代の資料と書物に描写されている。以下を参照されたい。Cf. E. Meuthen, *Die letzten Jahre des Nikolaus von Kues*, Köln/Opladen, 1958, S. 89- 92; M. Watanabe, *Concord and Reform: Nicholas of Cusa and Legal and Political Thought in the Fifteenth Century*, Alderhot/Burlington USA/Singapore/Sydney, 2001, p. 182; p. 200.

（46） *Sermo* CCLXII, n. 23, l. 22-28.

（47） *De mente*, I, n. 51.

（48） *Idiota de sapientia* (= *De sap.*), I, n. 1. 邦訳：小山宙丸訳『知恵に関する無学者の対話』上智大学中世思想研究所編訳・監修『中世思想原典集成17　中世末期の神秘思想』（本巻監修　小山宙丸）平凡社、一九九二年、五四一頁以下。

（49） *Ibid.*, II, n. 28.　邦訳：同右、五九九頁。

（50） *De mente*, I, n. 52, 12f.

（51） *Ibid.*, I, nn. 51-54.

（52） *Ibid.*, I, n. 54, 2-7.

（53） 八巻和彦「ニコラウス・クザーヌスのIdiota篇における〈idiota〉像について」、『和歌山大学教育学部紀要』人文科学、第三〇集、一九八一年、二五頁参照。

（54） *De sap.*, I, n. 1, 11-13.　邦訳：小山宙丸訳、前掲書、五四一頁。

（55） *Ibid.*, n. 2f.　邦訳：小山宙丸訳、同右、五四二頁。

（56） *Ibid.*, n. 4.　邦訳：小山宙丸訳、同右、五四三頁。

（57） *De mente*, VIII, n. 115.

（58） Augustinus, *De civitate Dei*, VIII, 1 (CCSL XLVII, p. 216). なお出村和彦「教父哲学のアクチュアリティ」、『理想』六八三号、二〇〇九年、二〇—二七頁において、アウグスティヌスにおけるこの思想が論じられている。

（59） *De mente*, III, n. 71.

（60）この批判については、八巻和彦『クザーヌスの世界像』創文社、二〇〇一年、一八八頁以下を参照されたい。

（61）クザーヌスが自身の出自に意識的であったことの傍証として以下のような事実が挙げられる。「一四四九年一〇月二一日、クースで認められた」との記録がある、いわゆる「クザーヌスの簡単な自伝」（*Kurze Autobiographie des N. v. K.*, in: *Acta Cusana*, Nr. 849）において彼は自分の出自について、船主であるヨハン・クリュフツ（Iohan Cryffz）がヘルマン・レーマー（Hermann Roemer）の娘カタリーナ（Catharina）とともにトリーア司教区のクースにニコラウス・クザーヌス氏を出生させたと記させ、さらに「聖なるローマ教会は〔人の〕生まれた所や階層に顧慮することなく、〔その人の〕働きに対してこそきわめて寛大に報いるということを誰もが知ることができるように、当地に滞在している枢機卿ご本人が一四四九年一〇月二一日に〔家族に〕別れを告げるに際して、神を讃えつつこれを記すように命じたのである」と記させている。さらに、クザーヌスは、彼の哲学的処女作である *De docta ignorantia* の末尾に、「一四四〇年二月一二日、クースにて擱筆」Complevi in CUSA 1440, XII, FEBRUAR と記している。また、中央ヨーロッパの地図を作ったのもクザーヌスであるが、その図面上のトリーアとコブレンツの間に自分の出生地クースの名前を書き込ませているが、それはこの両都市の間で名前が記されている唯一の地名なのである（Meuthen, op. cit. S. 24. 邦訳二四頁）。

（62）R. Descartes, *Discours de la Méthode*, I, Paris, 1966, p. 35. 邦訳　野田又夫訳『方法序説』中央公論社、二〇〇九年、六頁以下。

（63）T. Hobbes, *Leviathan*, II, Oxford, 1909, Chap. 30, p. 264f.; Chap. 46, p. 400f. 邦訳　水田洋訳『リヴァイアサン』（二）、岩波書店、一九七二年、二六八―二七〇頁、四二五頁以下。

（64）ここで私は、大学という制度が一切無意味であるとするものではない。先に非大学人であって重要な近代哲学者たちとして名を挙げた人物たちのいずれもが大学で教育を受けているのであるし、また、近代における西ヨーロッパ社会総体の爆発的発展において中世以来の大学という、高度な知的独立性と批判能力を有する高等教育機関の果たした役割は大きいものがあると考えているからである。佐々木力も近代科学成立に対して果たした大学の役割を評価しているとおりである。佐々木力『科学論入門』岩波書店、一九九六年、五八頁。

八　神のことがらが〈わかる〉
——十字架のヨハネの「受動知性」論——

鶴岡賀雄

一　大学と神秘主義

中世盛期以来、学知の主たる産出の場が「大学」となったことは認められてよいだろう。一方、近世近代の哲学や科学を生み出していった天才たちは、総じて大学人ではなかったこともしばしば指摘される。近世に入ってなぜ、大学が学知の産出の場としての力を失っていったのかについては、広い精神史的観点からの検討が必要だろうが、筆者の関心の対象である神秘主義ないし神秘思想——本稿ではとくに区別しない(1)——については、その産出の場は一貫して大学の外にあった。エックハルト（Meister Eckhart 一二六〇頃—一三二七／二八年）に神秘思想を見るとしたら、その最も神秘主義的な部分は、パリ大学教授としての講義ではなく、ドイツ語で一般聴衆や修道者を対象に行った説教にあるとするべきだろう。神秘思想は大学の中では生まれないようである。このことは、神秘主義ないし神秘思想とは何なのかについて何かを示唆するように思われるが、この点については結論部で触れることにしたい。

本稿は、十六世紀スペインの「神秘家」十字架のヨハネ（Juan de la Cruz 一五四二―九一年）の、大学的な学知との関わりを検討することで、とくに彼が大学で得たと思われる学知がその神秘思想にどのように生かされているか（いないか）を検討することで、大学的な制度とそこで産出される学知、そこでは産出され得ない「知」（sabiduria; sapientia）――「学知」（scientia）とは言えないだろう――の関わりについて、一つの展望を得ることを目的とする。

二　近世スペインの状況と大学

十字架のヨハネが活動した十六世紀スペインは、スペイン（カスティリャ）王国が最盛期に向かう時期、いわゆる黄金世紀に当たる。一四九二年の「レコンキスタ」完遂とともに一挙に国力を高めたカスティリャ＝アラゴン連合王国は、新大陸からもたらされた富によってヨーロッパ随一の勢力となり、ユダヤ教徒やムスリムを追放してカトリック主義に基づく国家建設と世界進出に邁進していく。

政治的・経済的繁栄は文化的繁栄ももたらした。学知の場としては、中世以来の伝統を擁するイベリア半島最古のサラマンカ大学（一二一八年設立）に加えて、ルネサンス的人文主義の精神と、ネーデルラント由来の「新しき敬虔《デヴォチオ・モデルナ》」（devotio moderna）の精神を兼ね備えた枢機卿フランシスコ・ヒメネス・デ・シスネロス（Francisco Jiménez de Cisneros 一四三六―一五一七年）の主導で改組されたアルカラ大学が、サラマンカとは異なる知的雰囲気――ラテン、ギリシア、ヘブライの「三言語学部」に代表される――を生み出し、新たな気運をもたらしていた。ところが十六世紀中葉になって、北方の宗教改革に対する危機感が増してくると、トリエント公会議に具現される対抗宗教改革、すなわち近世カトリシズム体制構築の要請が強まり、プロテスタンティズムの源泉と見られた人文主義的動向自体が危険視されて、アルカラ大学の清新な気風も変質する。かつてアントニオ・デ・ネブリーハ（Antonio de Nebrija 一四四一―一五二二年）による近代語初のカスティリャ語文法書を生み出し(2)、コンプルテンセ多言語聖書を編んだスペインの人文主義は、ヘブライ語聖書の研究に大きな可能性を見ていたサラマンカ大学のルイス・デ・レオン（Luis de León 一五二七―九一年）らへの審問事件もあり(3)、イベリア半島からは急速に消滅していく。十六世紀後半のスペインの大学活動は、第二スコラ、近世スコラとも称される、ドミニコ会や新興イエズス会の神学者たちによる、ある意味で完成されたスコラ学の文体と形式による、それ自体としては極めて高度な成果の産出が中心となっていく。小稿の題材となる十字架のヨハネは、こうした時代思潮の潮目にあっていささか騒然たる雰囲気のサラマンカ大学に学んだ。

三　十字架のヨハネの大学生活

十字架のヨハネ（俗名フアン・デ・イエペス〔Juan de Yepes〕）の若年期については、確実な史料はないものの、以下のことはほぼ確かとされる。父親が幼少期に死去したため貧しい母子家庭に育つが、一家が職を求めて移り住んだメディナ・デル・カンポ――カスティリャ、ラ・マンチャ地方の交易の中心地として栄えていた――で、イエズス会が建てた初等中等学校で基礎的教育を受けることができた。ラテン語の初等教育もここで受けている。知られているように、十字架のヨハネは「暗夜」（Noche Oscura）、「霊の讃歌」（Cántico Espiritual）と通称される洗練された恋愛詩風の作品を書いており、そこにはイタリア・ルネサンスの優美な詩風をスペイン語圏に導入したガルシラソ・デ・ラ・ベガ（Garcilaso de la Vega 一四九五頃―一五三六年）らの影響が明らかである。こうした世俗文芸への愛好や知識もこの時期に遡るものとされている。

一五六三年、二一歳の時、フアン・デ・イエペスはこの町で托鉢修道会カルメル会に入会する。カルメル会を選んだ理由は定かではないが、観想的生活を目指しての入会であることは明らかである。同会の特徴の一つだったマリア崇敬とともに、会の伝説的起源であるエリヤ以来の東方修道制の伝統への憧れがあったとの想定も不可能でない。カルメル会の正式名称は「カルメル山の聖母の修道会」である。一年余の修練期を経た一五六四年、正式入会とともに、本格的に神学を修めるべく神学生としてサラマンカ大学に入学する。同年冬から、同会の聖アンドレス学寮に寄宿した。当時のサラマンカ大学での教育カリキュラムについては、近年の研究でかなり詳しいことが明らかになっており、ヨハネが受けたであろう授業内容についても相当程度追跡できる。十六世紀中葉の大学カリキュラムの紹介の意味も兼ねて、以下にそれを略述しておきたい(4)。

当時のサラマンカ大学神学コースのカリキュラムは、中世以来の伝統に従って、教養課程（artes）と、神学課程に大別される。教養課程は、初年次の論理学初歩（sumulae）、二年次の論理学（logica）、三年次の哲学（philosophia）に区分されていた。論理学初歩の授業はアリストテレス（Aristoteles 前三八四―三二二年）の『命題論』に拠るが、ドミニコ会の高名な神学者ドミンゴ・デ・ソト（Domingo de Soto 一四九四―一五六〇年）による教科書が用いられたらしい。十字架のヨハネはペドロ・ガルシア・デ・ガラルサ（Pedro García de Garalza 一五三八―一六〇四年(5)）のクラスに登録するが、中途で講師がエルナンデス・デ・ルエダ（Hernández de Rueda 生没年不詳）という人に交替している。二年次の論理学では、アリストテレスのオルガノン全般（『命題論』『分析論後書』『トピカ』『詭弁論駁論』）が講義されることになっていたが、十字架のヨハネが登録したルエダの講義では

『自然学』も扱ったとされる（一五六五―六六年に受講）。

ちなみに、当時の週日の時間割（冬学期）は、午前中の一限（七時半―九時）が講師（regente）による「早朝（第一）講義（lección de prima）」、二限（九時―一〇時）が「演習（prácticas）」、三限（一〇時―一一時）が教授による「講義」、午後の四限（一時―二時）が教授による「復習と演習」、五限（二時―三時）が講師による「復習」、六限が講師による「夕刻講義（lección de vísperas）」、七限（四時―五時）が講師による「復習」となっている。ただし学生はそのすべてに出席するわけではないし、カルメル会士であるヨハネは聖務日課による受講時間制限があったと推測されている。なお、休日・祝日には、午前八時―九時に講師の「講義」、九時―一〇時は講師の「演習」が、また土曜の午後には二時から「総括（conclusiones）」が開講されていた。

三年次から哲学の授業が始まる。大きく「自然哲学（ph. naturalis）」と「道徳哲学（ph. moralis）」に分かたれ、ともにアリストテレスが講じられた。十字架のヨハネは依然としてルエダのクラスに登録しているが、のちにアウグスティヌス会のエンリケ・エルナンデス（Enrique Hernández 生没年不詳）に講師が代わっている。講義内容は、自然哲学としては『自然学』『生成消滅論』『天体論』など、道徳哲学では、『ニコマコス倫理学』『政治学』などが講じられる規定だったが、『形而上学』も扱われたと推測されている。

当時の講義内容記録によれば、一五六六―六七年次に十字架のヨハネが在籍したクラスの哲学課程では、以下の箇所がとくに講義されていた。道徳哲学の授業では、『ニコマコス倫理学』第九巻（友愛論）、第一〇巻（快楽論、幸福論）、『政治学』第一巻（国家論、家政論）、第三巻（政体論）。また、『霊魂論』第三巻の第四・五章（知性論）も扱われた。(6)

時間割は二年次と同様である。上述のとおり学生はこれらのすべてに出席するわけではなく、したがって十字架のヨハネがどれだけの授業に出席したかは確実にはわからないが、これらの課程を順調に修めたと推測される。聖アンドレス学寮では、最も優秀な学生が勤める復習教師（prefecto）にも任じられている。翌一五六七―六八年次にはいよいよ神学課程に進む。なお、課程修了以前だが、この年司祭に叙階されている。

しかるに、この司祭叙階も一つの契機になったのか、十字架のヨハネはこのころから大学での勉学続行意欲を失っていくかに見える。神学の学問的研鑽よりも、修道会入会以来の願望だった静かな観想生活への憧憬が増していったことが推測される。また、このころのサラマンカ大学は、講座をめぐっての派閥間の対立が激しく、静謐な学問修得の雰囲気とは遠かったようである。(7) 十字架のヨハネは大学のスコラ学を軽視することは決してないが、しかしそれに惹かれることも満足することもなかったことは確かである。

そうした頃、彼はカルメル会の改革運動を開始していたアビラのテレサ（Teresa de Ávila 一五一五―八二年）と面会し、改革運動の男子会への拡張に参加することを求められた。この年度の授業開始間もない十月のことである。このときの十字架のヨハネの心境は、後年のテレサの『創立史』（Fundaciones）の記述から推測できる。観想的生活に潜心できるカルトゥジア会に移ろうとまで考えていたのである。(8)

テレサの人格的魅力もあったのだろう、ヨハネはカルメル会改革運動への参加を決断する。彼個人の思いとしては、大学という制度に属することで得られる神についての学知よりも、所属する修道会という組織を自らの理想に近づけ、そこでこそ得られるだろう観想的知を追求したいという志向が勝ったということであろう。十字架のヨハネが求めていた「知」――神をよりよく知ること――は、大学という知の制度の外で追求されるべきものであった。

それでもともかく、十字架のヨハネはいったん大学に戻る。この年（一五六七―六八年度）のサラマンカ大学神学部の時間割は以下のようだった。

週日は、一限（七時半—九時）が「神学第一（早朝）講義（Prima de Teología）」、二限（九時—一〇時）「ラテン語聖書（biblia latina）」、三限（一〇時—一一時）が「聖トマス講座（Santo Tomás）」。同時間帯には、「神学特論（partido de teologia）」（内容はトミズム）および「セム語（lenguas semíticas）」も開講されている。午後の四限（一時—二時）は授業がなく、五限（二時—三時）が「唯名論（nominales）」。ほぼ同時間帯に、「ヘブライ語（partido de Hebreo）」も開講。六限（三時—四時）が「神学第二（夕刻）講義（Vísperas de Teología）」、七限（四時—五時）が「スコトゥス講座（Escoto）」。休日・祝日には、午後（二時から）に「総括」が行われた。

十字架のヨハネは、少なくとも早朝講義には受講登録している。この年の教授は、神学早朝講義が、ビトリア（Francisco de Vitoria 一四八三／八六—一五四六年）やドミンゴ・デ・ソトの弟子で、同じく高名なドミニコ会神学者マンシオ・デ・コルプス・クリスティ（Mancio de Corpus Christi 一五〇七頃—七六年）。『神学大全』（Summa theologiae）の第三部はじめ（受肉論）から講じられた。午後の神学講義は、アウグスティヌス会のファン・デ・ゲバラ（Juan de Guevara 一五一八—一六〇〇年）が、やはり『神学大全』の、第二—一部のはじめから講義した。「聖トマス講座」では、ディエゴ・ロドリゲス（Diego Rodríguez 生没年不詳）が、『神学大全』第一部第七六問題から「霊魂論の終わり」まで（第九〇問題あたり）、および第二—二部、第一〇〇問題、一八三問題などを講じた。「唯名論講座」[9]は、ルイス・デ・レオンが講義していたが、十字架のヨハネが受講した可能性は小さい。スコトゥス講座はクリストバル・ベリャ（Christóbal Bella 生没年不詳）、「神学特論」はファン・ガリョ（Juan Gallo 一五二〇—七五年）が講師だった。聖書神学は、「ラテン語聖書」の教授はルイス・デ・レオンの同志だったガスパル・デ・グラハル（Gaspar de Grajal 一五二九／三〇—七五年）。カリキュラムの上では、スコラ神学と聖書神学、聖書神学の内部でのラテン語聖書主義（ヴルガタ訳に拠る）とヘブライ語聖書主義が、それぞれ緊張関係にあった。しかし、上記のように、十字架のヨハネはこれらの講義に深い興味を失っていたものと思われる。彼の思いは既に、スコラ神学の本格的修得よりも、求める修道生活の実践の場の構築に向いていた。実際、この年（一四六八年）の秋にはドゥルエロという寒村の廃屋をカルメル会改革派の最初の男子修道院に改築して、二人の同志とともにそこに移っている。つまり大学の神学課程には、一年足らず在籍しただけで自主退学ということになる。したがって彼は、大学レベルの「本格的」神学知識をサラマンカ大学で十分に身に付けたとまでは言えないだろう。

では、彼の神学知識はどこで得られたのだろうか。寄宿していたカルメル会の聖アンドレス学寮では会の伝統神学を学ぶ制度があり、大学の正規の授業よりもむしろこれによって深いスコラ神学の知見を有していた、とする見解がある(10)。当時のカルメル会では、十四世紀の同会の代表的神学者、ミカエル・デ・ボローニャ（Michaelis de Bolonia 生没年不詳、同会総長一三八一―八七年）、またはジョン・ベイコンソープ（John Baconthorp; ヨハネス・バコ〔Johannes Baco〕一二九〇―一三五六年。Doctor Resolutus, Princeps Averroistarum と称される）のいずれかの神学の学習が公式に要請されていたので、学寮ではこれが、とくに後者の神学が教授されていたはずだとするのである(11)。しかしこれには異論も多く、現在までのところ学寮での教育システムについては確たることは判っていないようである。

が、中途退学とは言え神学課程に学んだヨハネの思想形成に際しては、大学で得た哲学、神学の知識がその基盤を提供していることは明らかである。彼の四つの主著、『カルメル山登攀』（Subida del Monte Carmelo）、『魂の暗夜』（Noche Oscura del Alma）、『霊の讃歌』（Cántico Espiritual）、『愛の生ける炎』（Llama de Amor Viva）のうちの、とくに最初のものは、もっぱらスコラ学由来の語彙を基本にして構成されている。彼自身、大学という制度自体の意義を軽視しているわけではまったくない。改革派カルメル会が初めて建てた小さな大学、バエサ大学の学長（Rector）を務めてもいる（一五七九年）。とは言え、著作中で最も「学問的」体裁をとる『カルメル山登攀』も、一般の修道士のためにスペイン語で書かれており、用いられる語彙の概念規定はしばしば流動的で、厳密な意味でスコラ学の文体に即しているとまでは言えない。たしかに、十九世紀末から二〇世紀初めのネオトミズムが、トマス・アクィナス（Thomas Aquinas 一二二四／二五―七四年）の神学と十字架のヨハネやアビラのテレサの神秘思想を接合させてカトリック的神秘神学の体系を構想した際には、十字架のヨハネの用いた術語や論法が権威として援用され、ヨハネは第二スコラの牙城だったサラマンカ大学でトマス・アクィナスの神学を徹底して身に付け、その基盤の上に自らの神秘思想を、いわばトミズムの戴冠として打ち立てたのだ、との理解もかつて行われた(12)。こうした見方が可能であるとしても、しかしそれはとりあえずは二〇世紀ネオトミズムからの「構築」であろう。十字架のヨハネの神秘思想は、その基礎的神学理解や人間論はともかく、スコラ学としてのトミズムに調和的に接合するものでは必ずしもないと思われる。むしろその非調和にこそ彼の神秘思想の神秘思想たる所以がある。そうでなければ、ヨハネが大学を去ったことの意味がむしろ見失われるだろう。十字架のヨハネの神秘思想の特徴は、スコラ学的な語彙を用いつつも、その実質において、大学的学知としてのスコラ学からむしろ本質的に離脱して、別の言語系による知ないし思想の言語化に成功したところにある、と筆者は見たい(13)。別の言い方をするなら、十字架のヨハネの神秘思想の本領は、スコラ学者の観点からすれば体系的な不備であったり、術語の曖昧ないし不正確な使用と見られるところにおいてこそ、見て取ることができるように思われる。

以下本稿では、そうした十字架のヨハネにおけるスコラ学とのいわば創造的乖離の一例として、彼の「受動知性（可能知性）」という語の用法に着目してみたい。そこには、スコラ学から神秘思想へ、という事態の一つの典型が見て取られるように思われるし、さらには、大学という制度の追求する学知と、修道生活という制度が本来のものとする「知」との質の相違といったものを取り出すよすがが得られると思われるからである。

四 「可能知性」の変転

アリストテレスの『霊魂論』(De anima) に淵源する「能動知性」と「可能知性」をどう解するかが、イスラムの哲学・神学を含めて、古代中世の霊魂論、認識論における大きなテーマだったことはよく知られている。十字架のヨハネも、この問題的術語を、さほど多くはない著作中で三回ほど用いている。では彼はこの語をどのような意味に解しているのだろうか。能動・可能知性の離存性、また単一性といった論点が見出されるだろうか。しかしこうした中世哲学史の問題関心から十字架のヨハネのテクストを読むなら、いささか落胆することになる。彼はこの語の意味をほとんど誤解していると感じられるかもしれない。ともかく、「可能知性」あるいは「受動知性」という語彙が用いられている三箇所をいささか長く引いて、十字架のヨハネがこの言葉によって語ろうとしていた事柄を検討してみたい。

最初のテクスト①は、『カルメル山登攀』の第二部第三二章の一節である。同書第二部は、知性、意志、記憶という「魂の高級部分」の諸能力のうち、知性 (entendimiento) が把捉する事柄が網羅的に論じられる。すなわち神についての事柄に知性が関わる際の――つまりは、観想する魂が神を「知る」、むしろ神が「わかる」際の――あらゆるあり方を、整然とした分類のもとに記述し尽くそうとする意図で書かれている。この意味では十字架のヨハネの知性論とも言うべき同書第二部のうち、当該の第三二章は、「超自然的に魂になされる内的感得

（sentimientos interiores）によって知性が受け取る諸々の把捉（aprehensiones）が論じられる。それらの原因、およびそれらによって神との合一の歩みを妨げられないよう魂がとらねばならない態度が言われる。」[14]と題されている。そしてこれは第二部の最後の章である。つまり叙述の順序からして最も高次の「把捉」が扱われる。そこに次のような叙述が見られる。

> ①　知性が、これらの諸観念（noticias）によって信仰のうちに神との合一へと歩むための心得は、ここでは多くの糧を味わうことは必要でない、ということである。なぜなら、我々が語ってきたどの感得（sentimiento）も、魂にとって受動的に（pasivamente）なされる、つまり魂が自分の側からは、それらを受け取るために実際の効果をもつような何ごとかを為すということなしになされるのだったが、ここでもまた、そうした感得についての観念は知性において受動的に受け取られるのである。これは哲学者たちが可能的（posible）と呼んでいる知性においてであって、知性は〔その際に〕自分からは何も為すことがないのである。このことから、これらの感得において途を誤ったり自らの進歩を妨げることにならないためには、知性はこれらにたいしても何も為してはならず、ただ受動的なままに留まり、自らの自然的能力を介入させてはならない。…（中略）…それらは、自然的能力は到達しえないある種の甘美な超自然的知解なのであり、これは為すことによって（haciendo）ではなくただ受けることによって（recibiendo）しか把握することのできないものなのである。[15]

「感得」と訳した sentimiento は、『カルメル山登攀』第二部でなされる「知性のあらゆる把捉」――もちろん神との合一に向かう修道と祈りの実践の中で生じる神的なものに関わる限りでのもの——の分類体系の中では、「判明で個別的な（distinta y particular）」「霊的（espiritual）」把捉の一つであり、「ヴィジョン（visiones）」、「啓示（revelaciones）」、「言葉（locuciones〔何らか超自然的に聴き取られる言葉〕）」に並ぶものである。「ヴィジョン」が視覚的、「言葉」が聴覚的な事柄とすれば、「感得」は（味覚、嗅覚を含む）触覚的なものと捉えられているのかもしれない。(16) いずれにせよ感得は、それによって「ある種の甘美な超自然的知解」が生ずる出来事である。そして、この霊的感得がなされる際の知性のあり方を言うために、ここで「可能知性」という語を記すのである。

この記述に見られる十字架のヨハネの「可能知性」理解は、古代以来の問題枠組みからは大きく離れている。アリストテレス由来の、可能態から現実態への移行として知解の成立を捉える態度は見て取れない。いわんや、西欧中世で問題化したという知性の単一性や離存性といった問題はまったく発想の埒外にあり、彼がそうした問題系を知っていたかも疑わしい。したがって、可能知性の対比概念である能動知性は、神的知性からの作用ではなくして、人間の魂がもつ能動的な知の働きのことと捉えられている。その限りでは、おおむねトミズムにおけるこの語彙の理解に従っている。(17) イエズス会学派での用法もほぼ同様であったようである。その上で彼は、人間の知性に与えられる神の事柄についての最も高次の知解は、能動知性の働きを要さずに専一に「可能知性」に与えられるものだとするのである。

では、可能知性のこうした理解を十字架のヨハネはどこから得たのだろうか。語彙自体は、大学の授業で得たことは確かだろう。前節で紹介したように、彼は哲学課程の「道徳哲学」の授業でアリストテレス『霊魂論』第三巻第四章以下（能動知性、可能知性論）の解説を聞いている。また、『神学大全』第一部第七六問題（「魂の身体に対する合一について」）から「魂論の終わりまで」を講じた「聖トマス講座」にも出席していた可能性が高い。

こうした授業から可能知性といった術語を学び、知性認識における能動知性と可能知性の区別および共同という考え方を知ったことまでは十分推測できる。ただし、当時の哲学ないし神学教育の中で、アリストテレスやアクィナスについてどのような解釈が行われていたのかについては詳らかでない。

ちなみに、同様なスコラ学的知識の応用は他にも見出される。一例を挙げれば、『カルメル登攀』の論中には、知性は同時に複数の形相（観念）を受け入れえないという原則が重要な意義を担わされて――しばしば「哲学者たちの言うように」の語とともに――登場する。[18] この原則が、神自身（の観念）を得るためには神以外の一切の被造物を知性から排除・放擲せねばならない、という実践的否定神学の論拠となるのである。[19] この論点は『神学大全』第一部第八五問題第四項「われわれは同時に多くのことがらを知性認識できるか」に依拠するものととってよい。[20] 十字架のヨハネの最初の伝記を著したホセ・デ・ヘスス・マリア（José de Jesús María〔フランシスコ・デ・キロガ（Francisco de Quiroga）という俗名で呼ばれることが多い〕一五六二―一六二八年）は、ヨハネの大学時代の読書内容を語る箇所でこのことをはっきり記している。[21] この『神学大全』第一部第八五問題も、上記のように、十字架のヨハネが神学課程に在籍した年の「聖トマス講座」で講義されていたことがほぼ確かなのである。[22]

しかし十字架のヨハネは、アリストテレスやアクィナスが論じたのと同じ問題関心から、哲学的な知性論ないし魂論を展開しているわけではない。アクィナスらは、あくまで人間の知性認識一般について論じるのであって、特殊な――超自然的――神認識の文脈でこれを語るわけではない。この自然的な知性認識論の語彙を十字架のヨハネは、いわゆる神秘神学に属する特殊な神認識のあり方についての説明に際して、つまり彼の唯一の関心事であった「神ご自身を知る」という問題系に転移させて、いささか強引に応用ないし流用するのである。[23]

そして「応用」に際しては、当然、可能知性の意味にも偏差が生ずる。上の引用に見られる十字架のヨハネの可能知性理解が強調しているのは、人間の知性の側の能動的働きが皆無であることである。ここには可能態が現実態になるという観点は消えており、その意味では十字架のヨハネの「可能知性」は、通常同じ意味とされる「受動知性」と呼ぶ方が意にかなっているだろう。後に引く箇所では、十字架のヨハネは実際にそのように言い換えている。

では、十字架のヨハネは、この語彙をいわゆる神秘神学の場面に応用する態度をどこかから得たのだろうか。前述のように、神認識に際しての人間知性の徹底的受動性といった論点が大学の講義で語られた可能性はほぼないだろう。近世キリスト教思想史、神秘思想史研究の泰斗ジャン・オルシバルは、この十字架のヨハネの「可能知性・受動知性」理解の源泉を探る長大な論文の始めにこう書いている。「偉大な著述家が、意識的にであれ無意識的にであれ、以前の誰かが用いた術語を用いるときには、ほとんどの場合そこに何か新しい意味を与えてこれを使うものである。反対に、何かの思想を借用する場合には、たいていその表現を変えてしまう[24]」。こう見定めた上でオルシバルは、十字架のヨハネの「可能知性」論の影響源探索を類い稀な博識を動員して遂行する。まずアクィナスないしトミズム、ついで、上述のカルメル会公式神学者だったベイコンソープおよびその周辺のスコラ学者たち、さらにオルシバルが十字架のヨハネの神秘思想の主要源泉と見なすライン・フランドル神秘主義の領域に検討は及び、マイスター・エックハルト、グリュンディヒのエックハルト（Eckhart von Gründig 十四世紀前半活動）らのテクストの点検を経て、最終的には（擬）タウラーの説教――ラウレンティウス・スリウス（Laurentius Surius 一五二二／二四―七八年）によるタウラー（Johannes Tauler 一三〇〇頃―六一年）の霊的著作のラテン語訳が当時のスペインでは流布していた――にそれを見出すこととなる。そこには確かに、十字架のヨハネのテクスト同様、神認識に際しての可能知性を、魂が神についての知解を受動的に受け取る出来事として捉え、魂の側の能動的な知性の努力一切の停止をその際の要件として説いている箇所がいくつか見出される。(25)エックハルト的な「魂の根底における神の子の誕生」といった事態においては、魂の側の活動がいっさい停止し、神の側からの働きが全てとならねばならない、したがって人間の知性は神の活動の能動性に対しては完全に受動的になる、といった論旨である。

オルシバルの論は有力に思われるが、確実とも言えないだろう。(26)そもそも、思想の影響源の探索は、当の思想家自身の独自性、創造性を、不確実な影響可能性の連鎖の中に解消してしまうことになりかねない。ただし本稿の関心は、十字架のヨハネの「可能知性」論の源泉探索にはない。大学という「学問的」制度下で得た知識が、観想生活という「宗教的」制度ないし生き方においてどのような意義を持つか、持ったのかを、十字架のヨハネに即して考えようとするところにある。

また、オルシバルは、十字架のヨハネの「可能知性」把握の特徴を、その絶対的受動性にのみ見ようとしているが、十字架のヨハネの「可能知性＝受動知性」の把握法はそれに留まるものではない。次に掲げる引用②では、純粋に受動的に知性に生ずるとされる「霊的感得」という出来事のいわば内実が、彼独特の神秘主義的文体で詳述されているのだが、この方向への展開にこそ、十字架のヨハネが求めた「知」の特徴があると筆者は考えたい。引用箇所は、十字架のヨハネが『カルメル山登攀』の準スコラ学的叙述スタイルを離れて、雅歌を模した自作恋愛詩への自注という形式で著した『霊の讃歌』からである。同書中でも神秘的な美しさの際だつ「第一四歌」中の、「[私の恋人は]愛にみちた微風の囁き（el silbo de los aires amorosos）」という一句に加えられた「解明（declaración）」中に、次のような一節がある。

② 神のこの接触（toque de Dios）は魂の本体（sustancia del alma）をたいへん満足させ心地よくさせる。魂の欲求、それはこのような合一のなかで〔神と〕相見《まみ》えるということだったのだが、それを優しく満たしてくれるのである。まさにこのとおりであるが故に、魂はこの合一ないし接触を、愛を誘う風（aires amorosos）、と呼ぶ。というのも、すでに述べたように、恋人が備えている諸徳が、愛にみちた甘美な仕方で魂に分かち与えられるのだから。そしてこのことから、知解の囁き（el silbo de la inteligencia）が知性のうちに生じてくるのである。だから魂はこれを、囁きとも呼んでいる。なぜなら、風が引き起こす囁きは、耳の中に鋭く入り込んでくる。そのために、このいとも精妙で繊細な知解（esta sutilísima y delicada inteligencia）が、魂の本体の奥の奥まで（en lo íntimo del la sustancia del alma）、讃歎すべき甘美さと快美さとを伴って入り込んでくる。これは他の何ものをも遙かに凌駕して快い。

その理由はといえば、ここではあらゆる属性や形象を脱ぎ捨てて〔それそのものとして〕理解された〔神の〕本体が魂に与えられるからである。というのもここでは、哲学者たちが受動的あるいは可能的（pasivo posible）と呼んでいる知性に〔神の本体が〕与えられるのである。そう呼ばれるわけは、受動的に、つまり知性が自分の側からは何も為すことなしにこれを受け取るからである。このことは魂にとって根源的な歓びである。なぜなら、このことは知性において生ずることがらなのだが、神学者たちが言うように、〔神の〕享受、つまり神を見ることがそこ〔受動知性〕において成るのであるから[27]。

ここでは、十字架のヨハネは、彼が「魂の神との合一」を捉える際の最も基本的な言い方である「魂の本体における神との接触」について、自由に大胆に語っている。文体は大きく異なるが、「受動（可能）知性」という術語の使用によって、『カルメル山登攀』（引用①）で言われていた知性の領域における最も高次の把捉と同じ水準の事柄が語られていることが明示されている。可能知性、むしろ受動知性の「受動」の意味を、魂の側からの能動的努力の皆無の意味で用いていることも先の引用同様である。しかし、ここでの、詩的・感覚的イメージと哲学的概念が混在する独特な「神秘主義」的文体で十字架のヨハネが語らんとしていること、その関心の所在は那辺にあるのだろうか。

この引用で際だつのは、神に関する知性認識に伴ういわゆる霊的感覚性、その静謐な官能性だろう。耳の奥深く入ってくるかそけき囁きが伝える、あるいは耳朶を打ち、肌を掠める微風の如き知解。こうした叙述の志向するところ、つまり、ここで主題的に語られようとしているのは、『カルメル山登攀』では「霊的感得」としてただ名指されるだけであった事態において得られる或る「感じ」、そこで感じ（sentir）られること、であろう。しかしこれはどういうことか。神についての知解が魂に与えられるということ、つまり神のことが「わかる」――能動性のめだつ「知る」よりも、「わかる」という日本語を用いたい――ということが帯びる官能性とはどのようなことだろうか。十字架のヨハネは、神のことが深い意味で「わかる」ということを、ここでどのような視点から捉えているのか。

何かがわかったとき、ある「感じ」がするとしても、その「感じ」はまったく個人的な、敢えて言えば私秘的な事柄であって、当の知解自体、つまりそこでわかる内容には何ら本質的な関わりを持たない、ということが、知性認識一般についての了解事項だろう。あるいはせいぜい、そうした「感じ」を語るかにみえる言語は「詩的」なものにすぎず、読む者がそこに何かを情感的に感ずるにしても、そこには学知の条件である概念的普遍性に依拠した伝達可能性は無い、ゆえに学知としては無意味である、とすることもできるだろう。しかし、いわゆる神秘主義的なこうした叙述の意義を「真剣に」受けとめようとするなら、これを無意味とする態度が拠っている知性理解とは別の「神（について）の知・叡知（sabiduría）」の捉え方こそがここでは目指されている、ととるべきだと思われる。知解に伴ういわば私的クオリアを言語化しようとしているかに見える十字架のヨハネは、そのような「感じ」こそが、おそらく神との合一の何たるかを語るに際して重要だとしているのである[28]。

このことの意味は結論部でさらにいささか論及することとして、続いて「受動知性」の語が現れるもう一つの箇所、引用③を見てみたい。全四〇歌から成る『霊の讃歌』の末尾に近い、つまり神との合一のあり方が最も深まった段階にある魂について歌われる第三九の歌の冒頭の一行、「澄みきった夜のなかで（En la noche serena）」の「解明」中の一節である。

> ③　この夜とは、魂がこれらの〔神的〕事柄を見ることを欲する観想のことを言う。これを夜と呼ぶのは、この観想が暗いものだからであり、この故に別名神秘神学（mística teología）とも呼ばれる。これは、神の秘められた、あるいは隠された叡知（sabiduría de Dios secreta o escondida）のことを言い、これによって、いかなる言葉も、また身体的あるいは霊的ないかなる感覚の助けも無しに、沈黙と静寂の中でのように、あらゆる感覚的なものおよび自然的なものから隠れたやり方で、神が魂に、いとも隠された仕方、いとも秘められた仕方で教えてくださるのだが、魂はそれがどのようにしてかを知ることはない。このことをある霊的著述家たちは、知解すること無しに知解すること（entender no entendiendo）と言っている。なぜならこれは、哲学者たちが能動的と呼ぶ知性においてのことではないからである。能動知性の働きは、身体的諸能力が捉える形相、想像、把捉に関わるのだが、このこと〔暗い観想、神秘神学〕は可能的で受動的である限り

の知性（entendimiento en quanto posible y pasivo）において為されるのだからである。この知性は、上記のような形相、等々を受け取ることなく、イメージを取り去られた実質的知解内容を（inteligencia sustancial desnuda de imagen）ただ受動的に受け取るのであり、これは、魂の側からのいかなる働きも能動的作業も無しに魂に与えられる。[29]

解明すべき詩句「澄みきった夜」のイメージに沿うこの「解明」では、先の引用の官能性は語られていないが、事柄としては同じことが言われているととってよい。ここでの叙述で強調されているのは、神との合一と同義である「神秘神学」、すなわち神の秘められた、あるいは隠された叡知（sabiduría）が、受動知性に与えられるとされている点である。「神秘的（mística）」の語は、ここでは語の元来の意味と言える「秘められた」との意味で用いられている。引用②で目立った官能的語彙は姿を消し、解明される詩句に応じて「夜」「沈黙」「静寂」といった非表象性が強調されている。つまり合一においては、あらゆる表象可能性を欠いた、つまりは（通常の意味での）「知」の条件を取り去った、しかしなお何らかの「知」であるような知解が、魂にとって「受動的に与えられる」ことが言われている。この限りで、「知解すること無しに知解する」――説明的に言えば、神について具体的な何かがわかるわけではないけれども神の実質的（sustancial）知がたしかに得られる、神のことが深くわかる、といったことであろうか――という神秘主義文献に常套の逆説表現も用いられる。それは、「隠れた」「秘密の」領域、「受ける者の他は誰も知らぬ」（黙二・一七）[30]、本質的に個人的で私秘的な領域での事柄であり、十字架のヨハネは受動的知性をこの水準のこととしている。つまり「知解すること無しに知解」される神の神秘的（秘密の）知が有する撞着語法的あり方を、スコラ学由来の能動知性／受動知性の二分法を「応用」して、

「(能動知性が) 知解することなしに (受動知性が) 知解する」というかたちで説明しているわけである。

以上、「可能 (受動) 知性」の語が現れる十字架のヨハネの三つのテクストを通覧してきた。そこに「十字架のヨハネの受動知性論」といったものを想定したとき、何が問われるべきだろうか。まとめてみたい。

大学の講義で聞いた「能動知性/可能知性」という知性認識の問題系から彼が受け取ったことは、神 (のことがら) が深く「わかる」という事態、とりわけ修道の祈りの生活の中で魂に生ずる何らかの「超自然的」な知解の出来事を説明するときにこの語彙が有効な理論的支えたり得る、との発想だった。具体的に振り返れば、まず、能動知性/可能知性の対語を彼は、認識一般の構造ではなく、特別な神認識の場面に限定して応用する。それは、したがって、観想的生を生きるそれぞれに特殊な個人の魂、むしろ各人がそれぞれに特殊である魂の領域における事柄を語るための語彙となる。そしてこの「可能知性・受動知性」の意味を、魂の知性活動に際して能動性を一切欠く状態として捉える。この意味では、彼の "entendimiento posible" は「可能知性」ではなくして "entendimiento pasible, pasivo" つまり「受動知性」と呼ぶべきものである。その上でさらに彼は、この受動知性において神の本体が知られることに伴う「感じ」——情感性ないし官能性——を印象的に叙述する。これは、彼が語らんとしている神認識ないし知解が、知性の相関者としての概念ないし観念によって把捉される何かではもはやないこと、むしろ魂の全体——彼の用語では「魂の本体 (sustancia del alma)」——でのできごとであることを示唆する。しかるにこの受動的知解は、対象的に、つまり概念としても表象としても認識される内容を一切欠いているという意味では「秘められた」ものだから、その限りで「何かを」知る、知解するとさえ言えない。こうして「知ることなしに知る」という撞着語法がある意味では正確な表現ともなる。それは、少なくとも当面は「当人だけにわかる知（あるいは、知る当人だけに有意味な水準）」のことであり、この点ではいわゆる公共性を欠いた、つまり「出世間」的な観想的生においてのみ有意義な知である。このようにして、「可能知性」という大学で学んだスコラ哲学的術語は、観想生活においてこそ追求される神（について）の知を語るための鍵語へとその意味を転移させていき、そうした知のあり様をなんらか説明し、支えるものとして新たな意味・意義を与えられたのだった。

五　結　論

こうした彼の関心は、認識一般の成立構造を説明するという意味での哲学・神学に属するものではない以上、その言説は大学的知の領域中ではほぼ無意味であろう。普遍的概念による学知の探求を事とする大学、とりわけ中世後期以来のスコラ学的洗練が進みつつあった大学では、十字架のヨハネが求めていたような、修道院のいわゆる観想的生に固有の知の探求はなされえない。しかし大学もまた、知の根源的探求の場である以上、そうした次元の事柄は、その内実自体へは踏み込めないにせよ、そうした「神的知」の成立可能性を認め、さらにその意義を考察することはできるだろう。それは、自らに本来固有の学知とは別の次元にある、別の性格の知の存在と意義を承認した上で、ただし自らがそれになることなしになされる、つまり自らとは本質的に異なるものとしての、いわば「他者の知」の考察である。近世以降の大学の学知は、ひとつはこうした方向の探求に進んでいくようである。例えば、十字架のヨハネやアビラのテレサの次世代の跣足カルメル会の神学者たちは、かの受動的知解の内実を新たに自らの言葉で語り継ぐのではなく、テレサや十字架のヨハネによる「神秘主義」的言語を当代の新たな（moderna）権威としてスコラ学的言語の中に位置づけ、「スコラ学的神秘神学（theologia mystica scholastica）」の大系を構築してその内へと再吸収しようとする営みに向かう。ここから近世カトリック神秘神学が形成されていく。[31] これはある意味では、学問と観想、学知と霊性の分離という近代的事態を反映、ないし先取りしたものかもしれない。しかしその分離を、分裂（いわんや排除）となすのではなく、また大学的学知とは異質の「他者の知」をそれぞれの時代の正統の知へと「回収」するかたちで処理するのでもなく、そうした他者の知、本稿のテーマに即して言えばいわゆる神秘主義的叡知を、時代の主流にして正統となっている学知の内部にたえず迎え入れることで、それによって正統・主流の知のあり方自体を更新していく契機となすことはつねに可能であろう。むしろそうした志向を失えば、大学的学知自体が枯渇していくことになろう。このことは現代の大学においてもかわらないように思う。

註

（1）「神秘主義」をどう捉えるかはまったく自明でない。研究者によってその外延も内包も区々なのが現状である。神秘主義の把握の仕方についての暫定的私見として、拙稿「神秘主義」星野英紀他編『宗教学事典』丸善、二〇一〇年、二九八―三〇一頁、「「神秘主義」の再定義の可能性」市川裕編『月本昭男先生退職記念献呈論文集　第一巻　世界の宗教といかに向き合うか』聖公会出版、二〇一四年、八四―九九頁、を参照。

（2）Antonio de Nebrija, *Gramática Castellama*, 1492; *Vocabulario español-latino*, 1494; *Reglas de Ortografía española*, 1517.

（3）ルイス・デ・レオンは、改宗ユダヤ人の大学人だが、ヘブライ語聖書の意義をヴルガタ訳聖書に優先させる聖書原典研究を推進した廉で、同じく改宗ユダヤ人系のガスパル・デ・グラハル（Gaspar de Grajal 一五二九／三〇―七五年）、マルティン・マルティネス・デ・カンタラピエドラ（Martín Martínez de Cantalapiedra 一五七〇頃―七九年）とともに異端審問所に告発され、獄中から長い裁判を闘うこととなる。最終的には無罪となり、サラマンカ大学の神学第一講座、聖書講座の正教授の地位を得た。同大学を代表する人物の一人である。拙稿「言葉によって神に近づく――ルイス・デ・レオン『キリストの御名』への序章」『東京大学宗教学年報』二二号、二〇〇五年、一―一九頁を参照。

(4) 以下の記述は、Luis Enrique Rodríguez-San Pedro Bezares, *La Formación Universitaria de Juan de la Cruz*, Ávila, 1992; id., "San Juan de la Cruz en la Universidad de Salamanca", *Salmanticensis*, 36 (1989), pp.157-192; Efrén de la Madrebde Dios y Otger Steggink, *Tiempo y Vida de San Juan de la Cruz*, Madrid, 1992, cap. 9-10, 等に拠る。

(5) ガラルサはアリストテレスの諸著への注解書を何冊か著している。

(6) Luis Enrique Rodríguez-San Pedro Bezares, *La Formación Universitaria de Juan de la Cruz*, p.70.

(7) 前述のルイス・デ・レオンらの審問事件が代表的だが、フランシスコ・デ・ビトリア（Francisco de Vitoria 一四八三／八六―一五四六年）の着任（一五二六年）以来、サラマンカ大学ではドミニコ会の勢力が増し、スコトゥス（Johannes Duns Scotus 一二六五／六六―一三〇八年）や唯名論（ドゥランドゥス〔Durandus de Sancto Porciano 一二七五頃―一三三四年〕）の講座がアクィナス派に変わるような事態が進行していた。講座内容の変更は、当時のサラマンカ大学の、ある意味できわめて「民主的」な運営方針によるとされる。各講座の正教授（catedrático）が退任すると、後任は学生の投票で決まるのである。「学生による授業評価（?）」の直接的反映とも言えるが、実質は、修道会やそれに連動した学派の勢力争いでもあった（Cf. Luis Enrique Rodríguez-San Pedro Bezares, "Peripecia universitaria de San Juan de la Cruz en Salamanca", AA.VV., *Aspectos Históricos de San Juan de la Cruz*, Ávila, 1990, pp.77-98）。また、一五六六年からは、神学の学士号、修士号を得るには、「血の純潔」すなわち改宗ユダヤ人や改宗ムスリムの血筋に無縁であることが要件とされるに到った。ただし実行はされなかったらしい（*ibid.*, p. 87）。母方の血筋が詳かでない十字架のヨハネはこの要件を満たさなかったかもしれない。「しかしおそらく、サラマンカでの経験、その混雑した講堂や騒々しい活気に、彼は感ずるところがあった。おそらく彼は、学びつつある神学が味気ないもの、概念の定義や区別にかかずらわりすぎていると思ったのだ」（Colin Thompson, *St John of the Cross: Songs in the Night*, Washington D.C., 2003, p. 43）、との推測は当たっているのかもしれない。

(8) 「ほどなくして、まだ若い一人の神父がこちらに来られることがわかりました。その方はサラマンカ大学で勉学中でした。彼はもう一人のお仲間と一緒にいらっしゃったのですが、その方はこの神父〔十字架のヨハネ〕が実践されている立派な〔厳しい〕生き方について教えてくれました。……（中略）……私は彼と話をしてみておおいに満足しましたが、彼もまたカルトゥジア会に移るのを大いに願っていることを知りました。そこで、〔改革運動を男子にも広めるという〕私の計画をお話して、主が私どもに〔そのための〕修道院を与えてくださるまで待つように強くお願いしました。…（中略）…彼はそうするとおっしゃいましたが、ただしあまり先にならないなら、とのことでした」（Teresa de Ávila, *Fundaciones*, cap. 3, 17）。

（9）「唯名論講座」は、ドミニコ会の反トマス的・唯名論者のドゥランドゥスの名を冠して「ドゥランドゥス講座」と呼ばれていた。

（10）これを強調するのは、二〇世紀初頭の代表的なカルメル会神学史家クリソゴノ・デ・ヘスス・サクラメンタドである。Cf. Crisogono de Jesús Sacramentado, OCD, *San Juan de la Cruz, su obra científica y su obra literaria*, 2 tomos, Ávila, 1929, t.1, p. 26 ff.

（11）ベイコンソープはノミナリズム的傾向の折衷主義者とされる。その神学については、cf. Chrysogone de Saint-Sacrement, "Maître Jean Baconthorp: Les sources – la doctrine – les disciples", *Revue néo-scolastique de philosophie*, 34(1932), pp. 341-365.

（12）典型的なものとして、Réginald Garrigou-Lagrange, O.P., *Perfection chrétienne et Contemplation selon s. Thomas d'Aquin et s. Jean de la Croix*, Montréal, 1923, 1952^{5}.

（13）拙論「十字架のヨハネにおける〈スコラ学〉と〈神秘主義〉」『中世思想研究』四四号、二〇〇二年、三七―五三頁、「十字架のヨハネの〈神秘思想〉――〈神との合一〉をどう語るか」『仙台白百合女子大学カトリック研究所論集』一六号、二〇一二年、一―四〇頁を参照。

（14）『カルメル山登攀』第二部の構成については、拙著『十字架のヨハネ研究』創文社、二〇〇〇年、八八頁の図表を参照。

（15）Juan de la Cruz, *Subida del Monte Carmelo*, Lib. 2, cap. 32, 4. 以下、十字架のヨハネのテクストは、San Juan de la Cruz, *Obras Completas*, 5a ed., Revisión textual, introducciones y notas al texto: José Vicente Rodríguez, Madrid, 1993 に拠る。傍点は引用者（以下同様）。

（16）Cf. Jean Orcibal, "Le role de l'intellect possible chez Jean de la Croix: Ses sources scolastiques et nordiques", in *La Mystique rhénane*, Paris, 1963, pp. 235-279; id., *Études d'Histoire et de littérature religieuses: XVIe–XVIIe siècles*, Paris, 1997, pp. 619-660 に再録。

（17）Cf. *Summa Theologiae*, Ia, q. 79, a. 3.

（18）『カルメル山登攀』第一部第六章一、『魂の暗夜』第一部第四章七、『愛の生ける炎』第一の歌二二を参照。

（19）十字架のヨハネの「実践的否定神学」については、前掲拙著、第二部第二章を参照。
（20）*Summa Theologiae*, Ia, q. 85, a. 4.
（21）José de Jesús María (Quiroga), *Historia de la Vida y Virtudes de Venerable Padre Fray Juan de la Cruz*, 1628, Lib. I, cap. 4, Ávila, 1992, p.70.
（22）『カルメル山登攀』第一部第三章に見られる、「哲学者たちが言うように、魂は、神が身体に吹き込んだときには、何も描かれていない平らで無地の書字板（tabla rasa y lisa）のようであって」との一節も、『霊魂論』（第三巻第四章）、あるいは『神学大全』第一部第七九問題（第二項主文）からのものだろう。
（23）アクィナスの神学全体の構図に十字架のヨハネが依拠していたのであれば、事柄としては『神学大全』第三部の「恩寵」論における議論が参照ないし示唆されてよいと思われるが、その形跡は見いだされない。彼の「トミズム」は大学での聴講の範囲に留まるようである。
（24）Jean Orcibal, *op. cit.*, p. 619.
（25）最もはっきりした箇所として、Iohannes Tauler, "Sermo in Circumcisione Domini", *Opera omnia*, interprete Laurentio Surio Lubecensi, 1548 (rep. Georg Olms Verlag, 1985), p. 34. ただしここでは能動知性 (intellectus agens)、可能知性 (intellectus possibilis)、受動知性 (intellectus patiens)、という三分法も提示されている。Cf. Orcibal, *op. cit.*, pp. 651-653.
（26）オルシバルはこれ以外にも十字架のヨハネへのドイツ神秘主義（ライン・フランドル神秘主義）の影響について網羅的に研究しており、（擬）タウラーからの直接的影響を強く主張している。Cf. Jean Orcibal, *Saint Jean de la Croix et les Mystiques Rhéno-flamands*, Paris, 1966.
（27）*Cántico Espiritual* [B], Canc.14-15, 13. 続いてこの「囁き」の典拠として、ホレブ山におけるエリヤの見神の箇所（王上一九・一二）が解説されていく。拙稿「風と息としての霊――十字架のヨハネの〈ASPIRACION〉」鶴岡賀雄・深澤英隆共編『スピリチュアリティの宗教史　下』リトン、二〇一二年、一八七―二一四頁を参照。
（28）『霊の讃歌』の序文では、詩の言葉の読み方についてこのように言われている。「［この歌にこめられている］神秘的叡知は…（中略）…それが魂のうちに愛と情感という効果を生むためには、判明に理解される必要はない。なぜならそれは、信という様態に属するのであって、そこでは我々は神を理解することなくただ愛するのである」（*Cántico Espiritual* [B], Prol. 2）。

(29) *Cántico Espiritual* [B], Canc. 39, 12.

(30) Cf. Juan de la Cruz, *Llama de Amor Viva* [B], 2, 21.

(31) 跣足カルメル会の神学者たちによるその経緯、またその性格については、拙稿「近世神秘神学の誕生——近世カルメル会学派の「神秘主義」と「スコラ学」」『東京大学宗教学年報』第二八号、二〇一一年、一—一八頁で論じた。十七世紀頃から始まるこの近世スコラ学的神秘神学が、上述の十九・二〇世紀のネオトミズムの神秘神学（註12参照）に接続していくのである。

執筆者紹介

三村太郎（みむら・たろう）　一九七六年生。イギリス・マンチェスター大学古典学部 Research Associate（アラビア語文献学・科学史）。*Epistles of the Brethren of Purity: On Astronomia* (F. Jamil Ragep との共著、Oxford University Press)、『天文学の誕生――イスラーム文化の役割』（岩波書店）、"The Arabic Original of (ps.) Māshā'allāh's *Liber de orbe*: its date and authorship" (*The British Journal for the History of Science*, 48)、ほか。

橋川裕之（はしかわ・ひろゆき）　一九七四年生。静岡県立大学国際関係学部講師（ビザンツ史・ギリシャ文化史）。「皇帝権力とテクスト――第二リヨン公会議へのビザンツの反応について」（歴史学研究会編『歴史学研究』第九三七号・増刊号）、「プロコピオス『秘史』――翻訳と註」（一–三、共訳、早稲田大学高等研究所編『早稲田大学高等研究所紀要』第五–七号）、G・コンスタブル『十二世紀宗教改革』（共訳、慶應義塾大学出版会）、ほか。

矢内義顕（やうち・よしあき）　一九五七年生。早稲田大学商学学術院教授（中世哲学）。『中世思想原典集成10　修道院神学』（監修、平凡社）、R・W・サザーン『カンタベリーのアンセルムス――風景の中の肖像』（翻訳、知泉書館）、「カンタベリーのアンセルムスにおけるスピリチュアリティ」（『スピリチュアリティの宗教史　下巻』リトン）、ほか。

Elisabeth Gössmann（エリザベート・ゴスマン）　一九二八年生。ルートヴィヒ・マクシミリアン大学ミュンヘン員外教授、聖心女子大学名誉教授（キリスト教神学）。*Metaphysik und Heilsgeschichte* (München)、*Antiqui und Moderni im Mittelalter* (Paderborn)、『フェミニズムとキリスト教』（勁草書房）、『女性の視点によるキリスト教神学事典』（共編、日本基督教団出版局）、ほか。

永嶋哲也（ながしま・てつや）　一九六八年生。福岡歯科大学教授（中世哲学）。「中世の言語哲学」（『西洋哲学史Ⅱ』講談社選書メチエ）、「一二世紀の哲学」『哲学の歴史3』（中央公論新社）、「エロイーズ書翰に見る中世修辞学としての書翰作文術」（中世哲学会編『中世思想研究』56号）、「中世普遍論争再訪――中世唯名論者は何が存在しないと言っているか」（九州大学哲学会編『哲学論文集』49輯）、ほか。

山本芳久（やまもと・よしひさ）　一九七三年生。東京大学大学院総合文化研究科准教授（西洋中世哲学・イスラーム哲学）。『トマス・アクィナス　肯定の哲学』（慶應義塾大学出版会）、『トマス・アクィナスにおける人格の存在論』（知泉書館）、「イスラーム哲学：ラテン・キリスト教世界との交錯」（『西洋哲学史Ⅱ』講談社選書メチエ）、"Thomas Aquinas on the Ontology of Amicitia: Unio and Communicatio" (*Proceedings of the American Catholic Philosophical Association*, Vol. 81)、"Yahya ibn Adi on Faith and Reason: A Structural Analysis of The Reformation of Morals" (*Parole de l'Orient*, Vol. 37)、ほか。

八巻和彦（やまき・かずひこ）　一九四七年生。早稲田大学商学学術院教授（西洋哲学）。『クザーヌスの世界像』（創文社）、*Nicholas of Cusa: A Medieval Thinker for the Modern Age*（編著、Routledge Curzon Press）、『神を観ることについて』（翻訳、岩波文庫）、"Imago Dei - Über 'anthropozentlische' Bezeichnungen in der cusanischen Imago-Dei-Lehre" (*Manuductiones: Festschrift zu Ehren von Jorge M. Machetta und C. D'Amico*, Aschendorff)、「近代的思考様式の限界についての一試論——「科学・技術」との関わりを中心にして」（早稲田大学商学学術院編『早稲田商学』438号）、ほか。

鶴岡賀雄（つるおか・よしお）　一九五二年生。東京大学大学院人文社会系研究科教授（宗教学）。『十字架のヨハネ研究』（創文社）、『スピリチュアリティの宗教史　上・下』（共編著、リトン）、M・モリノス『霊の導き』（翻訳、『キリスト教神秘主義著作集15　キエティスム』教文館）、「アビラのテレジアの「身心変容」の諸相——「内感」とその行方」（身心変容技法研究会編『身心変容技法研究』第二号）、「現代〈宗教〉思想の条件——ミシェル・ド・セルトーの試みに即して」（上智大学共生学研究会編『共生学』第八号）、ほか。

佐藤直子（さとう・なおこ）　一九六〇年生。上智大学文学部教授（中世思想・宗教哲学）。「クザーヌスにおける信仰と知——神秘体験における「私」の成立」（『中世における信仰と知』知泉書館）、"Cusanus' Epistemology in *Idiota de mente*" (*Nicholas of Cusa: A Medieval Thinker for the Modern Age*, Routledge Curzon Press)、ビンゲンのヒルデガルト『スキヴィアス（道を知れ）』（翻訳、『中世思想原典集成15　女性の神秘家』平凡社）、「クザーヌスにおける「絶対的同一者」の概念」（日本哲学会編『哲学』第五六号）、ほか。

伊勢俊介（いせ・しゅんすけ）　一九八五年生。首都大学東京人文科学研究科博士後期課程。索引作成。

中 世 研 究　第 14 号

〔中世における制度と知〕　ISBN978-4-86285-228-1

2016 年 3 月 20 日　第 1 刷印刷
2016 年 3 月 25 日　第 1 刷発行

編者　上智大学中世思想研究所
発行者　小　山　光　夫
製　版　ジ　ャ　ッ　ト

発行所　〒113-0033 東京都文京区本郷1-13-2
電話03(3814)6161 振替00120-6-117170
http://www.chisen.co.jp
株式会社　知 泉 書 館

Printed in Japan　印刷・製本／藤原印刷

人名索引

アーミディー al-Āmidī　15
アヴィセンナ Avicenna; イブン・スィーナー Ibn Sīnā　3–6, 11, 17, 23, 24, 175, 182
アヴェスゴトゥス Avesgotus　79, 81
アヴェロエス Averroes; イブン・ルシュド Ibun Rushd　159, 160, 164, 168, 169, 175, 182, 183, 188
アウグスティヌス Augustinus　75, 90, 210, 214, 221
アガティアス Agathias　45, 47
アセリッツ Athelits　91
アデレード Adelidis; Adelaide　89
アブラハム Abraham　112
アベラール　→ペトルス・アベラルドゥス
アベラルドゥス　→ペトルス・アベラルドゥス
アポロニオス Apollonios　11, 12
アリストテレス Aristoteles　41–43, 49, 60, 64, 67, 68, 137, 143, 163, 164, 167, 168, 171, 175, 176, 178, 181, 183, 186, 188, 198, 202, 205, 226, 227, 232, 234, 235, 245
アルキメデス Archimedes　18, 19
アルキロコス Archilochos　61
アルクイヌス Alcuinus　134, 135, 137, 144, 146
アルヌルフス Arnulfus　78, 80
アレクサンドロス Alexandros（ニケア府主教の）　53
アレクサンドロス Alexandros（アフロディシアス Aphrodisias の）　159, 163, 164, 168, 169
アレクシオス 1 世 Alexios I Komnēnos　65
アンセルムス Anselmus（カンタベリー Canterbury の）　73, 76–85, 87–98
アンセルムス Anselmus（ハーフェルベルク Havelberg の）　104
アンセルムス Anselmus（ラン Laon の）　136
アントニオ・デ・ネブリーハ Antonio de Nebrija　225
アンブロージョ・トラヴェルサーリ Ambrogio Traversari　201
イエス Jesus　67, 132, 133　→イエス・キリスト，キリスト
イエス・キリスト Jesus Christus　40, 67, 68　→イエス，キリスト
イサキオス 1 世コムニノス Isaakios I Komnēnos　55
イタロス　→ヨアンニス・イタロス
イブン・サラーフ Ibn al-Ṣalāḥ　13, 14
イブン・スィーナー　→アヴィセンナ
イブン・ズフラ ʻIzz al-Dīn Ḥamza b. Zuhra　8
イブン・ハイサム Ibn al-Haytham　16, 17, 27
イブン・ハッリカーン Ibn Khallikān　10, 11, 13–15, 21, 25
イブン・フサイン Ibn Ḥusayn　19, 20, 28
イブン・ルシュド　→アヴェロエス
ウィクリフ Wycliffe　196
ヴィムンドゥス Wimundus　81, 82
ウィリアム William（ノルマンディー公）　89
ウェルギリウス Publius Vergilius Maro　78, 80
ヴェンク Johannes Wenck　195–203, 206–09, 212, 214, 215, 218, 219
ウォリス John Wallis　193
ウルディー ʻUrdī　5–7, 25
エアドメルス Eadmerus Cantuariensis

84, 94
エウクレイデス Eukleides　11–13, 17, 26
エウゲニウス 3 世 Eugenius III　108
エウラリア Eulalia　87
エックハルト Meister Eckhart　105, 117, 196, 197, 223, 236
エックハルト Eckhart（グリュンディヒ Gründig の）　236
エリザベート Elisabeth（テューリンゲン Thüringen の）　105, 106
エルナンデス・デ・ルエダ Hernández de Rueda　226, 227
エンペドクレス Empedoklēs　60
エンリケ・エルナンデス Enrique Hernández　227
オウィディウス Publius Ovidius Naso　81
オットー Otto（フライジンク Freising の）　104
オルフェウス Orpheus　60, 61
カール大帝 Charlemagne; Karl der Große　134
ガウニロ Gaunilo　84
ガザーリー al-Ghazālī　4, 5, 13, 25
ガスパル・デ・グラハル Gaspar de Grajal　229, 244
カッシオドルス Flavius Magnus Aurelius Cassiodorus Senator　134, 146
カマール・ディーン Kamāl al-Dīn Yūnus　7, 9–21, 23, 25, 28
ガルシラソ・デ・ラ・ベガ Garcilaso de la Vega　226
ガレノス Galenos　81
カント Immanuel Kant　216
キケロ，キケロー Cicero　75, 90, 141–43, 148
キリスト Christus　40, 68, 88, 111, 132, 155, 156, 157, 170, 173–75, 203, 210, 244　→イエス , イエス・キリスト
ギルベルトゥス Gilbertus; Gilbert　86
グイレルムス Guillelmus（シャンポーのギヨーム Guillaume de Champeaux）135, 136, 140, 141, 144
グィレンクス Guilencus　81
クィンティリアヌス Marcus Fabius Quintilianus　90, 143
クーヒー al-Kūhī　20, 28
クザーヌス Nicolaus Cusanus　191–212, 214–22
クシフィリノス　→ヨアンニス・クシフィリノス
クスター・イブン・ルーカー Qusṭā ibn Lūqā　16, 27
クトゥブ・ディーン・シーラーズィー Qutb al-Dīn Shīrāzī　5, 6, 25
クリストバル・ベリャ Christóbal Bella　229
グレゴリウス 1 世 Gregorius I　75, 90
グレゴリオス Gregorios（ナジアンゾス Nazianzos の）　45, 49
ゲルトルート Gertrud die Große　115
ゲルホー Gerhoh（ライヒェルスベルク Reichersberg の）　104
ゴットフリート Gottfried　108
コンスタンティウス 2 世 Constantius II　48
コンスタンティヌス 1 世 Constantinus I　41, 48
コンスタンティノス Konstantinos（聖キリロス Kyrillos）　52–55, 70
コンスタンティノス 7 世ポルフィロゲンニトス Konstantinos VII Porphyrogennetos　41, 53–55
コンスタンティノス 9 世モノマホス Konstantinos IX Monomachos　55–59
サーガーニー Ṣāghānī　18, 27, 28
サービト・イブン・クッラ Thābit ibn Qurra　12, 26
サッフォー Sapphō　61
サファディー al-Ṣafadī　7
サラディン Saladin　19
シャムス・ディーン・ウルディー Shams al-Dīn al-ʻUrdī　7, 9
シャラフ・ディーン・トゥースィー Sharaf al-Dīn al-Ṭūsī　12, 13, 15, 17, 18, 20,

21, 26
ジャン・オルシバル Jean Orcibal　236
十字架のヨハネ Juan de la Cruz　223–32, 234–43, 245–47
シンプリキオス Simplikios　45
スコープラント Johannes Scoblant　193
スコトゥス，ヨハネス・ドゥンス Johannes Duns Scotus　110, 245
ソクラテス Sokrates　35, 36, 47, 66, 208–11, 215, 216, 218
ゾロアスター Zōroastrēs　60
タージ・ディーン・スブキー Tāj al-Dīn al-Subkī　11–14
タウラー Johannes Tauler　236
タキー・ディーン・イブン・サラーフ Taqī al-Dīn ibn al-Ṣalāḥ　→イブン・サラーフ
ダマスキオス Damaskios　44, 45, 47
ダンテ Dante Alighieri　110, 113, 119
チャールズ・シンガー Charles Singer　103, 120
テアノ Theano　61
ティエリ Thierry（シャルトル Chartres の）　139, 140, 144, 147
（擬）ディオニュシウス（Ps.）Dionysius Areopagita　207
テオーデリヒ Theoderich　108
テオドシウス 2 世 Theodosius II　49, 52, 54, 70
テオドティ Theodotē　60, 61
テオドロス Theodoros（アンティオキア Antiochia の）　17, 27
デカルト René Descartes　216
デボラ Deborah　109
テミスティオス Themistios　163
テレサ Teresa（アビラ Ávila の）　228, 231, 243
トマス・アクィナス Thomas Aquinas　151–54, 156–58, 162–64, 166–90, 231, 235, 236, 247
ドミンゴ・デ・ソト Domingo de Soto　226, 229
ナスィール・ディーン・トゥースィー Naṣīr al-Dīn al-Ṭūsī　5–9, 21–25, 28, 29
ニコラウス・クザーヌス　→クザーヌス
ニコラウス 2 世 Nicolaus II　76
ハーデウェイヒ Hadewijch（アントワープ Antwerpen の）　105
ハイメリクス・デ・カンポ Heymericus de Campo　192
ハインリヒ Heinrich（ハレ Halle の）　107–109
ハインリヒ・フォン・ネルトリンゲン Heinrich von Nördlingen　107
パウロ Paulos　40, 67, 68, 90, 118
バシリオス 1 世 Basileios I　53
バシリオス 2 世 Basileios II　55
バシレイオス Basileios（カイサレイア Kaisareia の）　45, 49
バルダス Bardas　51–54
バルヘブラエウス Barhebraeus　17, 27
パルメニデス Parmenidēs　60
ヒエロニムス Hieronymus　90
ビトリア Francisco de Vitoria　229, 245
ヒポクラテス Hippokrates　81
ピュタゴラス Pythagoras　61, 210
ヒュパティア Hypatia　61
ヒルデガルト Hildegard（ビンゲン Bingen の）　98, 101–15, 119–23, 125–27
ファーラービー al-Fārābī　17
フアン・ガリョ Juan Gallo　229
フアン・デ・イエペス Juan de Yepes　→十字架のヨハネ
フアン・デ・ゲバラ Juan de Guevara　229
フーゴー Hugo（サン＝ヴィクトルの de Sancto Victore）　104
フォティオス Phōtios　52
フォルマール Volmar（ディジボーデンベルク Disibodenberg の）　107
プトレマイオス Ptolemaios　5, 16, 21, 22, 24, 110
プラトン Platon　35, 36, 38, 41–44, 47, 49, 60, 64, 67, 208, 218
フランシスコ・デ・キロガ Francisco de Quiroga　→ホセ・デ・ヘスス・マリア

フランシスコ・ヒメネス・デ・シスネロス Francisco Jiménez de Cisneros 224
フリードリッヒ2世 Friedrich II 17
プリスキアヌス Priscianus 75
フルベルトゥス Fulbertus 143
プロクロス Proklos 42, 44, 60, 201
プロティノス Plōtinos 42
ベイコンソープ John Baconthorp →ヨハネス・バコ
ペトルス・アベラルドゥス Petrus Abaelardus 65, 66, 68, 129–33, 135, 137–44, 146, 147
ペトルス・ウェネラビリス Petrus Venerabilis 156, 184
ペトルス・マルシリウス Petrus Marsilius 152
ペドロ・ガルシア・デ・ガラルサ Pedro García de Garalza 226, 245
ベネディクトゥス Benedictus 73, 74, 84, 114
ペルシウス Aulus Persius Flaccus 81, 82, 97
ベルナルドゥス Bernardus（クレルヴォー Clairvaux の） 108, 130
ヘルルイヌス Herluinus 74, 75, 93
ベレンガリウス Berengarius 75, 76
ヘロイサ Heloysa（エロイーズ Héloïse） 132, 136, 138, 143, 144
ヘンリー1世 Henry I 90
ボエティウス Boethius 137, 141
ホスロー1世 Khusraw I 45, 47
ホセ・デ・ヘスス・マリア José de Jesús María 235
ホッブズ Thomas Hobbes 216
ボナヴェントゥラ Bonaventura 110
ホノリウス・アウグストドゥネンシス Honorius Augustodunensis 104
ホメロス Homēros 61
ホラティウス Quintus Horatius Flaccus 81
ポルフュリオス Porphyrios 42
マウリティウス Mauritius 77, 78, 80, 81, 84, 96
マティルダ Mathilda（ウィルトン女子修道院長） 87
マティルダ Mathilda（マルカム3世の娘） 90, 98
マホメット Mahumeto 154, 155 →ムハンマド
マララス →ヨアンニス・マララス
マリア Maria（聖母） 89, 117, 197
マリア Maria（マグダラ Magdala の） 94
マルカム3世 Malcolm III 90
マルグリット・ポレート Marguerite Porète 108
マルティアヌス・カペラ Martianus Capella 133, 134, 146
マンシオ・デ・コルプス・クリスティ Mancio de Corpus Christi 229
ミカエル・デ・ボローニャ Michaelis de Bolonia 230
ミハイル・アッタリアティス Michaēl Attaleiatēs 58, 59
ミハイル・プセロス Michael Psellos 35, 39–44, 55–65, 67–71
ミハイル3世 Michaēl III 51, 53
ミハイル4世 Michaēl IV 62
ミハイル7世 Michaēl VII 55
ムアイヤド・ディーン・ウルディー Mu'ayyad al-Dīn al-'Urdī →ウルディー
ムイーン・ディーン・サーリム Mu'īn al-Dīn Sālim b. Badrān al-Miṣrī 7–9, 25
ムハンマド Muhammad 4, 9, 155–57 →マホメット
ムハンマド・イブン・アブドル・ジャリール・シジュズィー Abū Sa'īd Aḥmad ibn Muḥammad ibn 'Abd al-Jalīl al-Sijzī 19, 28
ムハンマド・イブン・フサイン Muḥammad ibn Ḥusayn →イブン・フサイン
ムフイー・ディーン・マグリビー Muhyī al-Dīn Maghribī 5, 6, 25
メトディオス Methodios 52
メナンドロス Menandros 61

メヒティルト Mechthild（マグデブルク Magdeburg の） 101–09, 114–20, 125, 127
モーゼ Mose 112, 113
ヤンブリコス Iamblichos 42
ユスティニアヌス 1 世 Justinianus I 37, 38, 44–48, 50
ユリアヌス Julianus 45, 48, 49, 70
ヨアンニス・イタロス Iōannēs Italos 64, 65
ヨアンニス・クシフィリノス Iōannēs Xiphilinos 59, 64
ヨアンニス・マララス Iōannēs Malalas 45, 46
ヨアンニス 7 世グラマティコス Iōannēs VII Grammatikos 50
ヨハネス Johannes（ソールズベリー Salisbury の） 137, 138, 146
ヨハネス・ドゥンス・スコトゥス →スコトゥス，ヨハネス・ドゥンス
ヨハネス・バコ Johannes Baco 230, 236, 246
ラーズィー al-Rāzī 16, 26
ライプニッツ Gottfried Wilhelm Leibniz 193, 216
ライムンドゥス Raimundus（ペニャフォルト Pennaforte の） 153
ライムンドゥス・ルルス Raimundus Lullus 192
ラウレンティウス・スリウス Laurentius Surius 236
ランフランクス Lanfrancus 73–78, 81–83, 93, 95
リシャール 1 世 Richard I（ノルマンディー公） 74
リバニオス Libanios 45
ルイス・デ・レオン Luis de León 225, 229, 244, 245
ルカヌス Marcus Annaeus Lucanus 81
ルペルトゥス Rupert von Deutz 110
ルルス →ライムンドゥス・ルルス
レオン Leōn 50–52, 70
ロスケリヌス Roscelinus（コンピエーニュ Compiègne の） 135, 139, 140
ロック John Locke 216
ロドリゲス Diego Rodríguez 229
ロベルトゥス Robertus（アルブリッセルの de Arbrissello） 86
ロベルトゥス Robertus（ノルマン人の） 91, 94

書名索引

『愛の生ける炎』（十字架のヨハネ）　230, 246
『悪魔の堕落について』（アンセルムス）　83
『アラゴン国王ヤコブス一世年代記』（マルシリウス）　152
「アルキメデスがその著書『円の七等分とその仕方』で省略した補助定理を補うことの証明に関するモースルのカマール・ディーン・イブン・ユーヌスによるその弟子ムハンマド・イブン・フサインへの書簡」（カマール・ディーン）　18
『アルマゲスト』（プトレマイオス）　5, 11, 12, 15–17, 20–24, 26
『幾人かの知識ある人々が提示した『アルマゲスト』への疑問への解答』（イブン・ハイサム）　16
『イディオータ―〈精神〉について』（クザーヌス）　212
『イディオータ―〈知恵〉について』（クザーヌス）　212
『祈り』（アンセルムス）　84, 89
『ウィルトン年代記』　91
『ヴルガタ訳聖書』　230, 244
『エウクレイデス『原論』への疑問の解答とその諸概念の解説』（イブン・ハイサム）　16
『エウクレイデスの書への疑問』（クスター・イブン・ルーカー）　16, 27
『エピノミス』　42
『円錐曲線論』（アポロニオス）　11, 12, 15, 21
『円の七等分の仕方について』　18
『戒律』（ヌルシアのベネディクトゥス）　73, 74, 84
「雅歌」　116, 117, 237
『覚知的無知について』（クザーヌス）　192, 195–97, 206, 207, 210, 219
『覚知的無知の学派の見せかけについて』（ヴェンク）　206, 207
『覚知的無知の弁護』（クザーヌス）　193, 196
『神の御業の書』（ビンゲンのヒルデガルト）　109
『カルメル山登攀』（十字架のヨハネ）　230–33, 235, 237, 239, 246
『ガレノスへの疑問』（ラーズィー）　16, 26
『完全コンパスとそれによる作図の仕方について』（イブン・フサイン）　19
『詭弁論駁論』（アリストテレス）　226
『疑問の書』　12, 15, 16
『旧約聖書』　109, 112, 116, 157
『キリスト教神学』（アベラルドゥス）　139, 141, 147, 148
『グラマティクスについて』（アンセルムス）　82, 83
『クルアーン』　4, 9, 15
『形而上学』（アリストテレス）　198, 227
『原論』（エウクレイデス）　11–17, 21, 26
『国家』（プラトン）　47
「コヘレトの言葉」　87
「コリントの信徒への手紙一」　40
「コロサイの信徒への手紙」　118
「コンスタンティヌスの寄進状」　192
『コンプルテンセ多言語聖書』　225
『災厄の記』（アベラルドゥス）　130, 137–40, 144
『様々なトポスについて』（ボエティウス）　141
「詞華集」　90
「士師記」　108

『指針』（アーミディー） 15
『自然学』（アリストテレス） 227
「シノディコン」 65
「詩編」,「詩篇」 74, 76, 88, 89, 146, 178
『詩編詞花集』（アンセルムス） 89
『詩編註解』（ランフランクス） 76
「集会の書」 178 →「シラ書」
『修辞学』（アベラルドゥス） 139, 141–43
『主の体と血について』（ランフランクス） 76
『諸王朝略史』（バルヘブラエウス） 17
「書簡」（アヴェスゴトゥス） 79
「書簡」（アンセルムス） 77, 79–81, 84, 87, 89–91
「書簡」（マティルダ） 80, 90
『初心者のための脈拍論』（ガレノス） 81
「シラ書」 87 →「集会の書」
『詩論』（ホラティウス） 81
『神学大全』（トマス・アクィナス） 153, 165, 229, 234, 235, 247
『神曲』（ダンテ） 113, 119
「箴言」 88, 134
『箴言』（ヒポクラテス） 81
「信仰告白書」（プセロス） 41, 59, 62
『神性の流れる光』（マグデブルグのメヒティルト） 107, 115, 121, 122
『新約聖書』 67, 68, 112, 155
『真理について』（アンセルムス） 82, 83, 91, 92
『推測について』（クザーヌス） 193, 206
『〈スコラリウム〉神学』（アベラルドゥス） 141, 142, 148
『〈スンミ・ボニ〉神学』（アベラルドゥス） 136
『政治学』（アリストテレス） 227
『聖書』 67, 68, 74, 75, 82–84, 90, 93, 94, 104, 105, 114, 115, 134, 146, 151, 170–72, 178, 202–04, 225, 229, 244
『生成消滅論』（アリストテレス） 227
『生の功徳の書』（ビンゲンのヒルデガルト） 109
『聖ヒルデガルト伝』（ゴットフリート，テオーデリヒ） 108, 109
『世界の永遠性について』（プロクロス） 44
「説教」（クザーヌス） 210, 211
『選択の自由について』（アンセルムス） 83
『創立史』（アビラのテレサ） 228
『続テオファニス年代記』 53, 54
『ソクラテスの弁明』,『弁明』（プラトン） 36, 208
『対異教徒大全』（トマス・アクィナス） 151–54, 156–58, 162, 164–66, 172, 175–80, 181, 183, 185–90 →『哲学大全』
『魂の暗夜』（十字架のヨハネ） 225, 230, 246
「知恵の書」 178
「中間の書」 11, 21, 26
『勅令集』（ユスティニアヌス） 46
『哲学者とユダヤ教徒とキリスト教との対話』（アベラルドゥス） 142
『哲学者の矛盾』（ガザーリー） 4, 25
『哲学大全』（トマス・アクィナス） 153, 158 →『対異教徒大全』
「テモテへの手紙一」 88
「伝記集」（イブン・ハッリカーン） 10
「伝記集」（サファディー） 7
「伝記集」（スブキー） 11
『天上位階論』（擬ディオニュシウス・アレオパギータ） 207
『天体論』（アリストテレス） 227
『トピカ』（アリストテレス） 226
『内乱』（ルカヌス） 81
『汝自身を知れ』（アベラルドゥス） 142
『ニコマコス倫理学』（アリストテレス） 167, 186, 227
『年代記』（ミハイル・プセロス） 39, 55, 58, 59, 62, 63, 70
『年代記』（ヨアンニス・マララス） 45
『ハイアの学覚書』（トゥースィー） 21–24, 29

『発想論』（キケロ）　75, 141, 142, 148
『ハディース』　4, 9, 15
『ファイドン』（プラトン）　211
『風刺詩集』（ペルシウス）　82
『福音書記者の用語索引』（アウグスティヌス）　210, 220
『プトレマイオスへの疑問』（イブン・ハイサム）　16, 27
『普遍的協和について』（クザーヌス）　192
『プロスロギオン』（アンセルムス）　84, 85
『分析論後書』（アリストテレス）　226
『文法学』（アベラルドゥス）　139, 141, 146, 147
『文法学綱要』（プリスキアヌス）　75
「ヘブライ人への手紙」　76
『ヘレンニウスに与える修辞学書』　75, 141, 148
『弁護』（クザーヌス）　196, 198, 200, 205, 207, 208, 212, 215, 218　→『覚知的無知の弁護』
『〔法学〕大集成』（シャイバーニー）　10
『〔法学の〕基礎と諸分野に不可欠な努力』（イブン・ズフラ）　8
『牧歌』（ウェルギリウス）　80
『ポルフュリウス註解（ノストロルム・ペティティオニ・ソキオルム）』（アベラルドゥス）　141
「マタイによる福音書」　88, 169
『道を知れ』（ビンゲンのヒルデガルト）　107, 112
『無知の書物について』（ヴェンク）　196, 207
『瞑想』（アンセルムス）　84, 89
『命題論』（アリストテレス）　226
『メタロギコン』（ソールズベリーのヨハネス）　137, 146
『メルクリウスとフィロロギアの結婚』（マルティアヌス・カペラ）　133, 146
『モノロギオン』（アンセルムス）　83, 84, 89
『諸々の異端とサラセン人またはイシュマエル人たちの悪魔的で欺瞞的な宗派に対する簡潔なる小提要』（ウェネラビリス）　156
「ヨハネの黙示録」　112, 241
『ランフランクスの弁証論理学』（ランフランクス）　75
『ランフランクスの問題集』（ランフランクス）　75
『理解についての論考』（アベラルドゥス）　141, 148
「ルカによる福音書」　67, 104, 117
『霊魂論』（アリストテレス）　163, 199, 200, 227, 232, 234, 247
『霊の讃歌』（十字架のヨハネ）　225, 230, 237, 240, 247
『老年について』（キケロ）　90

事項索引

ア　行

アーヘン　193
愛　109, 114–18, 179, 211, 215, 237, 247
——の歌　116
——の奇跡の母　117
——の原因　178
——の死　117
——を誘う風　238
愛情　87, 88, 110, 209
愛徳　87, 88
アイユーブ朝　19
アヴァール人　50
アウグスティヌス会　227, 229
アヴランシュ　75, 77, 95
アオスタ　76, 77
アカデメイア　36–38, 44–47, 54, 63, 64, 69
贖い　111
悪　146, 162, 197
悪徳　211
悪魔　83, 92, 156
アストロラーブ　12, 20, 26, 27
新しいデボラ　109
新しき敬虔　224
新しき花嫁　113
アッバース朝　3, 4, 6, 11, 12, 15–17, 20, 24, 33, 52
アテナイ　35, 36, 44–49, 56, 57, 64, 67, 208, 209, 215, 216
アマチュア　215, 216　→素人
アラビア語　3, 8, 10, 12, 17, 18, 21, 24, 26, 188
あらゆる被造物の女神　117
アリストテレス解釈　165, 167, 185
アリストテレス主義（者）　168, 186, 214
アリストテレス哲学　170, 214
アルカラ大学　224, 225
アルス・ディクタミニス（Ars Dictaminis）　143, 144
アルメニア系　53
アレクサンドリア　38, 46, 49, 56, 67, 129
アングロ・サクソン　87, 91, 94
暗示　67, 112, 113
アンジェ　77
安息日　197
アンドロス島　51
家　134
イエズス会　225, 234
医学　3, 11, 37, 194　→ギリシャ医学
位格的一致　175
異教（的）　3, 37, 39, 45, 60, 62, 64, 68
——世界　181
——的教養　44, 61
異教徒　43–49, 53, 61, 151–58, 162, 164–66, 172, 175–81, 183–90
イコノクラスト　50
イコノクラスム　50, 70
イコン　50
意志　92, 158, 173, 185, 232　→義しい意志，正しい意志
——の真理　91, 92
——論　92
イジャーザ　7–9, 13, 25
イスラーム，イスラム　3, 5, 11–13, 155, 184, 232
イスラーム教，イスラム教　187, 189, 190
イスラーム教徒，イスラム教徒　152, 154, 156, 157, 164, 182, 188, 189
イスラーム世界　6, 18, 23, 24, 26, 27,

33, 151, 163–65, 178, 182, 185, 187, 188, 190
イスラーム哲学　152, 182, 183, 185
イスラーム法　25, 188
イスラーム法学　4, 8, 9, 188
イタリア　37, 65, 74, 75, 80, 105, 129, 143, 192, 194, 213
——語　131
イタリア・ルネサンス　225
異端（者）　135, 154, 156, 177, 184, 196, 205, 244
一神教　3, 4, 44
一致　175, 195, 197, 198
一なる神　142
イディオータ　212–16
命　162, 173
祈り　84, 88, 89, 234, 242
イベリア半島　224, 225
イメージ　117, 239, 241
イル・ハン朝　5
院外学校　76
イングランド　37, 78, 79, 85, 86, 89, 94, 147
隠修士　74, 84, 86
隠棲する生　208
院内学校　75
韻文　80, 115
有　118
ヴァルドー派　196
ヴィジョン　234
ウィルトン　87, 90, 91, 94
——女子修道院　87
ウィンチェスター　91
宇宙　109, 113, 196
——の諸力　111
——の中心　5
——の豊穣　110
宇宙論　102
——的形而上学　110
美しさ　88, 237
ウニヴェルシタス　37
ヴルガタ訳　230, 244
永遠　84, 85, 112, 117, 165, 212
——的真理　177, 179, 180
——的な知恵，なる知恵　179, 188, 204
——なるもの　113
——の命　162
——の王国　178
栄光　77, 135, 137, 159
叡知　240, 241, 244, 247　→知恵
エジプト　39, 56, 60, 61
エリート　54, 194
円　5, 11, 12, 15, 18, 21, 22, 27
——の七等分問題　19
演習　83, 227
円錐曲線　11, 12, 15, 18, 19, 21
オイル語地域　77
王の王　88
オーセール　77
オータン　77
行い　88, 92
思い　87–89
オルガノン　137, 226
オルレアン　77
恩恵，恩寵　88, 109, 111, 117, 160, 247
音楽　11, 42, 60, 70

カ　行

カーン　75
改革運動　228, 246
改革派カルメル会，カルメル会改革派　230, 231
外在説　163, 164
解釈　9, 10, 15, 42, 45, 90, 103, 107, 110–16, 152, 153, 157, 163–65, 167, 171, 176, 177, 179, 183, 185, 187, 189, 201, 208, 235
改宗　52, 177, 181, 244, 245
改悛　114
回心　153, 189
懐胎　117
解答　14, 15, 18, 147　→疑問への解答，困難への解答
会堂　112, 113

概念　4, 16, 103, 139, 152, 159, 160, 180, 231, 234, 242, 243, 245
——的普遍性　239
解明　63, 189, 204, 237, 240, 241
快楽（論）　154, 159, 162, 227
顔　113, 158
科学　26, 222, 223
下級聖職者　77
学　134, 159, 167, 168
——としての哲学　198, 216
——と〈知恵〉を愛する人　211
隠された叡知　240, 241
覚知的無知　192, 193, 195–97, 199, 201, 203, 204, 206–08, 210, 219
学知　129, 223, 224, 228, 230–32, 239, 243, 244
学問　3–7, 10–17, 20–24, 33, 35, 41, 42, 44, 45, 52, 54, 56, 61, 65, 74, 77, 83, 96, 129, 130, 134, 137–39, 143, 144, 189, 191–93, 198, 200, 204, 205, 213, 216, 218, 228, 231, 237, 244
——観　174
——論　133
学寮　226, 228, 230
可視的なもの　210
カスティィリャ＝アラゴン連合王国　224
カスティィリャ語　225
風　111, 237–39
家政論　227
カタリ派　177
可知的であるもの，可知的なもの　166, 173, 175
学科　36, 46, 137, 140, 219
学校　36, 38, 39, 50–53, 55, 58, 59, 61, 63, 64, 66, 67, 71 73–78, 93, 95, 130, 143, 225
——制度　134
課程　226–28, 230, 234, 235
カトリシズム　225
カトリック　186, 192, 224, 244, 246
——的神秘神学　231
可能根拠　164
可能性　39, 44, 45, 47, 58, 61, 106, 113, 140, 142, 159, 161, 163, 164, 171, 172, 181, 184, 199, 201, 202, 225, 229, 235–37, 239, 241, 243, 244
可能態　184, 234, 236
可能（的）知性　185, 199, 231, 232, 234–37, 239, 242, 243, 247　→受動知性
可能的で受動的である限りの知性　240
可能的なもの　202
神　53, 60, 65, 87, 88, 92, 102, 165, 166, 176, 195, 198, 199, 201, 214, 219, 239, 243, 247
——（のことがら）　242
——からの疎外　118
——からの知恵　40
——からの発出　158
——からの離反　112, 118
——から離反して為す行為　111, 112
——ご自身を知る　235
——と（自分の，人間の）魂との愛の関係　116
——と魂との合一　118
——とともに為す行為　111
——との愛　114–17
——との契約　113
——との合一　233, 234, 238, 240, 241, 246
——との体験　102, 114
——に求愛している魂　116
——についての学知　228
——についての事柄　232
——に満たされた人間の魂　117
——によって書かれたもの　104
——の王国　203, 204
——の活動　237
——の観　205
——の観想　159
——の気息　117
——の国　113
——のことがら　223
——の子の誕生　117, 237
——の三一性　142
——の実質的（sustancial）知　241

——の実体　161
——の受肉　173, 174
——の創造の計画　111
——の助け　87
——の知恵　40, 67, 68
——の力　40, 68, 203
——の直視　161, 162, 176, 181, 184
——〔の何性〕　200
——の認識　169, 171, 172
——の働き　104
——の光　117
——の本質　160, 161, 166, 173, 175
——の本性　158
——の本体　238, 242
——の御心　109
——の豊かさ　162
——の指　210
——の礼拝　203
——への接近　118
——への類似　178
——を愛する（人間の）魂　117
——を愛するもの　215
——を受け入れることができる　162
——を見ること　88, 238
神々　44, 142
神体験　117
神認識　159, 160, 184, 235, 236, 242
カリキュラム　226, 230
ガリラヤ人　48
カルデア人　60
カルトゥジア会　228, 245
カルメル会　226–28, 231, 236, 243, 246, 248　→改革派カルメル会
カルメル山　226, 230–32, 234, 237, 239, 246, 247
カロリング期　133, 134
カロリング朝　76, 89
感覚　116, 159, 165, 239
——的事物　168
——的なもの　210, 240
——的認識　163
感じ　239, 240, 242
慣習　39, 43, 45
完全　50, 57, 58, 155, 156, 161, 170, 172, 174, 176, 177, 186, 213, 214, 237
——性　158, 167
——な学問　22
——な敬虔　62
——な幸福　162, 166–69, 171, 173
→至福
完全コンパス　18–20, 28
観想　159, 163, 232, 240, 242, 244
——（的）生活　226, 228, 237, 243
——的知　228
——的な幸福　167
カンタベリー　73, 77, 78, 80, 85, 87, 93
感得　233, 234, 237, 239
観念　64, 180, 233, 235, 242
官能（性）　116, 239, 241, 242
記憶　51, 232
機械学的　18
幾何学　6, 15, 42, 51, 54, 70
——的論証　5, 22
幾何学命題　15
キクラデス諸島　51
技芸　54, 61
技術　38, 53, 61, 143, 159
基礎学問　133, 134, 137
貴族　51, 85, 86, 90, 94, 105, 216
——の詩　116
祈祷　115
——書　89
帰納法　60
希望　51, 173–75
疑問の書　16, 17
疑問への解答　16, 17, 21–23
究極的な幸福　158–60, 162, 168, 169, 171, 172　→至福
究極目的　111, 158
救済　62, 109, 112, 114, 158, 185
救済史　102, 110, 111, 113, 117
宮廷　3, 4, 45, 46, 57, 105, 134, 194
——詩人　106
——文化　106
旧約　108, 109, 112, 114, 116, 155, 157
旧約と新約の対応　112

旧約の民　109
教育　7, 13, 25, 28, 39, 41, 42, 45–53, 55, 57, 58, 61, 73, 75–79, 82, 83, 86, 87, 90, 91, 93, 94, 130, 137, 143, 146, 194, 221, 225, 226, 230, 235
——機関　35–38, 45, 46, 70, 191, 222
——制度　55, 70, 129, 133, 134, 144
暁課　84
教会　40, 44, 48, 50, 54, 57, 59,60, 62, 65, 68, 105, 108, 112, 113, 115, 151, 192–94, 222
——の時代　112
教会史　114
教会法　192, 194, 195, 219
——博士　192, 219
教義　65, 107, 117
教皇　38, 192, 215, 216, 221
——庁　192, 221
——庁改革　215
——派　192, 218
教師　7, 10, 11, 14, 15, 21, 36–42, 45, 46, 48–53, 55, 57, 59, 61, 64, 65, 70, 75, 76, 79, 81–83, 93, 130, 140, 143, 155, 228
享受　238
教授　3, 6, 8, 9, 13, 15, 17, 18, 20, 21, 23, 24, 35, 41, 46, 78, 79, 82, 104, 143, 153, 183, 194, 196, 204, 210, 211, 215, 216, 218, 219, 223, 227, 229, 230, 244, 245
——形態　14, 22
——職　195
——法　12
共同体　43, 94, 106, 114, 119, 182
教父　45, 76, 94, 105, 114, 117, 146, 221
——の著作　75, 84, 90
教養　44, 46, 48, 49, 54, 61, 62, 82, 94, 104, 105, 114, 219
——課程　226
——教育　87, 90
ギリシア　68, 133, 143, 146, 152, 154, 178, 224　→ギリシャ
——語　186, 214　→ギリシャ語
——的（な）知　151, 165
ギリシア的・イスラーム的　152　→グレコ・アラブ的
ギリシャ　9, 18, 21, 37–39, 43–46, 64, 66, 67, 69　→ギリシア
——医学　4, 16, 26
——語　3, 37, 43, 49, 64, 66, 67　→ギリシア語
——語文献　16, 21, 26, 64
——的教養　48, 49
——（的）哲学　4, 6, 9, 24, 26, 49, 50, 52, 61
——の学問　3–7, 10–17, 20, 23, 24, 33
ギリシャ教父　45
キリスト教　3, 37, 39, 45, 47, 52, 60, 110, 117, 134, 154, 163, 179, 187, 188, 236
——国家　64
——社会　40, 41
——神学　151, 165, 180, 182
——信仰　46, 60, 62, 64–66, 156, 165, 181
——世界　41, 109, 151, 182, 183, 185, 189
——的教養　44
——的真理　181
——の教え　170, 176
——の教養　49
キリスト教徒　43–46, 48, 49, 53, 59, 61, 62, 68, 169, 181, 182
キリストの花嫁　88
キリスト論（的）　109, 173
——的解釈　113
近世カトリック神秘神学　244
近世キリスト教思想史　236
近世スコラ　225, 248
寓意（的）　115, 116, 133
クース　192, 195, 222
クテシフォン　46
クリュニー修道院　136
グレコ・アラブ的　151, 164–66, 176, 182, 183
敬虔（さ）　48, 60, 62, 63, 65, 68, 69, 89, 106, 115　→新しき敬虔
迎合の術　130, 144

啓示　104, 117, 158, 172, 180, 234
形而上学（的）　11, 42, 110, 112, 159, 168
形象　110, 185, 238
形相　235, 240, 241
契約　113
経綸　65
結合　164, 167, 168, 174, 175, 184
結婚　86, 90, 133, 136, 146
ケルン大学　192, 194
権威（者）　9, 16, 20, 23, 24, 40, 44, 50, 54, 103, 104, 129, 134, 193, 202, 205, 213, 231, 244
玄義　110, 113, 115, 132, 138
謙虚さ　104
言語　43, 44, 105, 115, 117, 154, 224, 225, 231, 239, 240, 243, 244
——系三科　134, 140
幻視　102–04, 107–10, 112–15, 120
現実　109, 144, 163, 200, 202
現実態　184, 185, 234, 236
原初世界　3
献心　203
現世（的なもの）　162, 167, 168, 170, 172　→この世
還俗　106
原理　62, 168, 174, 180, 185, 198, 200–02
賢慮　54, 159
言論　53, 56, 65
行為　62, 66, 87, 92, 111, 112, 132, 146
——の真理　91
合一　47, 118, 233–35, 238, 240, 241, 246
公会議　192, 217–19, 225
——派　192, 218
光学　16
講義　65, 130–32, 137, 138, 146, 192, 207, 223, 227, 229, 230, 235, 236, 242
好奇心　130, 213
講座　228, 229, 235, 244–46
講壇神学（者）　196, 198
講壇哲学（者）　196, 198, 216
皇帝　17, 36, 39, 44, 45, 48–50, 53–55, 57–60, 62–65, 70, 120, 134
公的学校　50, 52, 55, 58, 59, 64
公的教師　48, 49, 65, 70
高等教育　54, 55
——機関　35, 37, 38, 191, 222
幸福　54, 158–60, 163, 164, 166–72, 186, 187　→究極的な幸福，至福
幸福論　163, 227　→至福論
ゴート人　39
護教（論）的　153, 154, 176, 179, 183, 187, 189
告知　203
心　88, 89, 106, 112, 204　→心臓
個人　14, 41, 46, 50, 55, 83, 84, 89, 114, 137, 185, 228, 239, 241, 242
個人的な祈りの生活　89
個人的な神との体験　102
古代ギリシア　133, 154, 178
古代ギリシア・ローマ　143, 146
国家　3–5, 43, 44, 47, 48, 50, 54, 59, 63, 64, 224
——的統制　37
国家論　227
古典の著作家への手引き　90
孤独　115, 118
言葉　40, 42, 47, 56, 67–70, 79, 81–83, 90, 131, 155, 162, 163, 170, 172, 178, 190, 204–06, 211, 232, 234, 240, 243, 244, 247　→御言葉
——の学　134
——の技術　61
この世　60, 62, 68, 106, 118, 132, 138, 159, 160, 166–72　→現世
誤謬　153, 154, 179, 182
護法官　58, 59
コルベーユ　135
根拠　4, 27, 161, 164, 169, 177, 202, 210
根源（的）　63, 92, 160, 163, 166, 167, 185, 238, 243
コンスタンティノープル　39, 40, 49–52, 54–56, 59, 63–65, 70
困難への解答　22

サ　行

サーマーン朝　4
最大者　197, 200, 202
裁判　54, 65, 197, 244
作図法　18, 19
囁き　237, 238, 239, 247
ササン朝　46
サラマンカ大学　224–26, 228, 230, 231, 244, 245
三言語学部　224
算術　11, 42, 70, 147
サン＝ジルダ修道院　136, 138
サンス教会会議　136
三段論法　60, 83, 200
サント＝ジュヌヴィエーヴ　131, 132, 136, 138
サン＝ドニ修道院　136, 140, 141
散文　80, 108, 115
三位一体　110, 112, 113, 158, 170
死　40, 51, 63, 67, 117, 186, 211, 219
詩（的）　39, 50, 51, 61, 82, 116, 239, 247
思惟　111, 112, 196, 199
シーア派　7, 9
時間　73, 83, 84, 115, 176,
——的なるもの　113
時間割　227–29
司教　77, 78, 87, 88, 93, 97, 194
司教区　85, 192, 222
自己吟味　217
自己超越　181
自己認識　160
自己無化　117
自己目的　157
司祭　181
詩人　81, 82, 106
自然　53, 113, 151, 154, 170, 180
——的な知性認識論　235
——的な認識　160
——的なもの　240
——的能力　233
——の諸要素　109
——（的，な）理性　176, 180–83, 188
自然学（者）　11, 36, 53, 123, 159, 168
自然哲学　227
自然物　111
自然法　113
自然本性　170, 181　→本性
——的な力　161
——的な光　158, 172
——的なもの　168
——的欲求　160, 168, 170, 171, 174
思想　42, 107, 118, 187, 191, 221, 230, 231, 236, 237
思想史　69, 104, 232, 236
シチリア　64
実践（的）　53, 143, 167, 180, 190, 209, 214, 230, 234, 235, 245, 247
実体　66, 158, 161, 184, 185
質料　66, 184
師弟関係　13, 25
使徒　114
シトー会　105, 114
シビュラ　61
至福　84, 85, 117, 118, 157–63, 165–67, 171, 173–77, 181, 186　→究極的な幸福
——者　161
——直観　158, 184, 219
至福論　159
思弁　177, 179, 206
——的思索　85
——的神学者　177, 179
シャーフィイー派法学者　9
社会　35, 39–41, 43, 44, 49, 68, 86, 98, 104–06, 119, 143, 185, 215, 222
——的疎外　118
社会史　103
シャフツベリー　87, 90, 94
写本　8, 13, 23, 27–29, 81, 84, 107, 110, 121, 140, 147, 186, 192, 193, 207
シャルトル　75, 77, 139, 140, 144, 146, 147
主　65, 112, 169, 197, 203, 245
自由　37, 38, 48, 63, 66, 215, 216, 238

充溢　84
自由学芸，自由七科　37, 70, 75, 76, 93, 114, 133–35, 139, 140, 142, 144, 146
宗教（的）　43, 44, 52, 60, 102, 105, 106, 121, 132, 138, 154, 156, 170, 174, 182, 237, 244
——的自己実現　119
——的女性解放運動　105
——的疎外　118
宗教改革　224, 225
十字架　40, 67
——の犠牲　174
修辞学　75, 76, 136, 139–44, 147–49
周転円モデル　5
修道院　41, 51, 58, 79, 81, 84–91, 94, 96–98, 105, 106, 114, 115, 123, 131, 136, 138, 140, 141, 144, 230, 243, 246
——学校　73–78, 83, 93, 95
修道会　106, 114, 115, 151, 153, 226, 228, 245
修道士　41, 57–59, 62, 73–75, 77–81, 83, 84, 91, 97, 107, 108, 153, 189, 231
修道女　63, 73, 85–87, 89–92, 94, 125, 126
修道制　73, 226
修道生活　74, 81, 84, 85, 88, 91, 93, 94, 230, 232
修道誓願　106
終末　66, 114
終末的完成　112
終末の時代　113
終末論的一致　113
終末論的幻視　115
主観的　107, 116, 169, 170
主教　50, 52–54, 59
授業　46, 51, 61, 78, 79, 226–30, 234, 235, 245
授業料　36, 38, 208, 211
熟慮　87, 92, 199
主知主義的　163
受動（性，的）　185
受動的知解　242, 243
受動知性　223, 231, 232, 236–42, 247
→可能（的）知性
受動知性論　242
シュトラスブルク　197
受肉　65, 110–13, 117, 158, 170, 172–74, 181
受肉論　229
巡回説教者　10
小アジア　40, 43, 57
情感（性，的）　239, 242, 247
召命　104, 108
逍遥学派の徒　130
職業（的）　35, 36, 215
処刑　132, 133
叙階　228
女子修道院　85–91, 93, 94, 98, 105, 114
叙情詩　108, 115
女性　60, 85, 86, 90, 97, 103, 106, 112–14, 116, 121, 123
——的な弱さ　104
——の姿の愛　115
女性士師　108
女性神秘家　101, 102, 105, 108, 109, 115, 117, 119, 121, 125
初等中等学校　225
諸徳の飾り　88
諸徳の滋養　88
書物の学問　213
シリア　39
——語　17
シリア正教会　17
自律性　180
知ることなしに知る　242
徴　68, 155, 157
素人　212, 215　→アマチュア
信　155, 247
真　155, 195
真の知恵　214
神化　65
神学（的）　11, 37, 60, 68, 71, 76, 82–85, 89, 91, 103, 108, 110, 111, 114, 134–42, 144, 151, 158, 165, 174, 180, 189, 191, 192, 194, 198, 204, 231, 232, 243, 245, 246

——の方法　202, 203
——課程　226, 228, 230, 235
——教育　107, 235
——講義　229
神学者　152, 172, 177, 179, 181, 182, 190, 196, 205, 225, 226, 229, 230, 236, 238, 243, 248
神学部　196, 219, 229
人格　93, 114, 184, 219, 228
信仰　44, 46–48, 60, 64–66, 68, 69, 89, 115, 146, 151, 153, 154, 156, 159, 165, 170, 172, 181, 183, 186, 187, 189, 190, 193, 203, 212–14, 233
——と理性の関係　169
——に生きる　112
真実（性）　46, 62, 112, 153, 174
信じることを望まない者たち　153
心身合成体　163
心臓　112　→心
身体（的）　88, 111, 234, 240, 247
身体の善　159
神的真理　158, 172
神的知性　234
神的知　234, 243
神的な教え　155
神的なことがら　155
神的な光　161
神的なもの　155, 164, 234
神的本性　174
神秘家　101, 102, 105, 108, 109, 115, 117, 119, 122, 123, 125, 224
神秘思想　120, 221, 223, 224, 231, 246
神秘思想史　236
神秘主義（的）　101–06, 108, 111, 114, 117, 118, 121, 122, 126, 220, 223, 236, 237, 239–41, 243, 244, 246–48
神秘神学　205, 207, 231, 235, 236, 240, 241, 244, 248
神秘体験　107, 114–19
新プラトン主義（者）　42, 43, 49, 64, 117, 163
人文主義（者）　192, 224　→ヒューマニズム
真理　37, 38, 66, 91, 92, 116, 158, 166, 172, 177, 180, 181, 186, 188, 189, 199, 200, 206, 208
——としての知恵　215
——に対する愛　179
——の教師　155
——の証明　154
——の探求，追求　61, 211
——の到来　201
——への到達・獲得　201
——探求　202
——認識　179
人類史　104, 109, 113, 114
——の完成　113
神話　66, 117, 187, 189, 190
——的なモチーフ　110
推論　199–201, 206
数学（者）　3, 4, 6, 9, 11, 12, 16–18, 21–24, 26, 28, 42, 50, 51, 53, 139, 144, 159, 168, 193
——系諸学科　140
——系四科　134, 145
枢機卿　192, 195, 197, 215–17, 221, 222, 224
救い主　65, 112, 203
救いの諸原理　62
スコラ学（者）　64, 225, 228, 230, 231, 235–37, 241, 246
——的神秘神学　244, 248
スコラ神学　229, 230
スコラ哲学　214, 243
スペイン　153, 177, 189, 190, 236
——の人文主義　225
——（カスティリャ）王国　224
——語（圏）　255, 231
澄みきった夜　240, 241
スラヴ語，スラヴ人　50, 52
生の体験　114
聖アペル修道院　75
聖アンドレス学寮　226, 228, 230
聖エドワード女子修道院　87
正義　211
——の時代　114

——の太陽　110
正教　17, 65, 69
聖餐論　75
聖餐論争　76
政治（的）　4, 36, 43, 52, 53, 57, 58, 67, 90, 97, 103, 151, 185, 193, 217, 224
——演説　143
——権力　47, 48, 63, 64
政治・司法制度　143
静寂　240, 241
聖書学　76, 153
聖書神学　229, 230
聖書註解　76, 83, 95
聖職者　17, 86, 105, 108, 115, 119, 134, 153, 183, 212　→下級聖職者
精神　68, 106, 162, 163, 169, 171, 172, 174, 176, 195, 196, 224
——の美しさ　88
——の不滅性　212
——の眼　199
——史（的）　103, 118, 223
——生活　193
聖シンポリアヌス修道院　78
政体論　227
制度（化）　35–39, 41, 43, 48, 50, 52, 54, 55, 64, 70, 101, 129, 130, 133–35, 143, 144, 191, 202, 207, 211, 214–17, 222, 224, 228, 230–32, 237
——化された知　208, 212
——化された伝統　203
正統　10, 20, 25, 46, 48, 53, 62, 65, 244
——な解釈　15
——な読み方　8, 15
正統性　8, 9
聖人の生涯の幻視　115
聖トマス講座　229, 234, 235
聖なる学問　134
聖なる読書　73
聖なる別離　118
聖ペトルス・クルトゥラ修道院　79
聖母　89, 197, 226
聖務日課　73, 74, 76, 83, 84, 89, 93, 94, 114, 227
聖霊　111, 113　→霊
世界　3, 4, 5, 11, 21, 63, 160, 162
——の永遠性　165
——の諸原理　62
——の第一根源　166
世界史　113, 152
世俗　106, 118, 137
——的権力　159
——の学問　139
——の学校　75, 78, 93
——文芸　226
説教　105, 106, 223, 236
接触　238
絶対　49, 62, 122, 219
——的可能性　202
——的最大者　197
——的受動性　237
——的受肉　110
——的存在　201
——的な権能　66
説得的論証　142
セム語　229
善　87, 92, 159, 162, 166, 186
宣教　153, 156, 157, 164, 176, 179, 180, 183, 187–89
——師　177, 190
——目的説　152
線形アストロラーブ　12, 20, 26
占星術　28, 60
全能　88
洗礼　113
創造　110, 111, 178, 187, 209, 232, 237
——性　237
——的乖離　65
想像　79, 89, 132, 219, 240
創造主　209
早朝講義　229
造物主　66
ソーミュール　86
属性　238
ソクラテス的無知の知　209, 213
ソクラテス的理想　214
ソクラテスに倣いて　206

測量術　11
措定　159, 169–71
ソフィスト　36, 61, 211
ソレーム修道院　→聖ペトルス・クルトゥラ修道院
ゾロアスター教　3
ソワッソン教会会議　135, 136, 138, 139
存在　66, 198–201
存在者　62, 63, 199
　——の自然的分析　53

タ　行

第一原因　160
第一原理　200
大宇宙と小宇宙の対応　111
大学　35–39, 54, 64, 93, 101, 129, 133, 135, 144, 192–95, 202, 204, 206, 210–12, 215, 216, 220, 222–26, 229, 230, 234–37, 242, 245, 247
　——的（な）学知　231, 244
　——的知　243
　——という制度　130, 191, 207, 208, 214, 222, 228, 231, 232
体験　93, 102, 104, 114–19
対抗宗教改革　225
大司教　77, 78, 85, 87, 93, 97, 192, 194
代数　11
大聖堂付属学校　93　→司教座聖堂付属学校
怠惰　73, 78, 80, 87, 89
第二スコラ　225, 231
太陽　5, 110, 111, 114, 116, 153, 200
対話　35, 36, 115, 164, 165, 176, 178, 179, 189, 190, 208, 212, 214, 221
　——形式　83
宝，宝物　178, 203, 204
卓越性　10, 162, 210
託宣　60, 155
堕罪　111
他者　43, 118, 243, 244
多神教　37
義しい意志　92
正しい意志　91, 92
正しさ　19, 92
脱魂状態　119
魂　46, 56, 57, 65, 115, 116, 118, 160, 162, 163, 169, 185, 233, 234, 236–41, 246　→霊魂
　——における神の子の誕生　117
　——の神との合一　238
　——の高級部分　232
　——の自己放棄　117
　——の全体　242
　——の敵　73
　——の不死性，不滅性　4, 60, 214　→霊魂の不滅性
　——の本体　238, 242
魂論　234, 235　→霊魂論
堕落　46, 112, 114
堕落の贖罪　119
探求，探究　19, 20, 37, 42, 62, 63, 68, 84, 135, 159, 166, 167, 170, 172–74, 177–79, 181–83, 188, 199, 202, 203, 206, 211, 213–15, 243
断罪　87, 136, 138
男子修道院　86, 230
単純性　195, 198
男女併存修道院　86
男性　103–08, 116
知　35, 73, 80, 101, 145, 165, 185, 208, 224, 231, 232, 237, 240, 241, 243, 244
　——的（な）営み　93, 129, 130, 135, 152, 181, 183, 188
　——的（な）幸福　170
　——的徳　167
　——的認識活動　163
　——的能力　167
知の制度（化）　191, 215, 228
知の伝統　151, 166, 182, 183
知を愛する　35, 53
知恵　39, 40, 42, 51, 54, 56–58, 60, 67, 68, 134, 177, 178, 183, 188, 204, 209–12, 221　→叡智
　——ある者　213
　——という神　215

——の愛　179
——の讃美　179
——の時系列　57
——の建物　134
——の探求者　215
——を愛する者　214, 215
知解　219, 233, 234, 236, 239, 242, 243
——可能　199, 200
——すること無しに知解する　240, 241
——の囁き　238
力　40, 66, 68, 92, 113, 160, 161, 203
地球　5, 6, 110
知識　16, 22, 24, 37–39, 53, 58, 60, 61, 76, 78, 81, 82, 93, 94, 114, 144, 154, 207, 208, 213, 226, 230, 235, 237
——人　40, 129, 130, 191, 193, 212, 214
知者　68, 81, 155, 178, 204, 210, 212
知性　161, 173, 174, 184, 201, 207, 209, 223, 227, 232, 233, 236–38, 240, 241, 243, 247
——的実体　158
——的なもの　210
——的本性　166
——観　159, 160, 164, 175, 187
——直観　200
——認識　158–60, 163, 164, 166, 169, 185, 199, 235, 239, 242
——認識活動　163
——の単一性　165, 185, 234
知性論　163–65, 174, 175, 185, 227, 232, 235
——的伝統　165
地中海世界　38, 43
注解，註解　75, 76, 83, 93, 95, 141, 147, 148, 245
注解書，註解書　141, 245
注釈（者）　6, 23, 26–29, 163, 164, 168, 175, 178, 183, 184, 188, 207
中世哲学史　131, 232
中世ドイツ文学　103
超越（性）　115, 161, 181, 182, 195
超自然　65, 151, 155, 157, 160, 180, 181, 235, 242
——的知解　233, 234
——的な光　158
超世界的なもの　62
直視　161, 162, 176, 181, 184, 199
勅令　45, 49, 52, 70
沈黙　240, 241
罪　87, 132, 133, 146
——の償い　174
低地ドイツ語　107
テサロニキ　52
哲学（者）　3, 35–38, 40, 53, 54, 56, 59, 60, 62, 66–70, 103, 114, 132, 137, 139, 142, 151, 153, 154, 164, 170, 172, 174–76, 178, 179, 181, 185, 187–89, 191, 192, 194–96, 198, 199, 204, 206, 210, 212–14, 216–18, 222, 223, 226, 230, 233, 235, 238–40, 243, 247
——的対話　208
——課程　227, 234
——教育　39, 41, 44–50, 52, 58, 63, 64
——教師　42, 49, 51, 52, 57
——史　42, 43, 152, 168, 190
哲学者たちの統領　58
哲学者頭領　39, 57–59, 61, 64
哲学者の共同体　182
デルフォイの神託　209
天球　5, 6, 12, 21, 22, 26
天国　171, 199
天才　93, 223
天使　159–61, 166, 169, 184
伝統　9, 10, 17, 24, 36, 44, 48, 67, 76, 89, 102, 114, 116, 133, 151–53, 166, 168, 176, 177, 178, 179, 181, 183, 187, 190, 194, 201, 203, 204, 224, 226, 230
——神学　230
——的修辞学　143
——的（な）哲学　49, 199
——的な学問　4, 13
——的な教養　49
——的なキリスト教信仰　165

——的なキリスト教神学　182
天動説　110
天文学（者）　3–6, 15, 16, 24–26, 28, 33, 42, 45, 51, 54, 70
天文器具　12
天文台　5–7, 25, 27
天文定数　6
典礼　91, 114
ドイツ　101, 103, 108, 109, 111, 120, 192, 193, 216
——語　102, 105, 107, 122, 131, 194, 223
——語圏　194
——神秘主義　105, 122, 220, 247
同意　48, 146, 154, 156
トゥースィー・カップル　6, 23–25, 29
トゥール　75, 77
同心天球モデル　5, 6, 22
撞着語法　241, 242
道徳　78, 80, 81, 115
——哲学　103, 227, 234
東方修道制　226
ドゥルエロ　230
討論　202
解く　10, 14, 15, 18, 23
徳　60, 87, 88, 159, 167, 186, 211, 238
読書　73, 84, 88, 89, 105, 235
読誦　8–10, 20–24
都市　37, 38, 46, 50, 70, 105, 197, 222
——型学校　129, 133, 144
途上の生　199
富　106, 159, 162, 224
トミズム　229, 231, 234, 236, 247, 248
ドミニコ会　106, 107, 153, 154, 156, 177, 189, 225, 226, 229, 245, 246
——士　107, 108, 152
トリーア　192, 194, 222
トリエント公会議　224
トロア　143

ナ　行

内在　111, 163, 164
内的感得　232
内的体験　102, 115
七本の柱　134
何性　199–201, 219
肉　65, 157, 211
——的（な）快楽　154, 159
——体　88, 116
ニケア府　53
二元論　3, 4
ニコメディア　56
似像　199, 201
日周運動　6, 22
人間　65, 88, 104, 110, 112, 113, 116, 119, 158–61, 164, 166–68, 170, 175–81, 184–86, 195, 198, 201, 210, 212, 234–37
——のことがら　155
——（の）本性　111, 117, 173–75
——学　111
——性　103
——精神　162, 163, 169, 171, 172, 174
人間論　231
認識　17, 21, 41, 53, 154, 159, 160, 163, 164, 166, 168, 169, 171, 179, 184, 185, 193, 199, 200, 206, 236, 237
——一般　235, 239, 242, 243
——可能性，可能な　142, 158, 172
認識論　219, 232, 235
ヌヴェール　77
ネーデルラント　224
ネオトミズム　231, 248
ノアの時代　113
能動的な知の働き　234
能動知性　159, 175, 184, 232, 234, 235, 240–42, 247
能動知性の単一性　165, 185
能動知性外在説　163, 164
能力　11, 14, 51, 54, 56, 57, 105, 121, 163, 167, 184, 216, 222, 232, 233, 240
ノルマン語　131
ノルマン人　74, 80, 91
ノルマンディー　74, 75, 77, 80, 89

ハ　行

把握されえないもの　197, 198
バーゼル公会議　192, 218
ハイアの学　11, 21–24, 28
ハイデルベルク大学　192, 193, 196, 201, 207, 218, 219
パヴィア　74
バエサ大学　231
迫害　46, 49, 50
バグダッド　52
挟みうち法　11
把捉　39, 67, 233, 234, 239, 240, 242
はたらき，働き　104, 155, 158–60, 167, 185, 200, 201, 234, 236, 237, 240, 241
発展力　110
パドヴァ大学　192, 194, 219
ハナフィー派　10
花婿　88
花嫁　116, 133　→新しき花嫁，キリストの花嫁
パラクレ礼拝堂　136, 138
パリ　65, 77, 135–38, 192
——大学　37, 38, 66, 129, 214, 223
バルカン　50
バルバロイ　43
反対対立の合致　198, 200, 201, 205
万物　66, 178, 197
東ローマ　36, 37, 46
光　3, 111–14, 116, 117, 131, 158, 161, 172, 205, 209
非感覚的　168
ビザンツ　35, 38, 39, 41, 43, 44, 50, 52, 54, 55, 64, 66, 67, 69, 201
——帝国　37
秘書　→ミスティコス
被造物　65, 110, 117, 235
被造物の秩序づけ　158
非存在　66
必然的（な）論証　142, 174
必然性（necessarium）の論理　174
否定的（な）命題　162, 171
否定至福学　162, 166
否定神学　162, 235, 247
ビティニア地方　40, 57
批判（的）　4, 66, 68, 103, 107, 112, 114, 115, 152, 154–57, 159, 160, 164–66, 175, 176, 178, 179, 182, 183, 187, 191, 197–200, 202, 206–08, 210–12, 214–16, 222
非表象性　241
秘密　203, 241
比喩（的）　111–13, 116, 118
ヒューマニズム　213　→人文主義
表象　199, 241, 242
比例関係　202
フィロロギア　133, 146
フェニキア　56
フォントヴロー修道院　86
不可視な、不可視の　155, 205
不可死の仕方　169–71
武器　155, 203
布教　3, 152, 189
復習　78, 79, 227, 228
ふさわしいこと，ふさわしさ　53, 172–74, 187
不死の王国　178
不信仰者　153, 183, 186
復活　39, 40, 67, 68, 158
物体の運動　60
プトレマイオス天文学　5, 6, 25　→天文学
普遍（性）　65, 136, 140, 147, 174, 175, 182, 188, 192, 239, 243
普遍的概念　243
プラトン主義　39, 43, 47, 64, 66
プラトン哲学　214
フラマン語　131
フランク世界　134
フランシスコ会　106, 110
フランス　37, 38, 73, 77, 85, 86, 129, 143, 194
——王家領　76
——語　26, 80, 131
ブルグンディア　76

ブルゴーニュ公領　76
ブルターニュ　138
プロテスタンティズム　225
プロフェッショナル　216
ブワイフ朝　4, 27, 28
文化　38, 43, 52, 67, 69, 98, 101, 105, 106, 116, 189, 224
文学　82, 103, 105, 116
　——形式　116
文法　49, 50, 70, 107
　——学（者）　51, 75, 76, 79, 80, 134, 135, 138, 139, 141, 145–47
　——教育　77–79, 82
　——書　225
分有　166
ベガルディン派　197
ベギン　102, 106, 114, 197
ベック修道院　73–75, 77, 83, 93
ベネディクト会　102, 106, 107, 114
ヘブライ　76, 224
　——語　225, 229, 230, 244
　——語聖書主義　230
ヘラス　39, 41, 42
ペルシャ（人）　26, 45–47, 50
ペルソナ　173
ヘルフタ　105, 114, 115
ヘレニズム　66, 67, 182
ヘレネス，ヘレン　43, 44, 46, 50, 52, 60, 61, 64–66, 68
ペロポネソス半島　43
弁証法的講義　65
弁証法的言論　65
弁証論理学　75, 76, 82, 83, 93
変容　43, 70, 152, 181, 190
遍歴の説教者　86
弁論家　53, 56, 67, 212–14
弁論術　49–53, 56, 59–61, 63, 70
法　25, 46, 69, 155, 183
抱握　195, 197, 198
法学　10, 11, 17, 20, 23, 37, 49, 50, 59, 75, 194
　——者　4, 7, 9, 13, 14, 24, 188
　——書，——テキスト　8, 15, 24
　——のための学園　58
法源　9
封建制度　143
封建領主　115
報酬　51, 169
法廷　39, 143, 208
法律　43, 48, 192
法律家　58, 61
ボエティウスの世紀　137
補助定理　18, 19
炎　107, 112, 230, 246
ボローニャ　129, 230
ホロスコープ　12
本質　62, 63, 160, 161, 166, 173, 175, 195, 231, 239, 241, 243
本性（的）　65, 111, 117, 158, 166, 173–75, 197, 200　→自然本性
翻訳　3, 16, 26, 91, 103, 108, 120, 122, 123, 188, 201

マ　行

マグナウラ　51–53
貧しさ　204
マニュアル　152–54, 176, 177, 180, 187, 190
マニ教　3
幻　56, 199
マラーガ天文台　5–7, 25
マリア信心　89
マリア崇敬　226
マルムーティエ　84
御言葉　110–13, 117　→言葉，ロゴス
ミサ　114
ミスティコス　53
道　39, 41, 114, 118, 131, 154, 157, 168, 194
観る　158, 160, 161, 173
見る　88, 109, 199, 201, 238, 240
無　118
ムーア人　177
無学（者）　212, 213, 221
無限な　202

矛盾　4, 22, 24, 195
——律　198
ムスリム　38, 39, 50, 153, 183, 224, 245
ムセイオン　38, 63, 67
無知　133, 146, 155, 192, 193, 195–97, 199, 201, 203–08, 210, 219
ムラン　135, 136
瞑想　83, 84, 89, 93
命題　15, 83, 162, 170, 171, 197, 199, 202, 218, 226
女神　117
メディナ・デル・カンポ　225
盲目（的）　117, 174, 209
モースル　17, 18
モーゼル河　192
目的　37, 63, 76, 86, 93, 112, 113, 134, 135, 152, 156, 157, 179–81, 191, 200, 206, 207, 218, 224　→究極目的
——としての神　158
——論的解釈　201
モラヴィア　52
モンテ・カッシーノ　73, 143

ヤ　行

約束　88, 154, 169, 204
野獣的人間　155
闇　3, 205
唯名論　229, 245, 246
友愛（論）　178, 227
有限性，有限な　167, 202
夕刻講義　227
ユダヤ教　3, 43, 190
——徒　141, 154, 224
要求　119, 177
欲望　60, 154, 157
予型論　109
預言（者，的）　4, 61, 67, 104, 105, 108, 109, 112, 113, 126, 155
欲求　160, 162, 166, 168, 170–72, 174, 178, 238
読み上げ　8, 12–15, 17, 20
夜　240, 241
歓び，喜び　179, 238
弱き性　109
四科　70, 134, 138–40, 145

ラ　行

ライン・フランドル神秘主義　236, 247
ラテン教父　105, 146
ラテン語　49, 74, 75, 79, 80, 89–91, 93, 94, 102, 105, 107, 114, 131, 154, 183, 212, 214, 225, 229
——聖書主義　230
——訳　122, 236
ラ・マンチャ地方　225
ラン　136
離心運動　6
離心円モデル　5
理性（的）　68, 132, 138, 151, 154, 156, 158, 169–74, 176, 179–83, 187, 188, 190, 200, 201, 206
理想　64, 208, 214, 228
——国家　47
——的人間像　212
離存性　232, 234
離存的（諸）実体　159, 160, 166–69, 171, 184
離存的な知性　184
律法　112, 113
リヨン　80, 94
理論（的）　53, 143, 144, 159, 167, 168, 175, 196, 218, 242
倫理（的）　114, 166
——学　142, 148, 167, 185, 186, 227
——学書　142
——的徳　159, 167
類似（性）　112, 168, 178, 199, 201, 219
類比的　111
ルーヴァン大学　194
ルーペルツベルク写本　107, 110, 121
ルネサンス的人文主義　224
ル・パレ　135
霊　89, 91, 93, 210, 225, 236, 240, 247
——感　155

——的感得　234, 237, 239
——的な花嫁　88
——的な武器　203
——の讃歌　225
霊性　85, 244
——文学　89
霊魂　111　→魂
——の不滅性　4
霊魂論　232　→魂論
歴史　25, 27, 43, 52, 54, 69, 70, 86, 94, 101, 103, 111, 113, 123, 133, 135, 140, 151, 156, 174, 176, 177, 179, 180, 182, 187, 193
——的象徴主義　104
——哲学的　103
——の終末　114
——解釈　112
——書　39, 45, 53, 55–58
レコンキスタ　224
レス　199–201
——の真理　199
恋愛　136, 138
——詩　225, 237
——文化　105
労働　73, 84
ローマ　17, 36, 39, 46, 56, 70, 76, 143, 146, 212–16, 222
——人　43, 44, 47, 48, 54
——帝国　37, 120, 134
ロゴス　65
ロゴスの種　51
ロシュ　135
ロムジー　91
ロワール渓谷　77
論証　5, 15, 19, 22, 29, 56, 60, 84, 142, 159, 171, 173, 174
——科学　4, 13, 16, 33
論駁　153, 156, 161, 164, 165, 185, 190, 197, 202, 212, 227
——書　196, 208, 219
ロンバルディア　177
論理（的）　171, 173, 174, 178, 179, 187, 199
——的可能性　172
——学（的）　11, 14, 70, 75, 76, 82, 83, 93, 134, 135, 137–39, 143–45, 226
——学者　141
——整合性　15–20, 23, 24

ワ　行

わかる　223, 232, 239, 241–43
惑星運動　5, 21, 22
私の哲学　60
「我々」と「彼ら」　44